KB121909

잘해봐야
시체가
되겠지만

SMOKE GETS IN YOUR EYES

& Other Lessons from the Crematory
by Caitlin Doughty

유쾌하고 신랄한 여자 장의사의
좋은 죽음 안내서

SMOKE GETS IN YOUR EYES

잘해봐야
시체가
되겠지만

CAITLIN DOUGHTY

케이틀린 도티

임희근 옮김

반비

이 책에 대한 찬사

나처럼 '죽음' 언저리에서 일하는 저자가 소매를 걷어붙이고 눈을
부릅뜬 채 직관한 이 죽음의 기록은 차라리 유쾌하고 신랄한
생존 증명서 같다. 그녀를 따라 화장터를 거닐면 어둑한 먹구름이
걷히고 어느새 선명해진 산책 길이 펼쳐진다. 이 마법처럼 재미난
전언을 나는 오래도록 머리맡에 두고 싶다. 삶과 등을 맞댄
죽음이 있기에, 오늘 내 하루가 더 절실하고 뜻깊다.
—김완(죽음 현장 특수청소부, 하드웍스 대표)

결혼식과 장례식은 다르지 않다. 그러나 결혼식에 대해 사람들이
관심을 갖는 것만큼, 죽음이란 문화에 대해서는 생각하려고 하지
않는다. 화장장에서 일한 경험을 토대로 쓴 이 책에서 저자는
죽음을 부정하는 문화에 일침을 가하며, '죽음을 통해 깨닫는
삶의 소중함'을 다시 한 번 일깨운다. 나 역시 장례지도사로서,
그녀가 들려주는 이야기에 백 퍼센트 공감할 수 있었다. 사람은
누구나 죽는다. 그렇기에 죽음은 미리 준비해야 한다. 이 책을
통해 나 자신과 가족, 주변 사람들을 더 많이 사랑하게 되기를
바란다.
—심은이(한국의 첫 번째 여성 장례지도사, 『아름다운 배웅』 저자)

죽음학과 관련해서 이 책은 대단히 희귀한 책이다. 나는 장의사에
대해서 이렇게 생생한 정보를 접한 적이 없다. 죽음을 진지하게
생각해본 사람들에게 꼭 권하고 싶은 책이다.
—최준식(한국죽음학회 회장, 이화여자대학교 교수)

저자는 20대에 화장장에 취업해 죽음에 매혹되어 이를 일생의

업으로 받아들인다. 갖가지 피부색과 형태, 괴로움을 지닌 시체들을 관리하며, 그녀는 용감무쌍하게 죽음의 세계를 탐험한다. 이 책을 읽으면 우리 문화가 죽음을 다루는 방식에 대해 다시 생각하게 될 것이다. ―《샌프란시스코 크로니클》

솔직하고, 철학적이며, 참여적이고, 사악하기까지 하다.
―나탈리 쿠즈,《뉴욕 타임스》

뻔뻔함과 으스스한 유머로 가득한 이 책은 누구도 무시할 수 없는 삶의 한 가지 사실에 눈뜨게 한다. ―반스 앤 노블, 편집자가 추천하는 책

잊지 못할 작품이다. 도티는 '죽음을 긍정적으로 보자'는 운동의 선구자다. 이 책은 죽음에 대한 우리의 태도를 혁명적으로 바꾸자는, 유쾌하고 신랄하며 열정적인 호소다.
―개빈 프랜시스,《가디언》

그녀는 책을 읽는 내내 우리를 웃게 만드는, 믿을 수 있는 안내자다. ―레이철 러비츠,《워싱턴 포스트》

도티는 죽음의 현실을 정면으로 마주하기를, 강력하고도 유창하게 주장한다. ―《북페이지》, 2014년 최고의 책 선정의 변

이 책에는 웃음을 자아내는 구절이 가득하다. 우리가 저자를 따라 미국의 이상한 죽음 의례를 관통할 때 꼭 필요한 웃음 말이다. 대단한 책. ―전미서점협회

경이롭고, 민망하며, 종종 웃기고, 때때로 잊을 수 없는, 통찰로

가득한 책. —데이비드 이글먼

화장장에서 일했던 경험과 '죽음 산업'에 대해 쓴, 감동적이고도
유머러스한 이 회고록에서, 저자는 우리가 죽음의 세부 사항에
직면하는 방식을 근본적으로 바꿔야 한다고 주장한다.
—제시카 페리, 《데일리 비스트》

가슴 아프면서도 유쾌하고, 매혹적이면서도 기이하고,
생생하면서도 병적인 이 책은 죽음에 대해 위트 있고 예리하게
묘사하며 깊은 감동을 준다. 독이 든 칵테일 같은 도티의 이
회고록은 세상에서 잊히는 것까지 포용해야 한다고 부추기면서도
독자들을 취하게 하고 매혹한다. 그녀는 삶을 호흡하여 죽음으로
만든다. —도다이 스튜어트(《제제벨 닷컴》 부편집장)

케이틀린 도티는 문학적이고, 세속적이며, 고전적이고, 합의된
전문가들로 이뤄진 믿을 만한 증인들의 깊은 맥을 발굴해냈다.
그리고 그녀가 만들어낸 중대한 질문에 대한 그들의 최선의
답변을 추가한다. —토머스 린치, 《크리스천 센추리》

소름끼치고, 기가 막히고, 종종 웃긴다.
—에드워드 M. 에벨드, 《캔자스시티 스타》

위트 있고 유머러스하며 깊은 통찰을 담고 있는 이 책은
흥미롭고도 공감을 불러일으키며 혁명적이다. 당신의 (다음) 생을
바꿀 수도 있는 책이다. —토냐 헐리(블로그 '병적인 해부 박물관')

신랄하고, 유쾌하고, 세심하다. 도티의 거침없고도 사랑스러운

성격이 이 책을 통해 빛난다. 괜찮은 회고록이라면 그것만으로도 충분하지만, 저자는 이 책에서 그 이상의 것을 보여준다.
—동 존스턴, 《인디펜던스》

저자는 독자를, 가고 싶었지만 그런 줄 몰랐던 장소로 데려간다. 매혹적이고 재미있으며 꼭 필요한 이 책은 현대의 죽음 의례에서 무엇이 문제인지를 정확히 보여준다. —베스 러브조이(『고이 잠드소서: 유명한 시체들의 희한한 운명(*The Curious Fates of Famous Corpses*)』 저자)

이 책은 운동, 유기농 음식, 성형수술이 어느 정도까지만 효과 있다는 것을 우리 모두에게 환기시키기 위해서라도 꼭 읽어야만 할 책이다. 도티는 내가 좋아하는 죽음의 십자군 용사다. 공감 가고, 눈 한 번 깜박이지 않고 단숨에 읽을 수 있으며, 매우 매우 유쾌하다. —메그 로소프

죽음을 바꿔놓는 책. 케이틀린 도티가 전하는 어려우면서도 깊은 메시지는 피투성이 것들에 실려 전해진다. —헬렌 럼빌로우, 《타임스》

긍정적이고, 용감하며, 똑똑하고, 병적으로 호기심 강한 그녀의 사회에 대한 척도는 예리하고 올바르며 급진적이다. 중요하고 시의적절한 책. —헬렌 데이비스, 《선데이 타임스》

이 책을 읽으면 아마도 마음이 활짝 열릴 것이다.
—엘리자베스 도널리, 《플레이버와이어》

나를 지지해주는 친애하는 벗들에게
병적인 하이쿠 한 편을 바친다.

죽음과 겨우 눈 맞추기까지

아끼던 사람들의 죽음을 몇 번 겪은 이후 죽음과 나의 관계는 늘 복잡한 것이었다. 상갓집에서 어떤 표정을 지어야 할지 잘 모르겠는 것처럼, 죽음 앞에서 내 몸과 마음을 어디에 두어야 할지 갈피를 잡지 못했다. 때로는 이보다는 담담하게 받아들여야 하지 않을까 싶다가도 때로는 이보다는 더 고통스러워야 하지 않을까 싶었다. 어떤 날에는 죽음에 휘둘려 아무것도 못하는 내가 나약하게 느껴졌고 어떤 날에는 변함없이 일상을 꾸려나가는 내가 잔인하게 느껴졌다. 어디서부터 어디까지가 온전히 마음에서 흘러나오는 슬픔이고 그래야 한다고 학습된 슬픔인지 헷갈리기도 했다.

그렇게 복잡하고 막연했던 죽음이 너무나 간단하고 선명하게 다가왔던 순간이 있다. 제법 큰 수술을 앞두었을 무렵이었다. 주치의에게 경고를 받았다. 집안 내력으로서 내가 갖고 있는 지

병이 하나 있는데, 이 수술을 할 경우 급성으로 악화되어 사망할 위험이 있으며, 그 가능성은 비교적 높은 편이라는 내용이었다. 선택의 여지가 없었다. 꼭 해야만 하는 수술이었다. 미리 고지 받았다는 서류에 사인을 했다. 내 삶에 직접적인 사망의 가능성이, 심지어 예고된 형태로 끼어들었는데도 집에 돌아와 며칠이 흘러갈 때까지 별다른 동요가 없었다. '가능성'이라는 한 발 물러난 단어 때문에도 그랬겠지만, 죽음과 관계가 복잡한 사람은 자기 죽음 앞에서도 마찬가지였다. 뭘 어떻게 받아들여야 할지 몰라 아무것도 받아들이지 않았고, 죽음의 주체에 나를 올려놓아볼 엄두도 내지 못했다.

벼락 맞은 것처럼 정신이 든 건 수술 이틀 전이었다. 모르는 번호로 메시지가 왔다. 나의 상황을 모르는 회사 거래처에서 보내온 약속 확인 문자였다. 습관처럼 스케줄러를 펴는데 갑자기 이런 생각이 스치고 지나갔다. '그때 나는 없을지도 모를 텐데?' 순간 갑자기 내가 죽을 수도 있다는 사실이, 당장 이 수술에서가 아니더라도 나는 죽을 거라는 사실이 심장을 꿰뚫었다. '사람이니까 나도 언젠가 죽겠지.'라는 막연한 생각과는 전혀 다른 종류의, 손에 잡힐 것 같은 물성마저 느껴지는 감정이었다. 스케줄러에는 예전에 잡아놨던 다른 일정들도 표시되어 있었다. 그중 내가 참석하지 못할 경우 미리 대타를 찾아놔야 하는 종류의 일들을 골라 재빨리 취소 메일을 썼다. "안녕하세요. 정말 죄송합니다. 갑작스럽게 개인적인 사정이 생겨서……."

그 '개인적인 사정'이 '죽음'이라는 걸 상대방은 상상도 못하

겠지. 나 역시 '죽을지도 몰라서'라는 이유로 무언가를 거절하고
취소하는 건 처음이었다. 혹시 그동안 내가 무심코 지나쳤던 누
군가의 이메일 한 구절도 사실은 죽음을 의미한 적이 있지 않았
을까 생각하면서 여러 군데 메일을 보내다가 문득 이것이 소위
말하는 신변정리라는 걸 깨달았다. '신변정리'라는 건 굉장히 거
창한 일인 줄 알았지. 하긴 나는 죽음도 거대한 일인 줄 알았다.
하지만 닥쳐보니 죽음이란 건 실로 간단했다. 내가 있을 거라 믿
어 의심치 않았던 자리에 내 몸이 없을 거라는 의미였다. 나의 스
케줄러에 '그날' 이후 적힐 계획이 없을 거라는 의미였다. 심지어
그것은 큰일도 아니었고 '개인적인 사정'으로 압축될 수 있었다.

　수술을 받기 전, 간단하게 유언 비슷한 말이라도 남겨야 하
나 싶었는데, 가뜩이나 생각보다 높은 사망 위험에 신경이 곤두
서 있던 가족과 친구들(특히 엄마는 수술 당일 병원으로 오던 중 한눈
을 팔다가 큰 교통사고를 당할 뻔했다. 한번 의식하고 나니 죽음은 정말 어디
에든 있었다.)은 유언이 그냥 지나가려던 죽음을 다시 불러 세우기
라도 할 것처럼 불길하다며 그마저도 가로막았다. 큰 상관은 없
었다. 중요한 전언이랄 만한 게 없었으니까. 사랑하고 고맙다는
말 정도? 하지만 그건 하지 않아도 이미 다들 알 것이었다. 그때
는 내가 세상에 별 미련이 없어서 그런 줄 알았지만 착각이었다.
그저 죽음에 전혀 준비가 되어 있지 않았기 때문이었다. 나뿐만
이 아니었다. 가족과 친구들도 마찬가지였다. 지금도 그때를 생각
하면 마음 한쪽이 아릿하면서도 웃음이 난다. 어쩜 다들 죽음 앞
에서 그렇게 허둥댔는지.(그래도 그렇지, 유언을 못 하게 하면 어쩌겠다

는 건가!)

어쨌든 수술실에서 나는 살아 돌아왔고, 그날 이후 죽음과의 관계가 한결 명쾌해졌다. 추상적이었던 무언가가 구체성을 띠기 시작하면 비로소 구체적으로 해야 할 일들이 보인다. 그리고 나는 하다못해 수영이나 자전거도 시작하기 전에 책부터 사서 읽는 인간이기에(한때 인터넷에서 누군가의 어설픈 화장을 두고 "화장을 글로 배웠냐."라는 유행어가 돌 때 무척 찔렸다. 진짜 그랬기 때문이다.) 죽음을 주제로 한 책과 글들을 찾아 읽기 시작했다. 갑작스럽게 불치병을 선고받고 삶을 정리하며 죽음을 준비하는 과정을 담은 책, 죽음의 목전에서 밀려드는 감정들과 신체적 변화를 자세히 기록한 책, 바로 옆에서 타인의 죽음을 지켜본 사람들이 쓴 책 등등, 평소라면 절대 집어 들지 않았을 종류의 책들이었다.

그러면서 알게 된 새삼스러운 사실은, 인간이 겪을 수 있는 거의 모든 경험이 책이나 글로 나와 있지만, 그럴 수 없는 단 하나의 소재가 있다면 '죽음의 순간', 말하자면 '죽음의 실체'라는 것이었다. 세상에 필자들이 이렇게나 많지만 죽어본 필자는 없고, 고스트 라이터는 있지만 '고스트' 라이터는 없기 때문이다. 죽음 그 자체는 죽어보지 않은 자들의 상상의 영역에 머물러 있을 수밖에 없다.(죽었다 살아난 '임사체험' 기록은 굳이 따지자면 믿음의 영역에 속하지 않을까 싶은데, 그 영역을 인정하고 싶은 생각은 아직 없다.) 어떤 고인도 불쑥 나타나 "죽어보니 병원 냉동고 속에 들어가 있는 게 그렇게 싫더라.", "난 집보다 병원이 훨씬 마음 편하던데?", "난 방부처리해주는 거 좋아. 한쪽 얼굴이 썩어가는 모습보다는 TV쇼처럼 예쁜 시신의 모습으로 모두의 기억에 남고 싶어.", "난 싫어. 내 시신에 이상한 화학약품을 넣고 머리 손질을 하는 이상한 짓을 하기만 해봐!" 같은 말을 세세히 해주지 않는다. 죽은 자는 말이 없다.

그러니까 죽음은 죽은 당사자들이 아니라 살아 있는 자들이 점유할 수밖에 없다. 어떤 죽음이 '좋은 죽음'인지도 결국 살아 있는 자들이 본인의 기준으로 판단하는 것이다. 그 기준들은 '간접'경험을 통해 만들어지기 때문에('직접'경험이 되는 순간 '살아 있는 자'일 수는 없을 테니까) 불확실하다. 고인의 입장이 되어 머릿속으로 진행하는 사고실험에는 아무리 객관적이려고 노력한들 실험자의 주관이 개입할 수밖에 없고, 고인이 생전에 남긴 말을 근거로 삼는다고 한들 고인이 실제 죽음을 통과하는 그 순간 마음이 어떻게 바뀌었을지 아무도 모를 일이다. 고인이 아무런 말도 남기지 않았을 때는 말할 것도 없다. 고인의 입장과 살아 있는 사람들의 입장은 완벽하게 어긋날 수도 있다.(서로 대화라는 걸 나눌 수 있는 살아 있는 사람들끼리도 자주 그렇지 않은가.)

이렇게 모든 것이 불확실한 상황에서 '좋은 죽음'의 정의를 제시하고, 비전을 전파하고, 대중을 설득하는 것은 어떤 면에서 용기 있는 행동일 것이다. 흐릿한 영역일수록 누군가 기준선을 계속 세워나가야 거기서부터 여러 구체적인 고민들이 출발할 수 있다. 나에게 또 하나의 출발선이 되어준 이 책,『잘해봐야 시체가 되겠지만』역시 앞선 세대들의 기준선을 출발선 삼았듯이.

『잘해봐야 시체가 되겠지만』은 저자 케이틀린 도티가 20대

초반에 화장장에 취업하는 걸 시작으로 장의업계에서 일한 첫 6년간의 경험을 담은 책이다. 영화 「포레스트 검프」의 너무나 유명한 대사 "인생은 초콜릿 상자야. 어떤 초콜릿을 고르게 될지 아무도 모르니까."를 케이틀린 도티 버전으로 바꿔보면 "인생은 시체 박스야. 어떤 시체를 고르게 될지 아무도 모르니까."이지 않을까.(책에는 나오지 않지만 그러면 저런 말을 한번쯤은 했을 것 같다.) 그는 갓 죽은 시체부터 죽은 지 일주일이 넘어 심하게 부패된 시체까지 어떤 시체가 튀어나올지 모를 시체 박스를 열고, 시체를 재로 만들 때마다 내려앉는 '인간 먼지'를 얇게 뒤집어쓰고, 때로는 녹아내리는 시체의 지방인 '인간 기름'에 흠뻑 젖어가며 화장장에서 겪었던 일들을 생생하게(누군가에게는 아마도 지나치게 생생하게) 그린다. 단지 화장장 경험담만이 아니다. 그가 어려서부터 천착해오고 대학에서 공부했으며 장의업계에서 일하며 더욱 실질적으로 파고들게 된 주제인 '죽음'에 관해서, 그중에서도 '좋은 죽음'에 관해서 깊이 고민해온 기록이다.

그가 작정하고 써내려 간 죽음과 시체들에 대한 적나라한 묘사들을 읽으면서 '죽음'을 구체적으로 감각하지 않기란 거의 불가능하다. 이 책을 읽고 난 이후 요즘도 가끔씩 침대에 누워 잠들기 전까지 내 몸이 썩어 들어가는 과정을, 구더기들의 소화관에 가득 차 있을 나의 부패한 살점들을 상상한다. 상상을 돕기 위해 어떤 이미지들을 검색해서 찾아보기도 했다. 그것은 처음에 끔찍했지만 상상을 거듭할수록 이상하게 마음이 편안해졌다. 영화 「벌새」의 대사 "힘들고 우울할 땐 손가락을 펴봐. 그리고 움직이는 거야. 아무것도 할 수 없는데 손가락은 신기하게도 움직여져."
를 요즘의 내 버전으로 바꿔보면 "힘들고 우울할 땐 손가락을 펴
봐. 그리고 상상하는 거야. 죽고 나서 손가락이 하나씩 썩어 들어
가는 걸."이지 않을까. 불교 승려들이 왜 썩어가는 시신의 모습을
떠올리며 명상하곤 했는지 알 것 같았다. 그리고 이것이 내가 도
티의 손에 이끌려 죽음을 그전보다는 조금 더 똑바로 보게 된 결
과라는 것도 알 것 같았다.

그와 동시에 죽고 난 이후의 거취에 관해 신중히 따져보게
됐다. 언젠가부터 나는 죽으면 당연히 화장을 하겠다는 생각을
품고 있었다. 도티의 말대로 "화장은 흔히 '깨끗한' 선택이라고
여겨"졌기 때문이다. 하지만 그가 '깨끗한'이라고 작은따옴표를
달아놓았듯, 이 책에서 마주한 화장의 실상은 달랐다.(이렇게 화장
을 또 글로 배우다니!) 그리고 내가 그동안 화장에 관해 사실 세세
하게 알지 못했다는 것을, 화장을 하겠다는 결정 하나로 마치 더
는 고민할 필요 없다는 듯 굴며 '죽은 몸을 처리하는 문제'에 관
해 깊이 생각하기를 회피해왔다는 것을 깨달았다. 내 몸이 부패
한다는 사실을 받아들이고, 죽은 이후의 몸을 어떻게 처리할지
에 관해 구체적으로 준비하다 보면, 필연적으로 '좋은 죽음'에 관
해 생각해보게 된다.

그리고 바로 여기부터가 우리가 도티와 갈라져 '나의' 좋은
죽음을 고민할 지점이다. 앞서 말했듯 '좋은 죽음'이란 결국 살아
있는 자들이 그들의 기준에 의해 판단하는 것이다. 역시 앞서 말
했듯, 그것은 용기 있는 시도이다. 하지만 이 시도는 우리가 절대

알 수 없는 고인들의 사정을 임의로 고정시켜버릴 위험 또한 크다. 나는 이런 의문들이 생겼다. 어떤 특정한 방식을 '좋은 죽음'이라고 정해놓는다면, 그와 다른 방식은 '나쁜 죽음'이 되는 걸까. 각자 처한 문화적 가치관과 현실적 여건, 맥락이 다른데 합의된 특정한 방식을 정하는 게 가능할까. 특히 한 사람의 죽음에는 그의 주변인들과, 죽음의 현장을 지키고 시체를 책임질 사람들이 연루된다.(아무도 연루되지 않는 죽음도 있다.) 내가 생각하는 좋은 죽음이 그들에게는 나쁜 죽음일 수 있다면 그건 좋은 죽음일까 나쁜 죽음일까.

케이틀린 도티는 "한때 강력했던 죽음 의례가 요즘은 편의 위주로 바뀌었고 그 의미가 덜해졌다고 느끼"면서 "죽음을 마주하는 세속적 방법을 계발하는 것은 매년 더 중요해질 것"이라고 말한다. 실제로 그렇다. 죽음 의례가 간편해지다 못해 몇 년 전부터 일본에서는 '드라이브 스루 장례식'도 등장했다. 차를 탄 상태에서 창문 너머로 조의금을 내고 태블릿 PC 방명록에 사인을 하고 간단한 조문을 하는 것이다. 도티가 들으면 기절초풍할 방식인데, 사실 이 장례식이 등장한 이유는 조문을 오기 힘들어 아예 포기하는 고령 조문객들과 장애인들 또한 조문객으로 맞이하기 위해서다. 미니멀리즘의 극치인 이 방식을 두고 처음에는 거부감을 표하는 사람들도 많았지만 그럼에도 이 방식을 원하는 예비 고인들이 많아 꾸준히 이어지고 있다고 한다.

이 정도까지는 아니더라도, 도티가 이상적으로 생각하는 '죽음 의례(이를테면 집에서 가족들이 시신을 씻기고 충분히 곁에 머무르며 애도하는 방식)'와 맞지 않는, 세상에서 최대한 간단하게 빠져나가고 싶은 사람도 분명 있을 것이다. 집에서의 죽음 의례가 아예 불가능한 사람도 있을 테고, 그것이 그 집안의 최약자(가부장제가 공고한 나라일 경우 여자일 확률이 높은)에게 원치 않는 또 하나의 돌봄 노동의 몫으로 돌아갈 수도 있다. '따뜻한 집'과 '차가운 의료시설'이라는 시선 대신 '번거로운 집'과 '깔끔한 의료시설'이라는 시선을 갖고 전문가들의 손에 나의 죽은 몸을 맡기고 싶은 사람도 있다. 의료인이나 장례업자들이 나의 시체를 다루는 과정에서 모멸적인 일을 겪을 수도 있다는 걸 알면서도 누군가에게 성가신 일을 만드는 것보다는 그편이 낫다고 결정할 사람도 있을 것이다. 전자가 후자보다 존엄을 지키는 길이라고 느끼는 사람도 있을 것이다. 모든 사람들이 인도의 바라나시에서처럼 세상을 떠날 수 있는 것은 아니다.

하지만 도티가 제시한 '좋은 죽음'에 동감하고 말고는 정말이지 두 번째 문제이다. 그가 인문학적 지식과 경험을 동원해 독창적이고 세밀한 방식으로 '좋은 죽음'이라는 결론에 가닿는 과정을 따라가는 것은 이미 그것만으로도 굉장한 경험이기 때문이다. 이 책이 아니었다면 나는 좋은 죽음을 고민해볼 수 있는 접근법 자체를 아예 몰랐을 것이다. 현대사회가 상당 부분 망가뜨린 인간과 죽음의 관계에, 그 현대사회가 만들어낸 '의미의 그물망' 안에 포획되어 있는 나와 죽음의 관계를 겹쳐볼 생각도 못했을 것이다. 썩어가는 나의 몸을 편안하게 상상하고 녹색 매장을 결심하지도 못했을 것이다. 그리고 이 문장을 만나지도 못했을 것이다. "나는 일종의 우주의 대출 프로그램에서 내 심장이며 발톱, 간과 뇌를 이루는 원자들을 부여받은 것으로 이해했다."

나는 지금도 수술실에 들어가던 그 순간을 꽤 자주 생각한다. 생각할 때마다 그전에 했어야 하는 일들, 했어야 하는 말들의 목록을 한 번씩 정리해본다. 무언가를 추가하는 때도 있고, 추가한 것을 삭제할 때도 있고, 아예 목록을 새로 짤 때도 있다. 정성스럽게. '좋은 죽음'을 고민하며. 하지만 죽음이 너무 갑작스럽게 닥쳐와 그 목록들이 다 무용해진다고 해도, 아주 작은 찰나가 허락된다면 꼭 이것만큼은 떠올리고 싶다. 지금 나는 빌린 원자들을 우주에 반납하는 거라고. 그렇다. 죽음이란 건 내가 있을 자리에 내 몸이 없을 거라는 의미가 아니다. 내 몸이 천천히 우주로 이동 중이라는 의미이다. 이 생각만큼 죽음에 대한 두려움을 덜어주는 말이 없다. 이 생각을 할 때면 나는 죽음과 조금 더 오래 눈을 맞출 수 있을 것만 같다.

에세이스트 김혼비

두려움을 응시하기

어느 언론인의 증언에 따르면, 유명한 스트리퍼에서 1차 세계대전의 간첩이 된 마타 하리는 1917년 프랑스의 어느 형장에서 총살당할 때 눈가리개 하기를 거부했다고 한다.

"이걸 꼭 둘러야 하나요?"
마타 하리는 그 눈가리개를 슬쩍 보고 변호사를 돌아보며 물었다.
"만약 안 하시겠다면, 상관없습니다."
장교가 황급히 돌아서며 대답했다.
의무는 아니었기에 마타 하리는 눈가리개를 하지 않았다. 그녀는 똑바로 서서 사형 집행인들을 뚫어지게 쳐다보았다. 신부와 수녀들, 그녀의 변호사는 멀찌감치 비켜섰다.

죽음을 똑바로 응시한다는 것은 쉬운 일이 아니다. 이를 피하기 위해 우리는 죽음과 죽어간다는 현실에 대해 암흑 속에서 눈가리개를 하는 편을 택한다. 하지만 무지는 축복이 아니라, 단지 더 깊은 종류의 두려움일 뿐이다.

우리는 최선을 다해 죽음을 가장자리로 밀어내고, 시신을 강철 문 뒤에 두고, 환자와 죽어가는 사람들을 병실에 몰아넣는다. 죽음을 너무나 잘 숨기는 바람에, 우리가 죽지 않는 첫 세대라고 거의 믿어도 될 지경이 되었다. 그러나 실제로는 그렇지 않다. 우리는 모두 죽을 것이며 우리도 그 사실을 안다. 위대한 문화인류학자 어니스트 베커는 이렇게 말했다. "죽음에 대한 생각과 두려움은 다른 무엇보다도 인간이라는 동물을 따라다닌다." 죽음이 두려워서 우리는 대성당을 세우고, 아이를 낳고, 전쟁을 선포하며, 새벽 3시에 고양이 동영상을 본다. 죽음은 인간으로서 우리가 가진 모든 창의적, 파괴적 충동의 원동력이 된다. 죽음을 가까이에서 이해할수록, 우리 자신을 좀 더 이해하게 된다.

이 책에는 내가 미국의 장의업계에서 일한 첫 6년에 대한 내용이 담겨 있다. 죽음과 시신들에 대한 적나라한 묘사를 읽고 싶지 않은 사람들 입장에서는 맞지 않는 책을 고른 셈이다. 여기가 바로 문 앞에서 그 안으로 들어가기 전에 은유적인 눈가리개를 점검하는 곳이다. 이 책에 나오는 이야기들은 실화이며 사람들도 실제 인물들이다. 특정인의 사생활을 지켜주기 위해, 또 고인들의 정체성을 보호하기 위해 몇몇 이름과 세부 사항은 바꾸었다.(그러나 약속하건대, 외설적인 내용은 없다.)

차례

경고!

접근제한 구역

캘리포니아 주법

제16편 12장

3부 1221조

매장을 위한 돌봄과 준비

⒜항 모든 인간 유해의 매장이나

그밖의 처리를 위해

돌보고 준비하는 것은

엄밀히 사적인 일이어야 한다. [……]

장례업체 의무 게시

경고문 중에서

일러두기

본문의 주석은 모두 옮긴이와 편집자가 내용 이해를 돕기 위해 덧붙인 것으로,
◎로 표시해 각주를 달았다.

시신을
면도하며

여자는 언제나 자기가 면도하는 최초의 시신을 기억하게 마련이다. 그 여자의 인생에서 이는 첫 키스나 첫 섹스보다 더 어색한, 단 하나의 사건이다. 분홍색 플라스틱 면도기를 들고 노인의 시신을 굽어보며 서 있을 때보다 시간이 느리게 갈 때는 결코 없을 것이다.

형광등 불빛 아래, 나는 움직임이 없는 가엾은 바이런을 꼬박 10분 동안 내려다봤다. 바이런이 그의 이름이었다는 것을, 두 발 언저리에 달린 꼬리표가 알려주었다. 바이런이 '그(사람)'인지 '그것(몸)'인지 확실히 모르겠지만, 이 가장 내밀한 과정에 앞서 적어도 그의 이름은 알아야 할 것 같았다.

바이런은 얼굴과 머리에 굵은 백발이 성성한 70대 노인이었다. 무엇인지도 확실치 않은 것을 가리기 위해 하반신을 둘둘 감싼 천만 제외하면 그는 나체였다. 사후에도 체면을 지키기 위한 것이려니 하고 나는 생각했다.

심연을 응시하고 있는 두 눈은 바람 빠진 풍선처럼 납작해져 있었다. 만약 사랑에 빠진 사람의 두 눈이 산속 맑은 호수라면, 바이런의 두 눈은 고인 연못물이었다. 그의 입은 소리 없는 비명을 지르며 벌어진 채 일그러져 있었다.

"음, 어, 마이크?" 나는 시신 안치실에서 새 상사를 불렀다. "면도 크림 같은 게 좀 필요할 것 같은데요?"

마이크가 들어와 금속 캐비닛에서 바바졸 한 통을 끄집어내며, 얼굴에 베인 자국이 나지 않게 조심하라고 말했다. "당신이 그의 얼굴에 칼로 상처를 낸대도 우린 현실적으로 해줄 게 아무것도 없소. 그러니 조심해요, 알았죠?"

네, 조심해야죠. 마치 예전에 '누군가를 면도해줄 때' 조심했던 것처럼 말이죠. 사실 그랬던 적은 한 번도 없지만.

나는 고무장갑을 낀 채 바이런의 차갑게 식어 뻣뻣해진 턱에 면도기를 대고, 죽기 직전 며칠간 자란 까칠한 수염 위로 손을 놀렸다. 다른 어디에서도 이 일만큼 중요한 일을 하고 있다고 느껴본 적은 없었다. 나는 장의사 직원이 전문적인 사람이라고, 죽은 사람의 뒤치다꺼리를 도맡아 함으로써 일반 대중은 그런 일을 하지 않아도 되게끔 특별히 훈련된 전문가라고 믿으며 자랐다. 바이런의 가족은, 경험이 전무한 스물세 살짜리가 그들이 사랑했던 이의 얼굴에 면도기를 들이밀고 있다는 걸 알까?

나는 바이런의 두 눈을 감겨주려고 했다. 그러나 주름진 눈꺼풀이 블라인드처럼 도로 튀어 올랐다. 마치 내가 이 과업을 수행하는 것을 지켜보기를 원한다는 듯이 말이다. 다시 시도해봤지만 결과는 마찬가지였다. "바이런 씨, 여기서 당신의 의견은 필요 없어요." 나는 그에게 말을 건넸지만 대답은 없었다.

그의 입도 말을 안 듣기는 마찬가지였다. 내가 입을 다물려도 몇 초 만에 도로 스르르 벌어지곤 했다. 내가 무슨 짓을 하든, 그는 면도받는 신사에게 어울리는 태도를 갖추기를 거부했다. 나는 단념하고 그의 얼굴에 크림을 쭉 짜내서, 「환상 특급」®에 나오는 오싹한 아기가 핑거 페인팅을 하듯이 크림을 어설프게 발라댔다.

이건 그저 죽은 사람일 뿐이야. 나는 나 자신에게 말했다. 부패해가는 고기야, 케이틀린. 동물의 사체일 뿐이라고.

이는 효율적인 동기 부여 방식이 아니었다. 바이런은 단순히 썩어가는 고깃덩어리가 아니었다. 그는 유니콘이나 그리핀처럼 고귀한 동시에 마술적인 존재이기도 했다. 그는 성스러운 것과 속된 것이 섞인 존재로, 삶과 영원의 중간 지점에서 나와 마주친 것이다.

이것은 내 일이 아니라고 결론짓기에는 이미 늦어버렸다. 바이런의 면도를 거부하는 것은 이제 더 이상 나의 선택지가 아니

®   미국의 드라마 시리즈로, 판타지, 호러, SF, 미스터리 요소가 가미된 기묘한 이야기를 다뤘다.

었다. 나는 내 분홍색 무기, 암거래 도구를 집어 들었다. 얼굴을 잔뜩 찌푸리고 개만 알아들을 수 있을 법한 고주파 소리를 내면서, 칼날을 그의 턱에 대고 지그시 눌렀다. 나는 망자의 이발사로서 내 일을 시작했다.

그날 아침 일어났을 때만 해도 내가 시신을 면도하게 될 거라고는 예상하지 못했다. 시신이야 예상했지만, 면도까지는 기대하지 않았다는 말이다. 이날은 웨스트윈드 화장·매장 회사에 출근해서 화장 담당 직원으로 일하는 첫날이었다.

나는 일찌감치 침대에서 벌떡 일어났다. 전에는 결코 없었던 일이다. 나는 한 번도 입어보지 않은 반바지를 입고, 워커 모양의 부츠를 신었다. 반바지는 너무 짧고 워커는 너무 컸다. 내 모습은 우스꽝스러웠지만, 굳이 변명하자면 망자를 불에 태우는 자리에 입어야 할 적절한 복장에 대한 문화적 준거가 내게는 없었다.

내가 론델 광장에 있는 아파트에서 걸어 나올 때, 떠오른 해는 버려진 주사기 바늘들을 비추며 오줌 구덩이의 수분을 증발시키고 있었다. 누더기를 걸친 노숙인 하나가 오래된 차의 타이어 하나를 언덕길 밑으로 끌어내리고 있었다. 아마도 그것을 임시 화장실로 재활용하려는 것 같았다.

처음 샌프란시스코로 이사 와서 아파트를 찾는 데 석 달이 걸렸다. 마침내 나는 조에를 만났는데, 레즈비언 형법학도인 그녀는 내게 방 한 칸을 내주었다. 우리 둘은 지금 미션 디스트릭트의 론델 광장에 있는 환한 분홍색 복층 아파트를 함께 쓰고 있다.

우리 집이 있는 정다운 골목의 한쪽에는 유명한 타코 집이 있고, 다른 한쪽에는 라틴계 드래그 퀸◎과 귀가 멍멍하도록 울려대는 란체라◎◎ 음악으로 알려진 바 '에스타 노체'가 있었다.

론델 광장을 내려가 통근 열차를 타러 역으로 가는데, 길 건너 한 남자가 코트를 열어젖히고 나를 향해 자기 페니스를 내보였다. "이거 어떻게 생각해, 자기?" 그가 자랑스럽게 내 쪽으로 그것을 흔들어대며 말했다.

"글쎄, 내 생각에는 지금보다는 좀 더 나아져야 할 것 같은데." 내가 대답했다. 그의 고개가 아래로 축 수그러들었다. 이제 내가 론델 광장에 산 지 1년은 됐을 거다. 그는 정말이지 여러모로 좀 더 나아져야 한다.

미션 스트리트 역에서 열차를 타고 베이 지역을 지나 오클랜드까지 가서, 웨스트윈드에서 몇 블록 떨어진 곳에 내렸다. 역에서 10분간 터벅터벅 걷고 나서야 새로운 일터가 눈앞에 보였지만 전혀 감동적이지 않았다. 장의사가 어떤 모습일 거라고 기대했는지 정확히는 모르겠다. 아마도 연무기(煙霧器) 몇 개가 갖추어진 할머니 댁 거실 같은 모습을 상상했던 것 같다. 그러나 검은색 철제문 밖에서 보니, 장의사 건물은 절망적일 만큼 너무나 정상적으로 보였다. 달걀 껍데기 같은 흰색의 이 단층 건물은 갑절로 증축하면 보험회사 사무실로도 쓸 수 있을 듯했다.

◎　　　퍼포먼스를 위해 여장한 남자들.
◎◎　　　멕시코 전통 음악의 한 장르.

문 근처에 팻말이 작게 써 붙여 있었다. '벨을 누르시오.' 나는 용기를 있는 대로 끌어모아 그 지시에 따랐다. 잠시 후, 문이 끽 소리를 내며 열리더니, 화장장 관리인이자 나의 새 상사인 마이크가 나타났다. 전에 딱 한 번 만났을 뿐인데, 나는 그를 전적으로 무해한 남자라고 생각하는 쪽으로 나 자신을 몰아가고 있었다. 머리가 벗겨진 40대 백인 남성으로, 키와 몸무게는 표준이고 카키색 바지를 입는다는 것이 그 판단의 근거였다. 물론 그가 친근해 보이는 카키색 바지를 입긴 했지만, 왠지 모르게 마이크의 존재는 나를 두렵게 했다. 그는 안경 너머로 날카롭게 재보면서 나를 고용한 것이 얼마나 큰 실수였는지 그 목록을 하나하나 작성하고 있을 것이다.

"헤이, 좋은 아침." 하고 그는 인사했다. '헤이'와 '좋은 아침' 소리는 작고 반음 낮은 데다 불분명해서, 마치 혼잣말처럼 들렸다. 그는 문을 열더니 걸어 나갔다.

잠시 어색한 순간이 지났다. 따라오라는 뜻이겠거니 하고 나는 입구로 한 걸음 내디뎠고, 여러 모퉁이를 돌았다. 복도를 따라 걸어가는 동안 둔탁한 소리가 울려 퍼지며 점점 커졌다.

그 건물의 평범한 외벽을 돌아가니 뒤쪽에 커다란 창고가 있었다. 그 웅웅거리는 소리는 이 동굴 같은 방에서 나오는 소리였다. 방 한가운데에는 죽음의 쌍둥이 같은 기계 두 대가 들어앉아 있었다. 그것은 지붕 밖까지 위로 쭉 뻗은 굴뚝에 맞춰 파형 강판으로 만들어져 있었다. 기계마다 금속 문이 달려 있었는데, 그 문은 산업혁명 시대 우화에 나오는, 뭔가를 쩝쩝대며 먹어 치우

잘해봐야 시체가 되겠지만 ───

는 입처럼 열렸다 닫혔다 했다.

　이게 바로 화장로구나 하고 나는 생각했다. 지금 바로 거기에 '죽은' 사람들이 있는 것이다. 아직은 죽은 자들을 실제로 볼 수 없지만, 그들 가까이에 있다는 걸 아는 것만으로도 기분이 좋아졌다.

　"그러니까 이게 화장로인가요?" 나는 마이크에게 물었다.

　"공간을 온통 차지하는 이것들이 화장로가 아니라면, 당신은 상당히 놀랄 거요, 안 그래요?" 그가 근처의 출입구로 몸을 획 숙여 지나가며 말했다. 다시 한 번 내가 따라오건 말건 내버려두고 말이다.

　나처럼 멋진 여자가 시체를 처리하는 이런 창고에서 대체 뭘 하고 있는 거지? 정신이 똑바로 박힌 사람이라면, 본업으로 은행 창구 직원이나 유치원 교사 대신 화장로에서 시체 태우는 일을 고르지는 않을 것이다. 게다가 은행 창구 직원이나 유치원 교사로 채용되는 편이 한결 더 쉬웠을 것이다. 스물세 살 여성이 장례업에 종사하고자 필사적으로 노력하는 것은 어딘지 수상쩍었다.

　나는 '화장', '화장장', '장의사', '장례식' 같은 검색어들의 안내를 받아 노트북 화면의 번득이는 빛에 감추어진 일자리들에 지원했다. 일자리를 찾는 내게 돌아온 답변(답변이 오기라도 하면 다행이었다.)은 "화장을 해본 경험이 있으신가요?"였다. 장의사에서는 경험을 중시하는 듯했다. 마치 시체 태우는 기술이 누구나 접근할 수 있는 것이며, 보통 고등학교 상업 시간에 이 기술을 가르치기라도 한다는 듯이 말이다. 6개월이 걸려 양동이 몇 개 분량의 이력서를 보냈지만 "죄송합니다만, 본 회사는 이 분야에 좀 더 전문성 있는 사람을 찾았습니다."라는 답만 받았다. 그러다가 드디어 웨스트윈드 화장·매장 회사에 취직된 것이다.

죽음과 나의 관계는 늘 복잡했다. 모든 인간의 궁극적 운명은 죽음이라는 것을 발견한 유년 시절부터, 늘 내 마음속에서는 죽음에 대한 순전한 두려움과 병적 호기심이 우위를 다투어왔다. 어린 소녀 시절, 나는 뜬눈으로 누워서 몇 시간씩이나 어머니 차의 전조등 불빛이 진입로에 나타나기를 기다리곤 했다. 어머니가 고속도로변에 피투성이로 사지가 부러진 채 널브러져 있고, 부서진 유리 조각들이 그 속눈썹 끝에 매달려 있으리라고 확신하면서 말이다. 나는 죽음과 질병, 암흑에 사로잡혔으나, 그러면서도 겉보기에는 정상적인 학생으로 지낼 수 있는 '기능상으로만 병적인' 상태가 되었다. 대학에 들어가자 가식을 벗어버리고 내 전공은 중세사라고 선언하고 「시체에 관한 환상과 신화: 파고 파고 원주민들 사이에서 죽음의 해석」 같은 제목의 학술 논문들을 독파하느라 4년을 보냈다. 나는 시체, 장례식, 슬픔 같은 죽음의 모든 면에 끌렸다. 학술 논문들은 어느 정도 해결책이 되어주기는 했지만, 그것으로는 충분치 않았다. 나는 좀 더 적나라한 것들, 즉 진짜 시체, 진짜 죽음을 원했다.

마이크가 돌아와 나의 첫 번째 시체가 누워 있는 침대를 드르륵 밀며 말했다. "오늘은 화장로 작동법을 배울 시간이 없어요. 그러니 내 부탁 좀 들어줘요. 이 사람 얼굴 면도 좀 해주세요." 그는 아무렇지도 않게 요청했다. 보아하니 고인의 가족이 화장하기

잘해봐야 시체가 되겠지만

전에 고인을 한 번 더 보고 싶어 한 모양이다.

따라오라는 몸짓을 하며 마이크는 그 침대를 밀기 시작했다. 그는 화장장 바로 밖에 있는 소독된 하얀 방으로 들어가더니, 우리는 이 방에서 시체들을 '준비'한다고 설명했다. 그는 커다란 금속 캐비닛으로 걸어가더니 거기서 분홍색 플라스틱 일회용 면도기를 하나 꺼냈다. 내게 면도기를 건네고 마이크는 돌아서서 세번째로 사라졌다. "잘해보슈." 그가 어깨 너머로 소리쳤다.

앞서 말했듯이, 설마 내가 시체를 면도하게 될 줄은 몰랐다. 하지만 그렇게 된 것이다. 마이크는 비록 준비실에는 없었지만, 나를 가까이서 지켜보고 있었다. 이것은 시험이었고, 그의 호된 훈련 철학(가라앉거나 헤엄치거나, 둘 중 하나)에 내가 입문하는 과정이었다. 나는 시체를 태우기(경우에 따라서는 면도하기) 위해 고용된 신입 여직원이었고, 그 일을 해낼 수 있든가 해낼 수 없든가 둘 중 하나였다. 지원도 없고, 학습 과정도 없으며, 수련 기간도 전혀 없었다.

마이크는 몇 분 후 돌아와 멈춰 서더니 내 어깨 너머로 흘긋 보았다. "봐요, 여기…… 아니, 그의 머리칼이 자라는 방향으로. 짧게 짧게 치는 거예요. 그렇지."

바이런의 얼굴에서 마지막 면도 크림까지 닦아내고 나니, 베이거나 긁힌 자국 하나 없는 것이 마치 갓난아기처럼 보였다.

아침 늦게 바이런의 아내와 딸이 고인을 보러 왔다. 바이런은 흰 천에 싸여 웨스트윈드의 참관실로 옮겨졌다. 장밋빛 조명이 그의 얼굴 위를 가만히 비추고 있었다. 이 불빛은 준비실의 거친 형광등 빛보다 훨씬 더 쾌적했다.

내가 면도를 하고 난 뒤, 마이크는 무슨 조화를 부린 것인지 바이런의 두 눈을 감기고 입을 다물려놓았다. 이제 장밋빛 조명 아래 누운 이 신사 분은 거의 평온해보일 지경이었다. 나는 참관실에서 "오, 하느님! 누가 그이를 이따위로 면도해놨어요!" 하며 비명이 들려오리라 예상했지만, 다행히 아무 소리도 나지 않았다.

나는 그의 아내로부터 바이런이 40년간 회계사로 일했다는 사실을 알게 되었다. 지루한 사람이었던 만큼, 그는 아마도 바짝 면도하는 것을 좋아했으리라. 폐암 말기가 되자, 그는 면도기를 쓰는 것은 고사하고 침대를 벗어나 욕실을 쓸 수조차 없었다고 한다.

가족이 돌아가고 나니, 이제는 그를 화장할 때가 되었다. 마이크는 바이런을 천으로 돌돌 싸서 거대한 화장로 중 하나의 입 속으로 집어넣었다. 그리고 굉장히 능숙하게 그 기계의 앞판에 달린 다이얼을 돌렸다. 두 시간 후에 금속 문이 다시 올라가고, 타오르는 붉은 잉걸불이 되어버린 바이런의 뼈들이 드러나 보였다.

마이크는 내게 끝에 납작한 써레 같은 것이 달린 금속 막대기를 하나 갖다 주었다. 그는 팔을 헤적이며 기계에서 그 뼈들을 끄집어내는 동작을 시연해보였다. 바이런의 잔해가 기다리고 있는 컨테이너 속으로 내가 들어가자 전화벨이 울렸다. 천둥 같은 기계음을 뚫고 들리도록 특별히 설치된 천장 스피커를 통해 전화

　　　　　　　　　　　　　잘해봐야 시체가 되겠지만

벨 소리는 시끄럽게 들려왔다.

마이크는 내게 고글을 던지며 말했다. "마저 마무리해줘요. 난 통화를 좀 해야겠소."

바이런의 유골을 화장로 밖으로 끄집어내 보니, 그의 두개골은 아직 온전했다. 산 자든 죽은 자든, 누군가 보는 사람이 있는지 어깨 너머로 확인하면서 나는 조심스레 그것을 내 쪽으로 끌어당겼다. 두개골이 화장로 입구에 충분히 가까워지자 나는 몸을 수그리고 그것을 집어 들었다. 두개골은 아직 따뜻했다. 장갑을 끼고도 나는 부드럽고 먼지 덮인 결을 느낄 수 있었다.

겨우 두 시간 전에 불길 속으로 미끄러져 들어갈 때 그의 얼굴이 어땠는지 기억하려 애쓰고 있는데, 바이런의 생기 없는, 움푹 팬 눈구멍이 나를 응시했다. 이 얼굴은 우리가 이발사와 고객 관계로 만난 이상 내가 잘 알고 있어야 할 얼굴이었다. 하지만 그 인간적이던 얼굴은 이제 없었다. 테니슨이 말했듯 "어머니 자연"은 "붉은 이와 발톱"을 가지고 있어서, 과거에 창조했던 모든 아름다운 것을 다 파괴한다.

뼈는 화장하면 무기물로 축소되어 매우 잘 부스러지는 상태가 된다. 내가 좀 더 잘 보이는 쪽으로 돌리자, 두개골 전체가 손 안에서 바스러졌다. 뼛조각들은 손가락 틈으로 새어나가 컨테이너 속으로 떨어졌다. 아버지이자 남편, 회계사였던 바이런이라는 남자는 이제 완전히 과거 시제가 된 것이다.

그날 저녁 집에 와보니, 내 룸메이트인 조에가 소파에서 흐느껴 울고 있었다. 최근에 과테말라로 배낭여행 갔을 때 사랑에 빠진 어느 유부남(이것만으로도 그녀의 자아와 레즈비언이라는 정체성에는 충격적인 일이었는데)에게 실연을 당했던 것이다.

"첫 출근은 어땠어?" 조에가 눈물바람을 하다 말고 물었다.

나는 마이크의 무언의 판단에 대해, 시체 면도 입문 과정에 대해 그녀에게 말해주었다. 하지만 바이런의 두개골에 대한 이야기는 하지 않기로 했다. 그건 나만의 비밀이었다. 내가 그 순간에 이 무한한 우주에서 두개골을 부서뜨리며 느꼈던 기이하고 비뚤어진 힘도.

'에스타 노체'에서 흘러나오는 란체라 음악 소리에 잠 못 이뤄하며 나는 내 머릿속에 들어 있는 두개골을 생각했다. 언젠가 케이틀린이라고 인정될 수 있는 모든 것(눈, 입술, 머리카락, 살)이 더 이상 없을 때는 어떻게 될까, 내 두개골도 나 같은 불운한 스물 몇 살짜리의 장갑 낀 손 안에서 부서지고 조각나고 말겠지.

잘해봐야 시체가 되겠지만

시체
박스

웨스트윈드에 출근한 둘째 날, 나는 파드마를 만났다. 파드마는 뚱뚱한 게 아니었다. '뚱뚱하다'는 아주 간단한 말이고 그 뜻도 단순하다. 파드마는 뚱뚱하다기보다는 공포 영화에 나오는 인물 같았다. '부활한 부두교 마녀' 같은 제목의 영화에 주연으로 나올 법한 사람, 그녀가 시체 박스 안에 누워 있는 것만 봐도 "오 하느님, 대체 내가 여기서 뭘 하고 있는 거죠? 이 흉측한 건 뭐야? 도대체 왜?"라는 말이 절로 나오는 그런 사람이었다.

파드마는 스리랑카와 북아프리카 혼혈인이었다. 그 검은 피부는 부패가 진행됨에 따라 칠흑같이 새까만 색이 되어 있었다. 길게 쫑쫑 땋은 머리카락은 여러 무더기로 늘어진 채 사방으로 흩어져 있었다. 코에서는 진한 거미줄 같은 흰 곰팡이가 불쑥 튀어나와 두 눈 위로 뻗은 채 얼굴의 절반을 뒤덮었고, 입은 딱 벌어져 있었다. 가슴 왼쪽은 움푹 파여, 마치 누군가가 정교한 의례를 행하면서 심장을 도려낸 듯한 인상을 주었다.

파드마는 30대 초반에 희소 유전질환에 걸렸다. 시신이 여러 달 동안 스탠퍼드 대학교 부속 병원에 보존되어 있었기 때문에 의사들은 그녀의 사인을 이해하기 위한 각종 시험을 해볼 수 있었다. 그녀의 시신이 웨스트윈드에 왔을 때는 이미 그 모습이 초현실적으로 변한 뒤였다.

파드마가 이렇게 괴상한 모습으로 아마추어인 내 눈앞에 나타났을 때, 그 시신을 보고 불안에 떠는 새끼 사슴처럼 물러설 수 없었다. 화장장 관리인인 마이크는 시신을 보고 기겁하라고 내게 월급 주는 것이 아님을 분명히 못 박아두었다. 나는 그 시신 앞에서 냉담하게 거리를 둘 수 있다는 걸 필사적으로 증명하려 했다.

이건 고작 얼굴에 거미줄처럼 퍼진 곰팡이야, 안 그래? 오 맞아, 이미 100만 번쯤 봤지. 이 정도는 약과야. 나는 명실공히 죽음 전문가의 권위를 갖고 이렇게 말하련다.

파드마 같은 시신을 보기 전까지는, 죽음이 매혹적인 것으로 보일 수도 있다. 분홍빛 입술 가장자리로 피를 한 줄기 주르륵 흘리면서 죽어가는 빅토리아 시대의 폐결핵 환자를 상상해보라. 에드거 앨런 포의 연인이었던 애너벨 리가 죽음의 추위 때문에 무덤에 묻힐 때, 사랑에 울던 포는 멀리 떨어져 있을 수 없다. 그는

잘해봐야 시체가 되겠지만

"바닷가에, 내 사랑, 내 사랑이요, 내 삶이며, 나의 신부 곁에, 거기 바닷가 그녀의 무덤 속에, 소리치는 바닷가 그녀의 무덤에 누우러" 간다.

애너벨 리의 아름답고 창백한 시신, 그 곁에 찢어지는 마음으로 누운 포가 썩은 냄새를 풍기는 시신과 포옹했을 때, 그 시신의 부패 상태가 과연 어땠을지에 대한 언급은 시에 없다.

파드마뿐만이 아니다. 웨스트윈드에서 일하며 매일 부딪치는 현실은 내가 생각했던 것보다 더 거칠었다. 나의 하루는 오전 8시 30분에 웨스트윈드의 두 '레토르트(화장로를 가리키는 업계 은어)'를 켜면서 시작된다. 첫 달에는 레토르트 작동법에 관한 커닝 페이퍼를 갖고 다니며, 1970년대 SF 소설에 나올 법한 다이얼을 돌려 맞췄다. 점화된 연소기의 온도를 맞추고, 공기의 들고 남을 조절해주는 분홍색, 청색, 녹색 단추들을 서툴게 눌렀다. 레토르트가 요란한 소리를 내며 작동되기 전, 그 짧은 순간이 하루 동안 가장 조용하고 평화로운 시간이다. 소음도, 열도, 압력도 없이, 단지 나라는 여자 한 사람과 고인 한 사람만 있을 뿐이다.

일단 레토르트가 작동되면, 이 평화는 사라진다. 방은 뜨겁고 밀도 높은 공기와 악마의 숨결이 웅웅대는 지옥의 안쪽 고리◎로 변해버린다. 화장장 벽은 부풀어오른 은색 우주선처럼 생긴 것으로 뒤덮여 있다. 이 방음 장치는 웅웅거리는 소리를 차단해, 근처의 예배당이나 계약실에서 슬퍼하는 가족들 귀에는 아무 소리도

◎　　단테의 『신곡』에 나오는 지옥의 아홉 개 고리.

가닿지 않게 된다.

레토르트의 벽돌 방 안의 온도가 화씨 1500도(섭씨 816도)에 이르면 화장로는 첫 번째 시신을 받아들일 준비가 된 것이다. 아침마다 마이크는 캘리포니아주에서 발급된 화장허가서 여러 장을 내 책상 위에 쌓아놓고는, 오늘 화장할 사람은 누군지 내게 알려준다. 허가서 두 장을 추린 다음 나는 내가 화장할 시신들을 '냉장 트럭'에서 찾아와야 한다. 냉장 트럭이란 시신들이 화장될 때까지 대기하는, 담당자가 걸어서 들어갈 수 있는 시신 냉장고를 말한다. 차가운 바람이 나오는 냉장고 속을 뚫고 들어가 나는 첩첩이 쌓인 시체 박스(고인의 이름, 죽은 날짜가 적힌 상자)에 인사했다. 냉장 트럭에서는 얼음에 재운 시체 냄새가 난다. 뭐라고 딱 꼬집어 말할 수는 없지만 아무튼 잊을 수 없는 냄새다.

냉장 트럭에 함께 있는 사람들이 아마 생전에 같이 돌아다니던 사이는 아니었을 것이다. 심근경색으로 죽은 연로한 흑인 남자, 난소암으로 죽은 중년의 백인 여자, 화장장에서 불과 몇 블럭 떨어진 곳에서 총 맞아 죽은 스페인계 청년 등, 죽음이 그들 모두를 여기 불러 모아 일종의 유엔 정상회의, 비존재에 대한 원탁 토론회를 열도록 한 것이다.

시신 냉장 트럭으로 걸어 들어가면서 나는 인간보다 한층 높은 곳에 있는 신에게 한 가지 겸손한 약속을 했다. 만약 화장할 고인이 시신 더미 맨 밑에 들어 있지 않다면, 내가 지금보다 좀더 나은 사람이 되겠노라는 약속이다. 이 특별한 아침에 받은 첫 번째 화장허가서는 마티네즈 씨의 것이다. 완벽한 세상이라면,

잘해봐야 시체가 되겠지만

마티네즈 씨는 시체 박스 더미의 맨 꼭대기에서 내 손으로 바로 천에 둘둘 말려 바퀴 달린 침대에 올려지기를 기다리고 있을 것이다. 그러나 성가시게도 나는 윌라드 씨, 나가사키 부인, 또 셸튼 씨 밑에 있는 그의 시체를 겨우 찾아냈다. 이게 무슨 말인가 하면, 이걸 꺼내고 나면 테트리스 게임을 하듯이 시신이 든 박스를 쌓고 또 쌓아야 한다는 소리다.

마침내 마티네즈 씨를 찾아 이송용 침대에 올렸으니, 나는 화장하는 방까지 짧은 여행을 갈 수 있게 되었다. 이 여정의 마지막 장애물은 냉장 트럭의 문틀에 매달려 있는 굵은 비닐 끈들이었다. 트럭 안의 찬 공기를 가둬두는 용도로, 세차장과 고기 냉장 차량에서도 흔히 쓰이는, 그 끈들이 내 원수였다. 그것들은 지나가는 모든 사람을 방해했다. 마치 『슬리피 할로우의 전설(*The Legend of Sleepy Hollow*)』◎ 만화 버전에 나오는 귀신 들린 나뭇가지처럼 말이다. 그 비닐에는 박테리아가 떼거리로 붙어 있을 것만 같은 생각이 들었다. 또 이건 좀 말이 되는 이야기지만, 세상 떠난 사람들의 괴로운 영혼도 상상되어, 나는 그 끈을 만지는 걸 끔찍이 싫어했다.

그 끈에 걸리면 이송용 침대를 문 밖으로 굴려가는 데 필요한 각도를 잘못 계산하는 것을 피할 길이 없다. 마티네즈 씨의 시신을 밀고 가는 동안 침대를 너무 세게 민 모양이다. 이송용 침대가 철제문에 쾅하고 부딪히는 바람에 낯익은 둔탁한 소리가 들

◎   팀 버튼의 영화 「슬리피 할로우」의 원작.

려왔다.

내가 탁탁 소리를 내면서 마티네즈 씨가 실린 침대를 앞뒤로 흔들며 준비실로 향하고 있을 때였다. 지나가던 마이크가 이를 우연히 보았다. "좀 도와줄까요? 할 수 있겠어요?" 그가 한쪽 눈썹을 높이 치켜뜨며 의미심장하게 물었다. 마치 이렇게 말하는 것 같았다. "당신이 그 일을 얼마나 제대로 못하는지, 괴롭게도 내 눈에는 뻔히 보이는군."

"아뇨, 제가 할게요." 나는 쾌활하게 대답하고, 얼굴의 박테리아 덩어리를 훌훌 털어내며 이송용 침대를 화장장 쪽으로 밀었다.

나는 '언제나' "아뇨, 제가 할게요."라고 확실히 대답했다. 내가 뜰 앞의 식물에 물을 줄 때 도움이 필요했던가? "아뇨, 제가 할게요." 남자 손에 어떻게 비누칠을 해야 결혼반지가 불뚝 튀어나온 손가락 관절을 지나 매끄럽게 끼워질 수 있는지에 대해 자세한 설명이 필요한가? "아뇨, 제가 알아서 할게요!"

마티네즈 씨가 안전하게 냉장 트럭 밖으로 나오자, 이제는 시체 박스를 열어야 할 시간이었다. 내가 발견한 바로는, 이것이 내 직업에서 가장 좋은 부분이었다.

나는 그 박스를 여는 일을 90년대 초반 여자아이들에게 인기 있었던 인형인 '강아지 서프라이즈(Puppy Surprise)'처럼 여겼다. '강아지 서프라이즈' 광고에는 다섯 살에서 일곱 살쯤 된 여자아이들이 개 인형을 둘러싸고 옹기종기 모여 있는 모습이 나온다. 아이들은 인형의 배를 열어 그 안에 강아지가 몇 마리나 있는

잘해봐야 시체가 되겠지만

지 발견하고 즐거워하며 꺅 꺅 소리를 지른다. 배 속의 강아지는 세 마리일 수도, 네 마리일 수도, 심지어 다섯 마리일 수도 있다! 바로 이것이 '서프라이즈'다.

시체의 경우도 마찬가지다. 박스를 열 때마다 집에서 호스피스 서비스를 받다가 평화롭게 죽음을 맞은 95세 할머니부터, 홈디포 가게 뒤의 쓰레기통에서 8일간 부패된 뒤에 찾아낸 30세 청년에 이르기까지, 무엇이든 발견할 수 있다. 한 구 한 구가 새로운 모험이다.

만약 박스에서 찾아낸 시체에 범상치 않은 면이 있다면(파드마의 얼굴에 난 곰팡이를 생각해보라.), 나는 호기심을 주체하지 못하고 살금살금 탐사 취재를 해나갔다. 전자 사망등록 체계와 검시관의 수정안, 사망확인서 같은 필수 행정 서류에는 그 사람의 삶과, 더 중요하게는 그 사람의 죽음에 대해 더 많은 정보가 담겨 있을 것이다. 그들이 어떻게 삶과 작별하여 내가 있는 화장장으로 오게 되었는지에 대한 이야기 말이다.

마티네즈 씨의 경우 시신이 수습된 과정으로 봐서, 그다지 별다른 점은 없었다. 그 시체에 등급을 매긴다면, 강아지 세 마리가 나온 정도의 비교적 온건한 상태라고 말할 수 있겠다. 그는 60대 후반의 라틴계 신사로, 아마 심장 문제로 사망한 것 같았다. 그의 피부를 들추면, 심박조율기의 윤곽을 볼 수 있을 것이다.

화장장 직원들 사이에 도는 전설 같은 소문으로는, 심박조율기 속에 든 리튬 배터리를 화장 전에 미리 빼놓지 않으면 화장로 속에서 그것이 폭발한다고 한다. 이 조그만 폭탄은 가엾고 무고

한 화장장 관리자의 얼굴을 박살낼 만큼 힘이 세다는 것이다. 이 제껏 그 소문이 정말인지 아닌지 확인할 만큼 레토르트 속에 그걸 오래 남겨둔 사람은 아무도 없었다. 나는 그것을 제거하기 위해 시신을 방부처리하는 사람이 쓰는 메스를 가지러 준비실로 돌아갔다.

나는 메스를 들고 마티네즈 씨의 가슴을 건드려, 심박조율기 위의 살 두 점을 격자 모양으로 살짝 떠내려고 했다. 메스는 날카로워 보였지만 피부를 뚫기엔 역부족이었다. 가벼운 찰과상조차 나지 않았다.

왜 의대에서 시체를 이용해서 수술 기법을 실습하는지 그 이유를 이해하기는 어렵지 않다. 그것은 통증을 초래하는 과정에 학생들을 둔감하게 만들기 위해서다. 작은 수술을 집도하면서, 나는 마티네즈 씨가 분명 고통 속에 있을 것이라고 느꼈다. 망자와 동일시는 언제나 우리가 고인이 고통 속에 있는 것처럼 느끼게끔 한다. 흐린 두 눈을 보면 그가 이미 오래전에 소문만 무성한 그 건물을 떠났다는 것을 알 수 있음에도 말이다.

마이크는 일주일 전에 내게 심박조율기 떼는 방법을 알려 주면서 그 일이 쉬운 것처럼 말했다. 시체에 메스를 대는 것은 생각보다 더 많은 힘이 필요한 일이었다. 인간의 피부는 놀랍도록 질긴 소재였던 것이다. 나는 나의 무능함에 대해 마티네즈 씨에게 사과했다. 몇 차례 더 메스로 찌르고 잡음을 내며 좌절한 끝에, 금속으로 된 심박조율기가 노랗고 덩어리진 가슴 조직 아래 드러났다. 한 번 획 잡아당기니 그것이 빠져나왔다.

이제 그 시신은 마티네즈 씨임이 확인되었고, 시신을 화장장에 안치도 했고, 폭발할 수 있는 배터리도 일체 제거하였으니, 그는 정말로 불 속에서 종말을 맞을 준비가 되었다. 컨베이어벨트를 레토르트에 연결하고 단추를 눌렀더니, 시체를 기계 안으로 밀어 넣는 공정이 시작되었다. 금속 문이 철커덕 닫히자 나는 기계 전면에 달린, SF 소설에 나올 법한 그 다이얼 앞으로 돌아와 공기 유입을 조절하고 연소 장치를 켰다.

시체가 타는 동안에는 할 일이 거의 없다. 나는 화장로의 변화하는 온도를 계속 살피다가 금속 문을 빠끔 열고 그 안을 들여다보며 시체의 상태를 파악했다. 시체가 이렇게 말하는 상상을 했다. "애야, 네가 뭘 보게 될지 몰라도, 보이는 걸 조심하렴."

4000년 전 힌두교의 경전 『베다』에서는, 굴레에 갇힌 영혼이 순수하지 못한 시신에서 벗어나 자유로워지는 데 화장이 필요하다고 서술했다. 두개골이 바삭하고 열리는 순간 영혼은 해방되어 조상들의 세계로 날아오른다. 이 생각은 아름답지만 인간의 몸이 불타는 모습을 보는 데 익숙하지 않다면, 그 장면은 지옥에 가까울 수 있다.

화장되는 시신을 처음 들여다봤을 때는 뭔가를 엄청나게 위반하는 듯한 느낌이 들었다. 비록 웨스트윈드에서 정해진 과정을 이행하는 데 필요한 절차였지만 말이다. 아무리 많은 헤비메탈 앨범의 표지를 봤다 해도, 화가 히에로니무스 보스가 지옥에서 고문받는 인간을 그린 그림을 아무리 많이 보았다 해도, 영화 「인디애나 존스」에서 나치의 얼굴이 녹아내리는 장면을 보았다 해도, 시체가 화장되는 모습을 볼 마음의 준비가 되지는 않는다. 불타오르는 두개골을 실제로 보는 것은 그 어떤 상상보다도 더 강렬하다.

시신이 레토르트로 들어가면 처음 타는 것은 종이 박스, 혹은 장례업체 영수증에 따르면 "대체 용기"라고 불리는 것이다. 박스는 즉시 불길 속으로 사라지고, 그러면 시체는 아무런 방어막 없이 지옥과 마주하게 된다. 그다음에 유기 물질은 타 없어지고, 시신은 완전히 변한다. 인체의 80퍼센트를 차지하는 물은 별문제 없이 증발한다. 그러면 불길은 전신을 바삭바삭하고 까맣게 태우며, 인체의 부드러운 조직을 연소시킨다. 이 부분, 눈으로 보아 사람이라고 식별되는 것들을 태우는 데는 시간이 오래 걸린다.

내가 화장장 직원으로 일하는 것에 대한 특별한 환상이 없었다고 하면 거짓말일 것이다. 나는 이 직업이 시체를 거대한 화장로에 넣고 나서 발을 쭉 펴고 앉아 딸기나 먹으면서 가엾은 남자(또는 여자)가 화장되는 동안 소설이나 읽는 일일 것이라고 예상했다. 그러고 나서 일과가 끝나면 돌아가는 열차에 올라타, 숙고와 몽상에 잠겨 죽음을 좀 더 깊이 이해하게 되리라고.

웨스트윈드에서 몇 주 근무하고 나니 딸기를 먹는 몽상은 훨씬 더 원초적인 생각으로 바뀌었다. 점심시간은 언제 오지? 나는 언제쯤 깨끗해질 수 있을까? 화장장에 있다 보면 정말이지 몸이 깨끗할 날이 없다. 먼지와 검댕이 얇은 층을 이루어 모든 것 위에 내려앉는다. 죽은 사람들과 기계에서 나온 재가 하는 짓이다. 그

잘해봐야 시체가 되겠지만

재는 도저히 먼지가 들어가지 못할 것 같은 비강 깊은 안쪽까지 들어간다. 한낮의 내 꼴은 마치 19세기에 길모퉁이에서 행상을 하던 성냥팔이 소녀 같았다.

귀 뒤에 내려앉거나 손톱 밑에 낀 무기물 층, 그러니까 인간의 뼈 먼지가 내려앉은 데는 별로 즐길 만한 것이 없지만, 재는 나를 화장장 밖에서 알던 것과는 다른 세계로 데려갔다.

엔쿄 패트 오하라는 9·11 사태 당시 뉴욕시 선불교 센터의 수장이었다. 그는 세계무역 센터의 고층 건물들이 혼돈의 비명과 요란한 소리 속에 무너졌을 때 "그 냄새는 몇 주 동안 빠지지 않았고, 마치 우리가 숨 쉴 때 사람들을 들이마시는 것같이 느꼈다."라며 "그건 사람을 포함한 모든 것을 해체시킨 온갖 것들의 냄새였다. 사람들과 전기로 된 것들과 돌덩이와 유리와 모든 것." 이라고 말했다.

묘사를 하자니 소름 끼친다. 그러나 오하라는 사람들에게 이 이미지에서 도망치지 말라고 말한다. 이것은 항상 일어나는 일이지만 보이지 않았을 뿐이며, 지금 처음으로 그것을 보고, 냄새 맡고, 느끼고 있음을 알아차리고 인정하라고 그는 조언한다. 웨스트윈드에서 나는 처음인 듯 느낀 것을 보고, 냄새 맡고, 느끼고, 경험하고 있었다. 이런 유형의 직면은 현실과 관계 맺는 일이었다. 그건 아주 소중했고, 나는 죽음을 직면하는 데 빠르게 중독되어 갔다.

처음의 원초적인 관심사로 돌아가보자. 언제 어디서 점심을 먹을까? 점심시간으로는 30분이 주어져 있다. 혹시라도 유가족이 지나가다가 내가 차오멘◎을 맛나게 먹는 모습을 볼까 봐, 로비에서는 차마 먹을 수가 없다. 이런 시나리오다. 앞문이 흔들리며 열리면, 내 머리가 뻣뻣하게 쳐들려지고 눈은 휘둥그레져서 입술에는 국수 가닥이 대롱대롱 매달려 있는 걸 보게 될 것이다. 화장로도 안 된다. 사 온 도시락에 재가 내려앉을 테니까. 그러면 예배당(시신이 놓여 있지 않을 경우)과 조의 사무실이 남는다.

지금은 마이크가 화장장을 운영하고 있지만, 웨스트윈드 화장·매장 회사는 원래 조가 설립한 회사였다. 난 웨스트윈드의 소유주인 조(원래 이름은 호아킨)를 만난 적이 없다. 그는 내가 첫 시체를 화장하기 직전에 은퇴했고, 뒤이어 마이크가 실무를 맡게 되었다. 조는 다소 정체를 알 수 없는 인물이었다.

실제로 출근하지는 않지만 그래도 이 건물의 유령 같은 사람으로서, 조는 마이크에게 보이지 않는 영향력을 행사하고 있었다. 그는 마이크가 일하는 것을 지켜보는 동시에 자기가 언제나 바쁘다는 확신을 주었다. 마이크는 내게 똑같은 영향력을 지니고 있었다. 우리는 둘 다 자기를 감독하는 사람들의 강철같이 냉엄한 시선을 걱정했다.

조의 사무실은 텅 빈 채 그 자리에 남아 있다. 창문도 없는 그 방에 쌓인 상자에는 묵은 화장허가서와 웨스트윈드를 마지막으로 거쳐 간 사람들의 기록이 가득 차 있었다. 조의 사진은 아직도 그의 책상 위에 있다. 키가 큰 그 남자는 피부에 성홍열을 앓

◎   기름에 볶은 국수 요리.

잘해봐야 시체가 되겠지만

은 자국이 있고 눈썹과 수염이 진했다. 도저히 함께 자고 싶지 않은 사람같이 생겼다.

마이크에게 조에 관한 정보를 좀 더 알려 달라고 졸랐더니, 그는 빛바랜 지역 주간지 한 부를 꺼내 보였다. 표지 가득 조의 사진으로 도배된 잡지였다. 사진에서 그는 팔짱을 끼고 웨스트윈드의 화장로 앞에 선 것이, 이번에도 도저히 함께 자고 싶지 않은 사람처럼 보였다.

"이 잡지를 서류 캐비닛에서 찾았어요." 마이크가 말했다. "맘에 들 거예요. 조가 마치 관료주의와 맞붙어서 이긴, 끝내주는 무법자 화장 전문가처럼 그려져 있거든."

마이크 말이 맞았다. 나는 그 지점이 마음에 들었다.

"샌프란시스코 사람들은 그런 종류의 이야기를 좋다고 읽어 댄다니까."

전직 샌프란시스코 경찰관이었던 조는 내가 여기 오기 20년 전에 웨스트윈드를 세웠다. 원래 사업 계획은 바다에 뿌려지는 재가 남긴 이익의 틈새를 채우는 것이었다. 그는 보트 한 대를 구입한 다음 수리해서, 샌프란시스코만까지 유가족들을 실어 날랐다.

"그가 손수 배를 들여온 모양이오. 중국이나 어디서 말이지. 지금 기억은 안 나지만." 마이크가 말했다.

그러던 어느 날, 조가 소유한 배에 물건을 싣던 남자가 일하다가 뭔가 끔찍한 실수를 해서 보트가 가라앉았다.

마이크가 설명했다. "그때 조는 부두에 서 있었다고. 시가를 피우며 보트가 바다로 가라앉는 것을 보면서 생각한 거지. 어쩌면 여기에 한 가닥 희망이 있을 수도 있다고 말이야. 그건 바로 보험금이 나오면 그 돈으로 화장로를 사들이는 거였지."

그로부터 1년쯤 지났을 때, 조는 작은 회사의 사장이 되어 있었다. 웨스트윈드 화장·매장 회사라는 신생 기업의 소유주가 된 것이다. 그는 샌프란시스코 장의대학이 사망한 노숙인과 극빈자의 시신 처리를 샌프란시스코시와 체결하기로 되어 있는 계약이 몇 년째 답보 상태라는 사실을 알게 되었다.

마이크에 따르면, "'시신 처리'라는 말에 대한 장의대학의 정의는, 시신을 학생들의 수업 재료로 쓰는 것, 모든 시신에 불필요한 방부처리를 하고 시에 그 비용을 청구하는 것"이다.

1980년대 말에 장의대학은 1년에 자그마치 1만 5000달러나 되는 돈을 시에 과도하게 청구했다. 그러니까 조는 사업하는 사람답게 장의대학이 청구한 비용에서 시신 한 구당 2달러씩 깎아주는 조건으로 계약을 따낸 것이다. 이제 찾는 이 없는 극빈층의 주검은 모두 웨스트윈드로 오게 되었다.

이 대담한 행보로 인해 조는 샌프란시스코 검시관 사무소의 부당한 감시를 받게 된다. 당시의 검시관인 보이드 스티븐스 박사는 그 지역 장의사들과 사이가 좋았고, 기사에 따르면 사업의 대가로 술과 초콜릿을 받는 관행을 뛰어넘지 못했다. 또한 스티븐스 박사는 조가 무연고 시신을 처리하는 계약을 따내는 바람에 한방 먹은 샌프란시스코 장의대학과도 사이가 좋았다. 웨스트윈드에 대한 공격은 계속되었다. 시의 감시관들이 일주일에도 몇 번씩 들러서 대단찮은 위반 사항을 들춰냈다. 이유도 없고 사전 경고도 없이, 시는 웨스트윈드와 맺었던 계약을 취하하기에 이른다. 조는 샌프란시스코 검시관 사무실을 고소했다.(이 고소에서 조가 승소했다.) 마이크는 마침내 웨스트윈드 화장·매장 회사가 사업을 이어가는 동안 샌프란시스코 장의대학은 영원히 문을 닫게 되었다고 선포하며 멋지게 이 이야기를 마무리 지었다.

점심을 먹고 나니, 마티네즈 씨를 레토르트 안에 밀어 넣은 지 한 시간쯤 지나 있었다. 이제 그의 위치를 바꿔줄 시간이다. 시신이 발부터 화장로 속으로 들어갔으니, 천장에서 내려온 큰 불길은 그의 상반신 가슴에 닿아 있을 터였다. 가슴은 인체에서 가장 두꺼운 부분이고, 타는 데도 시간이 가장 오래 걸린다. 지금껏 불길이 가슴께에 있었으니, 화장로 앞쪽으로 시신을 옮겨서 하반신도 그렇게 탈 수 있게 해줘야 한다. 이를 위해 나는 산업용 고글과 장갑을 끼고서, 끝에 고르고 단단한 갈퀴가 달린 믿음직한 금속 작대기를 가져왔다. 나는 레토르트의 문을 20센티미터쯤 올리고 이 작대기를 불길 속에 집어넣은 다음, 조심스럽게 마티네즈 씨의 갈비뼈께를 낚아챘다. 처음에는 갈비뼈를 놓치기 쉽지만, 일단 잡아채기만 하면 첫 시도에서 가장 튼튼한 갈비뼈도 잡을 수 있다. 일단 성공적으로 몸을 잡아채면, 단박에 시신을 재빨리 내 쪽으로 끌어당겨야 한다. 이렇게 하고 나니 밝게 타오르는 새 불길이 생겨나, 마침내 하반신에 불길이 가닿았다.
마티네즈 씨의 시신이 붉게 타오르는 잉걸불이 되자(이때 색이 붉은 것은 중요하다. 불길이 검은 것은 시체가 제대로 타지 않는다는 뜻이기 때문이다.) 나는 화장로를 끄고 온도가 화씨 500도(섭씨 260도)로 내려갈 때까지 기다렸다가 화장로를 쓸어냈다. 금속 막대 끝에 달린 갈퀴로 큰 뼈 덩어리는 치웠지만, 건실한 화장장 직원이라면 손에 닿지 않는 재를 치우기 위해 금속 빗살이 촘촘하게 달린 빗자루를 사용해야 한다. 시신이 제대로 타오르기만 하면, 뼈를 쓸어내는 작업은 리듬감 있는 선(禪) 수행, 즉 불교 승려들이 모래밭을 갈퀴질하는 것과 상당히 비슷한 경지에 이를 수 있다. 쓸어내며, 미끄러지듯 가고, 쓸어내며 미끄러지듯 가고.

마티네즈 씨의 뼈를 모두 금속 통에 쓸어 담은 다음, 화장장의 다른 쪽으로 갖고 가서 길고 납작한 쟁반에 부었다. 고고학 발굴에 사용되는 것처럼 생긴 이 쟁반은 사람들이 생전에 몸속에 넣은 다양한 금속 제품들을 찾는 데 쓰인다. 내가 찾은 금속은 무릎이나 엉덩이에 넣는 보형물에서부터 금속성 틀니까지 무엇이든 될 수 있다.

화장의 마지막 단계는 대기하고 있는 분쇄기에 뼈를 담는 것이다. 이 때문에 금속을 제거해야 한다. '분쇄기(cremulator)'라 하면 마치 만화에 나오는 악당이나 커다란 픽업 트럭의 이름 같지만 사실은 뼈를 가는 도구로, 부엌에서 쓰는 냄비만 하다.

나는 쟁반에 담긴 뼛조각을 분쇄기에 옮겨놓고 다이얼을 20초에 맞췄다. 뼛조각은 윙윙거리는 소리와 함께 부서져 퓌레 분말 같은 균일한 형태가 되었다. 이 가루가 업계에서 '유해(遺骸)'라 불리는 것이다. 캘리포니아에서 마티네즈 씨 유가족이 받게

잘해봐야 시체가 되겠지만

될 것은 납골함에 담긴 뼈 덩어리가 아니라 보송보송하고 하얀 재일 것이다.(그것이 캘리포니아 주법이기도 하다.) 마티네즈 씨의 납골함에 담긴 것이 단지 추상적 개념이 아니라 실제로 전에 살았던 인간이라는 것을, 뼈들이 가혹하게 환기시킬 테니까.

모든 문화에서 뼈를 피하는 걸 선호하는 것은 아니다. 1세기부터 로마인들은 소나무 둥치로 화장 장작을 높이 쌓아 올렸다. 입관하지 않은 시체가 장작 위에 놓이면 불을 당긴다. 화장이 끝난 다음, 조문객들은 뼈를 모아 우유에 담가 손으로 씻고 납골함에 안치한다.

뼈를 씻는 작업을 단지 고대 바쿠스 축제를 벌이던 과거의 일로 여길까 봐 덧붙이자면, 뼈는 현대 일본의 장례의식에서도 한 역할을 한다. 일본에서는 뼈가 화장로에서 다 타고 나오면 '코츠아게[骨揚げ, 뼈 모으기]'를 하기 위해 조문객들이 그 주위로 모여든다. 뼈들이 탁자 위에 놓이면, 가족 구성원들은 긴 젓가락을 들고 앞으로 나와 뼈를 집어 납골함에 넣는다. 가족들은 발부터 시작해 머리 쪽으로 차츰 올라가면서 뼈를 집어넣는다. 이는 고인이 영원을 향해 곧장 걸어 올라갈 수 있게 하기 위함이다.

이날 웨스트윈드에는 유가족들이 없었다. 오직 고인 마티네즈 씨와 나뿐이었다. 인류학자 제프리 고러는 「죽음의 포르노그래피」라는 유명한 논문에서 이렇게 썼다. "많은 경우, 사람들이 화장을 선택하는 것은 화장이 매장보다 더 완벽하고 최종적으로 망자를 제거한다고 느껴지기 때문이다." 나는 마티네즈 씨의 가족이 아니었다. 나는 그를 알지 못했지만, 그의 죽음을 둘러싼 모든 의식과 행위를 내 한 몸으로 감당하면서 그 자리에 있었다. 나는 그를 위한 오직 한 명의 코츠아게였다. 과거, 세상 모든 문화권에 있었던 사후 의식은 적절한 시기에 적절한 사람들이 추는 섬세한 무용 같은 것이었다. 몇 주 동안 화장로 돌리는 훈련만 받고서 누군가의 마지막 순간을 떠맡는다는 것은 옳지 않은 일인 것 같다.

마티네즈 씨를 화장하고 분쇄기에 돌려 재로 만들고 난 다음, 나는 그를 비닐봉지에 담고 빵 봉지처럼 휘휘 돌려 묶었다. 마티네즈 씨를 담은 비닐봉지는 갈색 플라스틱 납골함에 들어갔다. 우리는 현관에 있는 계약실에서 이것보다 더 비싼 납골함(황금빛으로 번쩍거리고 측면에 자개로 비둘기 모양 장식을 한 물건)도 팔지만, 마티네즈 씨네 가족은 대부분의 유가족들이 그러하듯, 그것을 사지 않는 편을 택했다.

나는 그의 이름을 라벨 메이커에 찍어넣었다. 라벨 메이커는 웅웅거리더니 그의 신분증을 뱉어냈다. 이 라벨은 그를 영원히 가두어둘 납골함에 붙여질 것이다. 마티네즈 씨를 위해 마지막으로, 나는 그가 담긴 납골함을 화장대 선반에 올려두었다. 거기서 그는 누군가가 와서 불러주기를 얌전히 기다리며 도열한 갈색 플라스틱 병사들 같은 납골함 틈에 합류했다. 한 남자를 시체에서 재로 만들고서 내 일을 다 해냈다는 데 만족하며, 나는 인간 먼지를 얇게 뒤집어쓴 채 오후 5시에 화장장을 떠났다.

쿵 소리

당신의 포르노 스타 이름은 유년 시절에 처음 길렀던 애완동물 이름과 어린 시절을 보낸 길거리 이름을 합친 것이라고 사람들은 말한다. 이런 법칙에 의하면 나의 포르노 스타 이름은 '수퍼플라이 푸날레이'가 될 것이다. 나는 포르노그라피 계에서 경력을 쌓을 생각은 없지만, 이름 정도야 시도해본들 어떠랴.

푸날레이가는 하와이 카네오에 있는 작은 막다른 골목이다. 거기서 나는 태어나 생의 첫 열여덟 해를 보냈다. 우리 집은 기껏해야 평범한 수준일 뿐이지만 열대 섬에 위치해 있었기 때문에, 한쪽에는 높디높은 산이 있고 또 한쪽에는 파란 만의 바닷물이 찰랑대는 행운을 누릴 수 있었다. 야자가 무르익는 계절에는 집 앞 보도를 막 뛰어 지나가야 했다. 그러지 않으면 농익은 코코넛 열매가 머리 위에 뚝 떨어져서 온통 엉망이 되는 수가 있다.

나른하고 고요한 푸날레이가는 결코 식지 않는 온탕 같았다. 여태껏 늘 그래왔듯이 모든 것이 언제까지나 계속될 것만 같았다. 픽업트럭에는 깃털 달린 전사의 머리 장식들이 백미러에 달려 있고, 현지 식당들은 데리야키 쇠고기 옆에 마카로니 샐러드를 곁들여 한 접시에 점심을 담아내고, 우쿨렐레를 퉁기는 소리가 이 섬의 라디오에서 변함없이 흘러나온다. 공기는 이상적인 수준보다는 더 텁텁하고, 체온과 같은 범위에서 결코 멀리 벗어나지 않는다.

수퍼플라이는 내가 다섯 살일 때 쿨라우 동물 가게에서, 정수기에 걸러진 물이 가득 찬 비닐봉지에 담겨 우리 집에 왔다. 그는 우리 집 식당에 놓인, 주황색 자갈이 들어 있는 청색 어항에 살았다. 부모님은 커티스 메이필드의 히트곡 제목을 따서 그 물고기의 이름을 '수퍼플라이'라고 지었다. 그러나 내가 길렀던 그 물고기가, 그 노래에 묘사된 것과 같은 "혼란스러운 시절과 빈민가"를 과연 경험해봤는지는 의심스럽다.

푸날레이가에 와서 산 지 얼마 되지 않아 수퍼플라이는 '담수산 백점충'이라는 병에 걸렸다. 수족관 업계에서 '이치' 또는 '이크'라고 알려진 이 기생충에 감염되면 물고기가 물속에서 천천히 죽게 된다. 수퍼플라이의 비늘에 하얀 점들이 퍼지기 시작하면, 한때 살랑살랑 잘 헤엄치던 이 물고기는 점점 느려져서 슬프게도 물에 둥둥 뜨게 된다. 몇 주에 걸쳐 물고기 색이 화려한

잘해봐야 시체가 되겠지만

황금색에서 둔탁한 흰색으로 변하더니, 어느 날 아침에 보니 그는 아예 헤엄을 멈추었다. 어머니가 일어나 보니 그 작은 시신이 어항 위에 둥둥 떠 있더라고 한다. 내게 그걸 알리고 싶지 않았던 어머니는 딸이 마주칠 첫 죽음에 대한 대화를 그날 오후 하교 때까지 미뤄두었다.

나중에 어머니는 나를 붙들어 앉히고 엄숙하게 내 손을 잡으며 말했다. "애야, 수퍼플라이에 대해 얘기할 게 있단다."

"네, 어머니?"

평소에 나는 어머니를 '엄마'라고 불렀던 것 같지만, 내 기억에 이때 나는 매우 예의 바른 영국 아이처럼 굴었다.

"수퍼플라이가 병들어 죽었어. 오늘 아침 봤더니 더 이상 살아 있지 않더구나." 엄마가 말했다.

"아뇨, 어머니. 그럴 리 없어요." 나는 주장했다. "수퍼플라이는 멀쩡해요."

"애야, 미안하구나. 그 물고기가 죽지 않았으면 좋겠지만, 죽었어."

"와서 보세요. 엄마 말이 틀렸어요!" 나는 수퍼플라이가 들어 있던 어항으로 엄마를 끌고 갔다. 어항에는 흰색 물고기가 꼼짝 않고 수면 근처에 둥둥 떠 있었다. "봐라, 케이틀린. 이제 얘를 툭 건드려보면 내 말이 무슨 말인지 알게 될 거야. 알겠니?"

엄마가 어항 뚜껑을 들어올리며 말했다.

엄마가 손가락으로 작은 물고기를 툭 긴드리자 수퍼플라이는 앞으로 튕겨나가, 사람 손길을 피해 어항 저편으로 헤엄쳐 갔다.

"맙소사!" 엄마는 물고기가 마치 살아 있는 것처럼 앞뒤로 왔다 갔다 헤엄치는 것을 보고 비명을 질렀다.

이때 아버지가 나타나 어머니 뒤에서 몰래 웃는 소리가 들렸다.

"여보, 대체 어떻게 된 거예요?" 어머니가 놀란 가슴을 쓸어내리며 말했다.

아버지가 한 일은 어머니보다 조금 늦게 일어나 평소처럼 모닝커피 한 잔을 마신 다음, 죽은 수퍼플라이를 가차 없이 화장실 변기에 넣은 것이다. 아버지는 나를 데리고 다시 쿨라우 애완동물 가게로 가서 수퍼플라이와 똑같은 크기의 건강한 흰색 물고기를 한 마리 샀다. 이 새 물고기를 집에 와서 청색 어항에 퐁당 집어넣었고, 그 물고기의 짧은 생의 유일한 목적은 심장이 멎을 만큼 어머니를 깜짝 놀라게 하는 것이었다.

효과는 있었다. 우리는 새로 온 애완용 물고기를 '수퍼플라이 II'라 불렀고, 내가 얻은 죽음에 대한 첫 교훈은 그걸 눈속임으로 넘길 수도 있다는 것이었다.

가엾은 수퍼플라이(와 그보다 조금 뒤에 죽은 수퍼플라이 II)의 경우와는 달리, 어린 시절 대부분 나는 죽음을 오직 만화와 공포 영화에서만 보았다. 나는 아주 어린 나이에 비디오 테이프를 앞으로 빨리 감는 방법을 배웠다. 그 기술을 갖고 있으니 「아기 사슴 밤비」에서 엄마가 죽는 장면이나 그보다 훨씬 더 트라우마를 남기는, 「공룡 시대」에서 주인공 리틀 풋의 엄마가 죽는 장면, 「이상한 나라의 앨리스」에서 앨리스가 목 잘려 처형되는 장면을 건

너뛸 수 있었다. 그 어떤 일도 나 몰래 일어날 수 없었다. 나는 무엇이든 빨리 감기 할 수 있는 힘에 도취해 있었다.

그러다가 죽음을 내 마음대로 할 수 없게 된 그날이 왔다. 내가 여덟 살 때 어느 날 저녁, 우리 집에서 겨우 네 블럭 떨어진 윈드워드 몰에서 할로윈 의상 경연대회가 있었다. 나는 공주로 분장하려고 중고품 할인 판매점에서 반짝이 장식이 잔뜩 붙은 파란 드레스를 찾았다. 하지만 '공주' 같은 뻔한 분장으로는 트로피를 탈 수 없다는 걸 깨닫고, 나는 더 무서운 분장을 해서 상을 타거나 아니면 포기하기로 했다.

분장용품이 든 상자를 뒤져보니 길고 검은 가발이 있었다. 그것은 우리 가족의 1980년대식 비디오테이프 캠코더에 찍힌 앨라니스 모리셋의 「너는 알아야만 돼(You Oughta Know)」 공연같이 사람을 움찔하게 하는 그런 치명적인 예술 프로젝트에 쓰일 만한 것이었다. 가발 꼭대기에는 부서진 작은 왕관이 씌워져 있었다. 이 가발의 화룡점정은 가짜 피였는데, 가짜 피를 몇 번 짜내서 분장을 마무리했다. 어느새 나는 DIY 실력을 발휘해 무도회의 죽은 여왕으로 변신해 있었다.

의상 경연대회에서 내 차례가 되자, 나는 발을 질질 끌고 절뚝거리며 런웨이에 올랐다. 행사 사회자가 확성기에 대고 쇼핑몰이 쩌렁쩌렁 울리도록 내가 누구로 변장했는지 물었다. 나는 좀비같이 단조로운 음성으로 "아빠가 저어기 있어요. 이제 돈을 내 애실 거예요. 난 무도회의 죽은 여왕이에요."라고 대답했다. 아마 그 음성이 심사위원들을 사로잡았던 모양이다. 내게 주어진 상금은 75달러였다. 계산해보니 어마어마하게 많은 딱지를 살 수 있는 돈이었다. 1993년 하와이에 살던 초등학교 3학년짜리라면 누구나 딱지 살 돈 모으기에 일생을 바쳤다고 가히 말할 수 있다.

쇼핑몰 화장실에서 반짝이 달린 드레스를 벗은 다음, 나는 형광빛 분홍 티셔츠 아래 형광빛 녹색 레깅스로 갈아입었다.(이것도 1993년에 지극히 하와이다운 복장이었다.) 그리고 친구들과 함께 그 쇼핑몰의 귀신 나오는 집으로 갔다. 나는 아버지를 찾아 애교를 떨어 큼직한 프레첼 하나 살 돈을 받아내고 싶었다. 많은 쇼핑몰이 그렇듯 이곳도 이층 한가운데가 뻥 뚫린 구조로, 위층에 있는 사람들이 아래층에서 일어나는 일을 다 볼 수 있게 되어 있었다.

나는 푸드코트 벤치에 앉아 꾸벅꾸벅 졸고 있던 아버지를 발견했다. "아빠!" 나는 2층에서 소리쳤다. "프레첼, 아빠, 프레첼!"

내가 소리치며 두 팔을 흔들고 있을 때, 어떤 어린 여자아이가 에스컬레이터와 2층 난간이 만나는 지점으로 올라가는 것이 흘긋 보였다. 내가 쳐다봤을 때 그 아이는 귀퉁이에 부딪혀 넘어지며 10미터 아래로 떨어져, 반질반질한 카운터에 얼굴부터 닿아 소름 끼치는 쿵 소리를 냈다.

"우리 아기! 안 돼, 우리 아기!" 그 아이 엄마가 비명을 지르며 에스컬레이터가 내려가는 것을 막고 쇼핑몰 사람들을 격하게 옆으로 떠미는 동안, 사람들은 앞쪽으로 웅성웅성 모여들었다. 오늘날까지 나는 그 여자의 비명만큼 저승에서 나는 것 같은 소리를 들어본 적이 없다.

양 무릎의 힘이 풀렸다. 나는 좀 전까지 아버지가 앉아 있던

잘해봐야 시체가 되겠지만

곳을 내려다보았지만, 사람들이 몰려들어 아버지는 온데간데없었다. 아버지가 앉았던 곳에는 오직 빈 벤치만 있을 뿐이었다.

그 여자아이의 몸이 반질반질한 곳에 부딪치면서 나던 쿵 소리가 마음속에서 자꾸만 되풀이해서 들려왔다. 쿵 소리 다음, 또 들려오는 둔탁한 쿵 소리. 오늘날이라면 그 소리들이 외상 후 스트레스 장애의 한 증상으로 여겨졌겠지만, 그때는 단지 내 유년에 울리는 북소리였을 뿐이었다.

"얘야, 뛰어서 아래층으로 내려가려고 하지 마라. 꼭 에스컬레이터를 타라, 알겠지?" 아빠는 짐짓 밝은 척하려고, 수퍼플라이 사건 후 엄마에게 지었던 그 구피 같은 웃음을 씩 지으며 애써 말했다.

난 하나도 웃기지 않다고 생각했다. 내 두 눈이 아빠에게 더 이상 아무것도 웃기지 않다고 말해주었던 것 같다.

일본에는 이자나기가 여동생 이자나미를 찾으러 지하 세계로 내려가는 내용의 신화가 있다. 오빠가 이자나미를 찾아내자, 그녀는 말한다. 우리 남매가 산 자들의 세계로 돌아가기는 하겠지만 절대로 오빠가 자기를 쳐다봐서는 안 된다는 것이다.(서양의 오르페우스 신화와 같다.) 이자나기는 조바심이 나서 횃불을 밝혀 누이동생을 본다. 썩어가며 구더기가 득실거리는 이자나미의 시체를 횃불은 비춰 보여준다. 이자나미는 오빠를 따라가려 하지만, 그는 둘 사이에 커다란 바위를 갖다 놓아 두 사람이 영원히 분리되게 한다. 더 이상 죽음을 모르지 않게 된 이자나기는 이제 그 무시무시한 생각으로부터 벗어나 자신을 보호하기 위해 바위를 갖다 놓아야 하는 것이다.

그날 밤 나는 동이 틀 때까지 무서워서 불도 못 끄고 그대로 앉아 있었다. 마치 내 몸 한가운데서 그 어린 여자아이가 공포의 구렁텅이 속으로 굴러떨어진 듯했다. 거기에는 폭력도 살인도 없었다. 텔레비전에서는 그보다 더한 것도 본 적이 있었다. 그러나 이건 현실이었다. 그날 밤이 오기 전까지는 내가 죽을 것이며 사람은 다 죽게 되어 있다는 걸 진정으로 이해한 적이 없었다. 이런 기운 빠지는 정보를 다른 누가 갖고 있는지도 몰랐다. 만약 남들도 이를 안다면, 어떻게 죽을 걸 알면서도 계속 살 수 있는지 나는 궁금했다.

다음 날 아침, 부모님이 거실로 나와보니 내가 소파에 웅크려 앉아 담요를 여러 장 덮은 채 눈을 커다랗게 뜨고 있었다고 한다. 부모님은 나를 데리고 코아하우스 레스토랑에 가서 초콜릿칩이 든 팬케이크를 사 먹였다. 우리는 다시는 그 '사건'에 대해 얘기하지 않았다.

이 이야기에서 가장 놀라운 것은 여덟 살짜리 아이가 죽음을 목격했다는 점이 아니라, 아이가 여덟 해를 꼬박 살고서야 비로소 죽음을 목격했다는 점이다. 100년 전만 해도 죽음을 본 적 없는 아이란 찾아보기 어려웠다.

북미는 죽음 위에 세워진 나라다. 첫 유럽인 거주자들이 이 대륙에 왔을 때 그들이 한 일이란 오직 죽는 일뿐이었다. 굶어 죽거나, 얼어 죽거나, 원주민과 싸우다 죽거나, 아니면 그들 자신을 공격하는 인플루엔자, 디프테리아, 이질, 천연두 때문에 죽었다.

버지니아주에 제임스타운이 생긴 뒤 3년이 지날 무렵, 처음에 정착한 거주민 500명 중에 440명이 죽었다. 특히 아이들은 '항상' 죽었다. 만약 당신이 다섯 아이를 가진 엄마라면, 그중 두 명이 열 살 넘게 살아 있는 것만 해도 행운이었다.

18세기와 19세기에도 사망률은 많이 낮아지지 않았다. 아이들의 줄넘기 놀이에 쓰이던 민요의 가사는 이렇다.

할아버지, 할머니
사실대로 말해주세요.
제가 몇 년을 살게 될까요?
한 해, 두 해, 세 해, 네 해……?

서글픈 진실은, 많은 아이들이 줄넘기도 몇 번 하지 못하고 죽었다는 것이다. 장례를 지내는 동안, 아이들이 다른 아이의 관을 들고 가는 역할을 맡아 길거리를 지나며 그들의 작은 관을 운구했다. 음울한 일이지만, 무덤을 향해 오래도록 걸었던 아이가 느꼈을 공포가, 그 어린아이가 허공으로 떨어지는 것을 목도한 후에 내 어린 뇌가 감당했던 공포보다는 심하지 않았을 것이다.

쇼핑몰에서 그 일이 있은 지 몇 달 뒤에, 지역 소방서로 걸스카우트에서 현지 방문을 간 적이 있다. 이때 나는 신경을 잔뜩 곤두세우고 소방관 한 사람에게 그때 그 여자아이가 어떻게 됐는지 물었다. "정말 안됐어요." 그가 머리를 절레절레 흔들고 절망적으로 바닥을 보며 말했다.

그 대답으로는 성에 차지 않았다. 나는 이렇게 묻고 싶었다. "아직도 그 아이의 장기 일부를 찾지 못해서 정말 안됐다는 건가 요, 아니면 그 사건이 믿을 수 없을 만큼 트라우마를 남겨서 정 말 안됐다는 건가요? 그 아이가 살아남았다고는 전 믿을 수 없는 데요?"

그 아이가 살았는지 죽었는지조차 알 수 없었지만, 그걸 묻 기에는 너무나도 두려웠다. 아주 금방, 내겐 그 일이 더 이상 문제 가 되지 않게 되었다. 설령 오프라 윈프리가 자기가 진행하는 쇼 에 나를 출연시켜 양손을 세차게 흔들어가며 "케이틀린, 당신은 모르지만 그 아이는 살아 있답니다! 여기 그 아이가 와 있어요." 라고 말한다 해도 이미 내 마음속에 깃든 그 공포심은 변하지 않 을 것이다. 나는 어느새 가는 곳마다 죽음을 보기 시작했다. 시야 가장자리에 있지만 마주보려고 돌아서면 어느새 사라지고 마는, 어렴풋하게 가려진 모습으로 죽음은 내 곁에 살아 있었다.

우리 반에는 브라이스 하시모토라는 학생이 있었는데, 그는 백혈병을 앓고 있었다. 백혈병이 어떤 병인지는 모르지만, 동급생 하나가 말해준 내용에 따르면 이 병은 막 토하다가 죽게 된다는 것이었다. 그가 이 병에 대한 묘사를 하자마자, 즉각 나도 그 병 의 영향을 받는다는 것을 알았다. 그 병이 안에서부터 나를 좀먹 어가고 있음을 느낄 수 있었다.

죽음이 두려워서 나는 그것을 통제할 방법을 되찾기를 원했 다. 나는 죽음이 '분명' 몇몇 사람을 편애할 거라고 생각했다. 나 는 그저 내가 죽음이 편애하는 몇몇 사람 중 하나라는 것을 확인

하면 되었던 것이다.

불안을 줄이려고 나는 온갖 강박적인 행위와 의식들을 다 해 보았다. 우리 부모님은 언제라도 죽을 수 있다. 나도 언제든 죽을 수 있다. 모든 것을 정확하게 하는 것(셈하기, 톡톡 두드리기, 만지기, 확인하기)은 우주에 균형을 유지하고 더 이상의 죽음을 피하기 위해 내가 해야 할 일이었다.

놀이의 법칙이 제멋대로이긴 하나 비합리적이라고 느껴지진 않았다. 개밥을 주기 전에 집 주위를 줄 맞춰 세 바퀴 걷기, 갓 돋아난 새 잎들 위로 발걸음 떼기, 새 잎 대신 낙엽 바로 위로 발을 디디기, 문이 잘 잠겼는지 다섯 번 확인하기, 90센티미터 거리를 두고 침대로 뛰어들기, 쇼핑몰을 지날 때는 혹시나 어린아이들이 발코니 너머로 굴러떨어지는 일이 없게 숨 죽이기.

하루는 내가 다니던 초등학교의 교장 선생님이 이야기 좀 하자고 부모님을 학교로 불렀다. "도티 씨 내외분, 댁의 따님이 셔츠 앞섶에 자꾸만 침을 뱉어요. 재미로 그러는 것 같아요."

몇 달 동안 나는 셔츠 아래쪽 천에 입을 대고 침을 뱉어왔는데, 이 젖은 얼룩은 아래로 천천히 번져나가서 마치 두 번째 깃처럼 보였다. 이런 짓을 하는 이유는 잘 몰랐지만, 어쨌든 나는 셔츠에 바로 침을 묻히지 못하면 우주를 지배하는 힘들에게 내가 살기를 강력히 원치 않으며 그들이 얼마든지 죽음이라는 늑대 아가리로 날 던져 넣어도 된다는 메시지를 곧장 보낸 셈이라고 단정했다.

강박장애에는 인지행동치료라는 요법이 있다. 환자를 그가 가장 두려워하는 것에 노출시키면, 자신만의 의식을 수행하지 않아도 예상하던 재난적 결과가 일어나지 않는다는 것을 알게 된다. 하지만 우리 부모님은 이런 요법이 제정신이 아니거나 정신이 돈 사람들에게나 하는 짓이지, 곱게 키운 여덟 살짜리 딸(단지 우연히 셔츠 깃에 침을 뱉고 부엌 조리대에 강박적으로 손가락을 부딪치는 아이)에게는 어울리지 않는다고 생각하는 세상에서 자라났다.

내가 좀 더 자라서 죽음에 대한 끊임없는 생각도 사라지면서 그 의식들도 끝났고, 쿵 소리들이 시도 때도 없이 꿈에 나타나는 일도 멈추었다. 나는 내 인생을 살기 위해 죽음을 부정하는 두터운 층을 쌓았다. 그때의 느낌, 슬픔이나 감정이 이따금 찾아오면 틈을 보인 나 자신에게 화가 나서, 그런 느낌을 밑으로 더 깊숙이 밀어 넣곤 했다. 내면의 대화에서 나는 무자비해질 때도 있었다. '네겐 별 문제 없어, 굶고 있는 것도 아니고, 누가 때리는 것도 아니야. 부모님도 아직 살아 계시잖아. 세상에는 진짜 슬픔이 있어. 너의 슬픔은 한심해. 너는 그저 징징대는 하찮은 여자애일 뿐이야.'

때때로 나는 죽음에 직접 맞닥뜨리는 체험을 했더라면 내 어린 시절은 어떻게 달라졌을지 생각해본다. 죽음이 있는 곳에 앉아 있으면서, 죽음과 악수를 한다. 죽음이 내 일거수일투족에 영향을 미치며 내게 "너는 언젠가 벌레에게 먹힐 몸이야."라고 귀에 속삭인다. 그리고 우리는 친한 벗이 될 거라는 말을 듣는다. 그랬다면 죽음은 쭉 나의 친구였을지도 모른다.

그러니 정말이지 나 같은 방년의 아가씨가 웨스트윈드처럼 섬뜩하고 오래된 화장장에서 일하고 있다는 건 과연 어떤 의미일까? 진실은, 내가 이 직업을 옛날에 여덟 살 먹은 나에게 일어났던 일을 치유하기 위한 방도로 본다는 것이다. 소녀 시절 나는 밤이면 공포에 질려 담요를 덮고 쪼그려 앉은 채, 죽음이 나를 볼 수 없다면 데려갈 수도 없다고 믿었다.

나는 스스로를 치유할 수 있을 뿐만 아니라 아이들을 어린 시절부터 죽음에 익숙하게 만들어, 나처럼 죽음과 만난 첫 경험 때문에 트라우마를 겪지 않게 해줄 방법을 찾을 수도 있다. 그 계획은 간단했다. 상상해보라, 우아한 이별의 집을. 매끈하고 현대적이지만 구세계의 매력을 간직한 이 건물의 이름은 '라벨모르'가 될 것이다. 이는 프랑스어로 '아름다운 죽음'이라는 뜻이다. 적어도 나는 이 이름이 아름다운 죽음이라는 뜻이라는 건 확신했다. '주유소'라는 뜻의 한자를 엉덩이에 문신하고서 '희망'이라는 뜻의 한자를 새겼다고 착각하는 이들과는 차별화하기 위해, 미래의 내 장의사를 열기 전에 최종 점검을 해야 했다.

라벨모르는 가족들이 찾아와서 전혀 새로운 방식으로 고인을 추모하고 '장례식'에 '재미'를 되찾아주는 장소가 될 것이다. 추론하건대 죽음에 대한 우리의 병적인 두려움은 죽음을 어둡고 나쁜 운명 같은 것으로 취급하는 데서 오는 것 같다. 해결책은 '전통적'인 장례의 모든 비상식적인 것들을 없애버리는 것이다.

값비싼 가족용 모자며, 조잡한 화환이며, 정장을 입혀 방부 처리한 시신 따위는 문밖으로 던져버리자. "오, 그대가 슬픔 가득한 골짜기를 걸을지라도" 운운하는 뻔하고 듣기 좋은 말들은 집어치우고, 첩첩이 쌓인 조문 카드도 갖다버리자. 석양 그림에 "그녀는 더 좋은 곳에 가 있습니다."같이 감상적이고 진부한 말들이 적힌 그런 것들 말이다.

전통은 우리를 너무 오랫동안 묶어놓았다. 이제는 죽음을 부정하는 구름 밑에서 벗어나 경축 모드로 들어갈 때다. 라벨모르에는 파티와 떠들썩한 즐거움이 있을 것이다. 그곳은 21세기에 걸맞은 장례식을 여는, 새 시대의 안내자가 될 것이다. 아빠를 화장한 재를 우주로 보낼 수도 있고, 총알에 담아 쏘아 올릴 수도 있고, 걸칠 수 있는 다이아몬드로 만들 수도 있다. 나는 아마 유명 인사들을 위한 연회를 준비하다가 죽을 것이다. 카녜이 웨스트는 본인의 추모 행사에서 높이 360센티미터가 넘는 샴페인 분수 옆에 자신의 레이저 홀로그램이 상영되기를 원한다고 확실히 말했다.

웨스트윈드 화장장으로 돌아가자면, 나는 시신 두 구를 화장하며 기다리는 동안 라벨모르 장의사에서 앞으로 할 일들의 목록을 작성해놓았다. 재는 그림으로 변하고, 으깨져서 문신용 잉크가 되고, 연필이나 시계용 유리로도 만들어지고, 번쩍이는 대포알로도 발사된다. 나의 라벨모르 구상을 적어둔 것은 단순한 검정색 노트이지만, 맨 앞에는 마거릿 킨 그림에 나오는 것처럼 눈이 엄청나게 큰 동물들이 그려진 파스텔 톤의 스티커들이 가득 붙어 있다. 그래서 더 낙천적으로 보일 거라고 생각했지만, 돌아보면 그것이 그 공간의 음습함을 열 배는 더 가중시킨 것 같다.

"여기서 계속 뭘 끄적거리고 있는 거요?" 어깨 너머로 마이크가 물었다.

"신경 쓰지 마세요, 대표님. 이건 그저 죽음 혁명일 뿐이에요." 현악 사중주단이 슈베르트의 「죽음과 소녀」 한 악장을 연주하는 가운데 고인의 재를 뿌리는 요트가 유가족을 샌프란시스코만으로 싣고 가는 장례 패키지 개요를 공책에 끄적거리며, 나는 빈정거리지 않고 이렇게 대답했다.

내 상상 속에서 라벨모르는 포스트모던 디자이너의 장례식 경험을 위해 약속된 땅으로 모습을 드러낸다. 마침내 웨스트윈드에서 진짜 장의업에 몸담고 이 일을 확실히 하기로 한 이상, 내가 할 일은 매일 아침 일어나, 우스꽝스럽게도 짧은 반바지를 입고 워커 모양의 부츠를 신고 시체들을 태우며 이 참호 속에서 내 몫을 다하는 것이었다. 열심히만 일한다면, 내가 장의업계에서 새 길을 개척하지 못했노라고 결코 아무도 말하지 못할 것이다.

이 세상에는 다른 여덟 살짜리 어린애들도 많다. 만약 내가 그들을 위해 죽음을 안전하고 깨끗하고 아름다운 것으로 만들 수만 있다면 나의 죄는 사해질 것이며 나도 화장장의 불 속에서 정화된 모습으로 나타날 수 있을 것이다.

보이지 않는
죽음

여지껏 당신은 장례식에 한 번도 가보지 않았을지도 모르지만, 전 세계에서 1초에 두 명씩은 죽어나가고 있다. 이 문장을 읽는 동안에만 여덟 명이 죽었다. 지금은 열네 명이 죽었다. 이것이 너무 추상적이라면 이 숫자를 생각해보라. 250만. 해마다 250만 명이 미국에서 죽는다.

죽음은 친절하게도 이 과정에 간격을 두는데, 산 사람들은 그들이 변화를 겪고 있다는 사실조차 눈치채지 못한다. 아마도 한 해 내내 아무도 죽지 않다가 12월 31일에 시카고 인구만큼의 사람들이 갑자기 죽는다면 사람들은 좀 더 관심을 기울일 것이다. 아니면 휴스턴 인구 전체, 아니면 라스베이거스와 디트로이트를 합친 인구만큼이 갑자기 죽는다면 어떨까? 유명 인사나 공인의 죽음이 아니라면, 그들이 역사 속으로 사라지는 동안 우리는 죽는 사람의 수를 간과하는 경향이 있다.

누군가는 스스로 돌볼 수 없게 된 이 시신들을 처리해야 한다. 누군가 집이나 병원에서 그 시신들을 수거해서 우리가 시체들을 감춰두는 장소(장의사와 검시관 사무소)로 가지고 가야 한다. 단테의 「지옥」에서는 이 일이 샤론(보트로 죄인들을 실어 스틱스 강 건너 지옥까지 데려가는, 목에 수북하게 수염이 나고 머리가 하얀 악마)에게 떨어진다.

웨스트윈드 화장장에서는 그 일을 크리스가 한다.

크리스는 50대 후반의 남성으로, 구릿빛 살갗에 머리는 백발이고 슬픈 사냥개 같은 눈을 하고 있다. 언제나 나무랄 데 없이 깔끔했고, 옷은 카키색 바지와 단추가 죽 달린 셔츠(캘리포니아의 공식 옷차림)를 입었다. 나는 금방 그를 좋아하게 되었다. 그를 보니 어릴 때 좋아했던 영화 「총알탄 사나이」의 스타 레슬리 닐슨이 생각났다.

크리스의 음성은 느리고 단조로웠다. 그는 독신이었다. 결혼한 적도 없고 자식을 둔 적도 없었다. 작은 아파트에 세 들어 살며 저녁마다 집으로 돌아가 라면을 한 사발 먹고 토크쇼 「찰리 로즈」를 본다. 크리스는 비관주의자고 인색한 편이었지만, 어찌 보면 그 점이 월터 매소가 나오는 코미디 영화 한 편을 보는 것처럼 나를 행복하게 했다.

크리스는 시체를 실어 나르는 운전사였으니 마이크 밑에서 일하는 셈이었다. 비록 자기 상사보다 나이가 많고 장의업계에 더 오래 있었지만 말이다. 크리스와 마이크의 대화는 꼭 옛날 코미디 각본과 비슷했다. 크리스는 마이크의 사무실에 걸어 들어와서, 최근 버클리에서 사망한 김 씨의 시체를 가지러 가기 위해 계획한 운전로(교통 상황과 공사장, 현대 세계의 악마들을 감안한 경로)를 공들여 자세히, 마치 혼잣말처럼 하곤 했다. 마이크는 툴툴거리며 절반은 끄덕거리고 컴퓨터 화면에 집중한 채, 그를 애써 무시하고 건성으로 들으면서 사망확인서들을 뒤적이고 있었다.

집에서 죽은 사람을 데려오는 일을 '하우스 콜'이라고 부른다. 의사는 더 이상 어쩌지 못해도, 장의사 직원들은 밤이든 낮이든 기꺼이 간다. 장의업계의 의전에 따르면 병원이나 요양원, 검시관 사무실에 시체를 찾으러 갈 때는 한 사람이 갈 수 있지만, 집에서 죽은 경우에는 두 명으로 구성된 한 팀이 가지러 가야 한다. 하우스 콜이 오면 내가 크리스 팀에 합류하기로 되어 있었다.

나는 둘이 팀을 이뤄 움직이는 이 규칙이 아주 좋다고 생각한다. 시체를 나르는 이송용 침대는 인간이 발명한 것 중에 가장 도움이 안 되고 가장 말을 안 듣는 물건이다. 그것은 삐걱거리는 데다 모퉁이를 돌 때마다 무용지물이 돼서 상사 앞에서 당신 입장을 난처하게 만들 수 있다. 이송용 침대는 그 위에 올려진, 끈으로 동여맨 시체보다도 덜 협조적인 유일한 물건이다. 누군가의 집에서 혼자 그 침대를 굴려야 한다고 생각하면 정말이지 끔찍하다.

내 첫 번째 하우스 콜은 웨스트윈드에서 일한 지 일주일이

잘해봐야 시체가 되겠지만

되었을 때 걸려온 전화였다. 샌프란시스코 남쪽에 있는 집이었다. 고인은 애덤스 부인, 40대 후반의 흑인 여자로 유방암으로 사망했다.

애덤스 부인의 시체를 가지러 가기 위해 크리스와 나는 밴, 그러니까 샤론이 젓는 배의 크리스 버전이랄 수 있는 시체 호송차에 올라탔다. 이 특별한 밴은 크리스가 20여 년을 끌고 다닌 것으로 창문 없는 상자처럼 생긴 흰색 차량이었다. 어린이들이 낯선 사람과 함께 차에 타면 안 된다는 것을 알려주기 위한 텔레비전 공익 광고에 나올 법한 그런 류의 차였다. 웨스트윈드에는 시체를 싣고 다니는 회사 차가 따로 있다. 훨씬 새 것인 데다 색깔은 짙은 파랑이고, 시체를 싣기 위해 특별한 모양으로 고안된 장비를 갖추고 있었다. 그러나 크리스는 하던 대로 하는 것을 좋아했다. 그는 '자기' 차를 좋아했다.

우리가 차로 오클랜드와 샌프란시스코를 잇는 커다란 다리인 베이 브리지를 건널 때, 나는 그날 이 도시가 얼마나 아름다워 보이는지 말하는 실수를 저지르고 말았다.

크리스는 끔찍해하며 말했다. "그래, 그렇지만 당신은 저기 사니 말인데, 당신도 알다시피 아침에 일단 아슬아슬하게 일어나면 이 도시는 그저 시끄럽고 더러운 지옥 구덩이일 뿐이야. 차라리 도시 전체를 폭파하는 게 나을 걸. 우리가 이 도시를 횡단할 수나 있다면 말이지."

"도시를 횡단할 수나 있다니, 그게 무슨 뜻이죠?" 내가 아직도 폭파라는 개념에 적응하려 애쓰며 물었다.

"이 다리가 어떻게 만들어졌는지 그걸 생각해봐, 캣." 그는 나를 캣이라고 불렀다. "24미터짜리 미송을 그냥 진흙에 쑤셔 박아놓은 셈이야. 이건 구조적으로 보면, 젤리에 이쑤시개를 박은 꼴이라고. 우리는 그저 여기서 흔들거리고 있는 거지. 미송으로 만든 이 다리는 언제라도 잔가지들처럼 반으로 뚝 잘릴 수 있고, 그러면 우린 다 죽는 거야."◎

나는 차창 문으로 아래쪽 만까지 까마득히 먼 거리를 응시하며, 평소보다 조금 높은 소리로 웃었다.

우리는 20분 후 애덤스 부부가 살던 집 밖에 차를 댔다. 통상 노인의 장례 운구에 요란하게 따르는 행사 같은 것은 전혀 없었다. 운구 행렬에는 깃털 장식을 한 말 대신에, 아무 표시도 없는 20년 된 하얀 밴에 타고 있는 크리스와 내가 있을 뿐이었다.

집으로 들어가기 전에 나는 크리스에게 다시 한 번 처음부터 설명해달라고 했다. 나는 고인의 남편 앞에서 곤란한 처지가 되고 싶지 않았다.

"걱정 마, 캣. 원숭이라도 이 일은 할 수 있을 거야. 내가 일하면서 말해줄게."

우리가 그 집에 가까워지는 동안, 상대할 사람은 비단 죽은 여인의 남편만이 아니라는 것이 분명해졌다. 적어도 열다섯 명은 되는 사람들이 집 밖에서 무리 지어 서성거리다가, 우리가 현관 쪽으로 걸어 올라가니 수상쩍다는 듯 바라보았다. 문을 열고 들

◎　1989년 샌프란시스코 대지진으로 교량의 일부가 무너진 바 있다.

어가니 천장이 높은 거실이 나왔고, 적어도 40명은 되는 사람들이 시신 주위에 모여 있었다. 마치 고장난 레코드판 위에 바늘을 올려둔 것처럼, 그 집단이 돌아서서 우리를 보자 갑자기 그들의 음성이 일제히 조용해졌다.

'아, 그래.' 난 생각했다. 여기서 유일한 백인인 우리 둘은, 그러니까 이들이 사랑하는 이 집 안주인을 아동을 태워 성추행이나 할 것 같은 밴에 실어가려고 온 것이로군.

그러나 크리스는 조금도 주저하지 않았다. "안녕하세요, 여러분. 우리는 웨스트윈드 화장·매장 회사에서 왔습니다. 여기 이분이 애덤스 부인 맞나요?" 그가 방 한가운데 있는 시신을 가리키며 물었다.

사실 이것이 애덤스 부인이라고 짐작하는 것은 꽤나 안전한 추정이었지만, 그 집단은 이 질문을 좋게 보는 듯했다. 한 남자가 무리에서 몇 걸음 걸어 나오더니, 자기가 애덤스라고 소개했다.

내가 유용한 존재임을 빨리 입증하려고 나는 엄숙한 어조로 물었다. "고인의 남편 되셨나요?"

"젊은 숙녀 분, 내가 바로 고인의 남편입니다. 남편'이었던' 사람이 아니고요." 그가 기를 죽이는 시선으로 나를 똑바로 쳐다보며 대답했다. 그리고 그 시선은 거실에 빙 둘러선 다른 40명의 위압적인 시선과 합쳐졌다.

'망했군.' 난 생각했다. '난 이제 끝났다. 이건 나 자신의 수치이자 가문의 망신이다. 모든 게 끝나버렸어.'

하지만 크리스는 이번에도 동요하지 않았다. "네, 저는 크리스이고, 이쪽은 케이틀린입니다. 여기서 고인을 모셔가도 되겠습니까?"

이쯤 되면 보통 가족들은 방을 떠나, 장의사 직원들이 시신을 이송하는 일을 하게끔 내버려둔다. 그러나 이 가족들은 우리를 지켜보고 싶어 했다. 이 말이 무슨 뜻인가 하면, 시신을 집에서 내가는 나의 첫 경험이, 흐느껴 울면서 나를 원망하는 40명 앞에서 벌어질 거라는 사실이다.

이 순간 나는 크리스의 마법을 배웠다. 그는 마이크에게 그날의 교통로에 대해 상세하게 설명하던 것과 같은 조용조용한 목소리로, 시신을 내가는 과정을 전부 얘기하기 시작했다. 사람이 많아 길이 막힌다는 말과 똑같은 방식으로, 우리가 이제 애덤스 부인을 이렇게 저렇게 내갈 거라고 설명했다.

"이제 우리는 이송용 침대를 여기 놓인 침대랑 나란히 놓을 겁니다. 그러면 케이틀린이 거기 있는 손잡이를 써서 이송용 침대의 높이를 낮추는 거죠. 나는 고인의 머리 쪽에 있는 시트를 잡고 케이틀린은 발치에 있는 시트를 잡아서, 그 바로 밑에 있는 침대로 미끄러지듯 슬며시 옮길 거예요. 하나 둘 셋 하면, 케이틀린이 발을 잡아서 이송용 침대 위에 놓습니다. 그러고 나서 새 시트로 시신을 덮고 단단히 고정시키죠."

이런 식으로 애덤스 부인이 무사히 이송용 침대에 올려지고 버클이 채워질 때까지 크리스의 말은 계속되었다. 거실에 있던 사람들은 크리스의 음성을 하나하나 따라가며 이 과정에 넋이 나간 듯 주의를 기울였다. 나는 그가 나를 초짜에 엉터리라고 공

잘해봐야 시체가 되겠지만

개적으로 말하지 않아주어 고마웠다. 심지어 나도 내 자신이 그렇게 느껴지지 않았다. 크리스가 일에 대해 설명하는 것을 들으니, 마치 내가 하는 일을 실제로 알고 하는 것 같은 믿음이 생기는 것이었다. 정말이지, 이때처럼 내가 전문적인 장의업체 직원처럼 느껴진 적이 없었다.

우리가 애덤스 부인을 이송용 침대에 싣고 정문으로 밀고 나가는데, 아들이 다가왔다. 그는 내 또래였고 그의 어머니는 죽었다. 그는 이송용 침대 위에 꽃 한 송이를 올려놓고 싶어 했다. 나는 무슨 말을 할지 몰라서 이런 말을 입 밖에 내뱉고 말았다. "고인은 정말로 놀라운 여성이었음에 틀림없어요. 제 말 믿으세요. 저는 바로 알아볼 수 있어요."

이는 물론 거짓말이었다. 죽은 사람의 집에서 처음 받은 호출이었기에, 나는 거실 분위기로 미루어 고인이 생전에 얼마나 '놀라운' 사람이었는지 가늠하는 건 고사하고 아직 시신을 시트로 제대로 쌀 줄도 몰랐다.

"음, 네, 감사합니다." 그가 말했다.

그 집에서 나와 차로 돌아가는 길에, 크리스는 내가 실제로 모든 일을 돌이킬 수 없을 만큼 망친 건 아니라며 안심시켰다. 애덤스 부인은 뒷좌석에서 가만가만 흔들리고 있었다. "봐봐, 캣, 우리는 최악의 순간에 사람들을 봤잖아. 아마 누군가가 새 차나 새 집을 산다면, 그들은 거기에 있고 싶어 할 거야. 그렇지만 애덤스 부인의 유족들은 우리한테서 무엇을 사겠어? 아무것도 없지. 우리는 그들이 사랑하는 사람을 '빼어오면서' 돈을 청구하고 있는 거라고. 그들이 가장 원치 않는 일을 하고 있는 거야." 이 말을 듣고 나니 기분이 좀 나아졌다.

웨스트윈드의 화장로 두 대는 오전 8시 반에서 오후 5시까지 하루에 도합 여섯 구의 시신을 처리할 수 있다.(레토르트 하나당 시신 세 구를 처리한다.) 바쁠 때는 일주일에 시신 서른 구를 화장했다. 시신을 찾아오는 데 적어도 45분이 걸린다. 만약 고인이 샌프란시스코 다리 건너편에 살았다면 시간이 훨씬 더 오래 걸린다. 그러면 크리스와 나는 끊임없이 시신들을 실어 날라야 한다. 크리스는 계속 외부에 있었지만, 그가 사망확인서를 떼 오거나 우체국에 가는 등 잡다한 일에 자원하는 것은 단지 마이크를 피하기 위해서인 경우가 많았다. 나는 주로 웨스트윈드에 머물면서 화장하는 데 집중했다. 왜냐하면 시신을 실어오는 일에는 보통 두 사람까지는 필요하지 않기 때문이다. 대부분의 죽음은 이제 집에서 일어나지 않는다.

병원의 위생적인 환경에서 죽는다는 것은 상대적으로 새로운 개념이다. 19세기 말에, 병원에서 죽는다는 것은 가진 것 없고 식구도 없는 궁핍한 사람에게나 있는 일이었다. 누구나 선택지가 주어진다면 집에 있는 침대에서, 친구들과 가족에게 둘러싸여 죽고 싶어 했다. 20세기 초만 하더라도 미국인의 85퍼센트 이상이 집에서 죽었다.

1930년대에는 죽음의 '의학화'라고 알려진 현상이 일어났다. 병원이 점점 많아지면서 죽음의 섬뜩한 광경, 냄새, 소리는 모두 시야에서 사라졌다. 예전에는 종교 지도자가 죽어가는 사람을 위한 의식을 주재하며 슬픔에 빠진 가족을 인도했다면, 이제는 환자의 마지막 순간에 입회하는 사람은 의사였다. 이제 생사 문제를 하늘에 호소하는 것이 아니라 의학이 다루게 된 것이다. 죽어가는 과정은 병원에서 엄격하게 위생적으로 관리되었다. 의학 분야의 전문가들은 죽음을 다루는 사학자 필립 아리에스가 사망에 이르기까지의 "구역질나는 광경"이라고 부른 것을 대중이 소화하기에는 부적절하다고 여겼다. "오줌, 땀, 괴저(壞疽)의 냄새가 나고 때 묻은 시트가 있는 병실에 들어가"는 것은 금기사항이 되었다. 병원은 죽어가는 사람들이 산 자들의 감성을 건드리지 않고서도 죽음의 점잖지 못한 점들을 감내할 수 있는 장소였다.

고등학교 때, 동급생들과 나는 쭉 그런 말을 들어왔다. 여름에 자원봉사 시간을 일정량 이상 채우지 않으면 대학에도 못 들어가고 일자리도 얻지 못할 것이며 그래서 성공하지 못하고 외톨이로 생을 끝맺게 될 거라는 말이었다. 그래서 1학년에서 2학년으로 올라가는 여름에 나는 호놀룰루 시내에 있는 병원인 퀸즈 메디컬 센터에서 운영하는 자원봉사 프로그램에 지원했다. 그들은 내가 마약 중독자가 아니고 점수도 괜찮다는 것을 확인한 다음, 내게 끔찍하게 생긴 밝은 노랑의 폴로 셔츠 한 벌과 명찰 하나를 주며, 말할 게 있으면 자원봉사자 사무실에 보고하라고 했다.

자원봉사 부서에서는 참가자들로 하여금 주마다 돌아가며 근무할 수 있는 두 곳을 고르게 했다. 나는 선물 가게나 산부인과 병동같이 인기 있는 선택지에는 아예 관심이 없었다. "빨리 쾌

차하세요."라는 문구가 적힌 풍선과 빽빽 울어대는 아기들을 보는 것은 여름을 멍청하게 보내는 방법 같았다. 나의 1지망은 집중 치료 센터의 데스크에서 일하며, 2차 세계대전을 배경으로 한 시나리오에 나올 법한 '열이 펄펄 나는 환자의 이마를 닦아주는 멋진 간호사'의 모습을 상상하는 것이었다.

집중치료 센터는 내가 기대했던 것처럼 스릴 넘치는 일자리가 아니었다. 그들은 결코 고등학생을 안내 데스크 밖으로 불러내 생명을 구하는 과정에서 의사들의 조수 역할을 시키지는 않았다. 그 대신, 이 일에는 지극히 근심 걱정에 휩싸인 가족들이 화장실에 가고 커피를 뽑느라 대기실을 들락날락하는 모습을 몇 시간씩 지켜봐야 하는 일이 따른다.

나는 2지망에서 좀 더 성공했다. 그곳은 분배 부서였다. 이 부서에서 일한다는 건 우편물과 메모 쪽지들을 병원 내 다른 부속 병동에 나눠 준다거나, 할머니들이 퇴원한 다음 그분들을 바깥의 출입제한 구역까지 휠체어에 태워 모셔다 드린다는 뜻이다. 그러나 시체를 고인이 죽은 병실에서부터 지하 안치실까지 실어 나른다는 뜻도 된다. 나는 그 일을 탐냈다. 이 부서에서 상근하는 사람들은 내가 왜 저렇게 열심히 하나 싶었을지도 모르지만, 시체 운반을 의미하는 '코드 블랙' 호출이 오면 그들은 너그럽게도 내가 올 때까지 기다려주었다.

돌이켜보면 병원 행정부에서 "그러지 뭐, 열다섯 살짜리 자원봉사자, 당신은 시체 운반 임무를 맡았어."라고 말하는 것은 이상해 보인다. 이것이 어린 자원봉사자에게 통상적으로 주어지

잘해봐야 시체가 되겠지만

는 일이라고는 상상할 수가 없다. 사실, 처음에는 병원 측에서 이 일을 맡기는 것을 상당히 망설였으나 내가 하도 하겠다고 애원하니 할 수 없이 시킨 것이었다.

나의 직속 상관이었던 젊은 하와이 태생 남자 카이포는 상황판을 보고 심한 피진어[◎] 억양으로 이렇게 말하곤 했다. "에, 케이틀린, 가서 야마자케 씨를 파오아이 부속 병동에서 이쪽으로 데려오겠다고?" 오, 그럼요, 나는 누구보다도 야마자케 씨를 데려오고 싶었거든요.

카이포와 내가 야마자케 씨의 병실로 가보니, 그는 때 하나 묻지 않은 새하얀 병원 침대 위에 태아 자세로 옹크려 누워 있었다. 피부가 갈색 가죽처럼 팽팽한 것이 마치 박물관의 미라 같았다. 병과 노환으로 빼빼 말라 몸무게는 40킬로그램도 안 되어 보였다. 우리 둘 중 한 사람이 한 손만 써도 그를 들어 올려 들것에 눕힐 수 있을 것 같았다.

"와, 엄청 나이 드셨네요. 안 그래요?" 야마자케 씨의 나이가 시체 운반 구역의 백전노장조차도 놀라게 했는지, 카이포가 말했다.

카이포와 내가 가져온 들것은 실제로 가운데가 움푹 팬 금속 새장 같았다. 거기에 야먀자케 씨를 눕히고, 그 위에 스테인리스 강철을 뚜껑처럼 씌워 그를 덮었다. 전체를 하얀 시트로 둘둘 말았다. 카이포와 나는 빈 들것처럼 보이는 것을 들고 야마자케 씨

◎   하와이를 구성하는 여러 문화와 언어의 어휘들이 조합된 언어 체계.

의 병실을 떠났다.

우리는 곰 인형과 꽃을 들고 병원을 정기적으로 들르는 문병객들(그중 아무리 똑똑한 사람도 그들 틈에 비밀 시체가 있다는 걸 몰랐다.)과 함께 엘리베이터 속으로 밀고 들어갔다.(다음번에 전신에 가운을 걸친 두 성인이 병원에서 아무도 눕히지 않은 들것을 들고 있는 걸 본다면, 야마자케 씨를 생각하시라.) 다른 사람들은 우리보다 훨씬 앞서 엘리베이터에서 내렸다. 카이포와 야마자케 씨와 나는 계속 지하로 내려갔다.

병원은 최신 기술을 갖추고 벽에는 하와이 특유의 매력적인 벽화를 걸어서 그곳을 치유를 위한 긍정적인 장소로 보여준다. 병원의 모든 것(가짜 들것, 지하에 있는 비밀 안치실)은 죽음을 감추고 대중이 죽음에 거리를 두도록 기술적으로 고안되었다. 죽음이란 의학 체계의 실패를 의미한다. 죽음이 환자들이나 환자 가족들의 마음을 동요시키는 일은 허용되지 않는다.

카이포와 웨스트윈드의 크리스는 어찌 보면 비슷한 사람들이다. 얼마 전까지도 살아 있던 사람의 껍데기를 운반하는 조용하면서 점잖은 두 사람. 그들에게는 이것이 평범한 매일의 일과지만, 보통 사람들이 볼 때 그들의 일과는 신비하면서도 역겨운 일이다.

웨스트윈드에 근무하면서 고인의 집에서 걸려오는 전화를 몇 통 받아보니, 크리스는 샌프란시스코의 비좁은 집에서 시체를 치우기 거의 불가능한 환경에서 일할 때조차 쉽게 동요하지 않는 사람임을 알게 되었다. 우리가 험난한 나선형 계단을 걸어 올라

갈 때면, 크리스는 한숨을 쉬며 이렇게 말한다. "휴대용을 가져올 걸 그랬어." 이때 휴대용이란 휴대용 들것을 말한다. 사람들이 전장에서 사상자들을 실어 나를 때 쓰는 들것 말이다. 크리스와 나는 고인을 그놈의 들것에다 꽁꽁 묶어, 옆으로 눕히든 똑바로 눕히든 거꾸로 눕히든 머리 위로 들든, 어떻게 해서든 그 시체들을 꺼내어 밴까지 운반해야 한다.

"꼭 가구 옮기는 것과 같지." 크리스가 설명했다.

"기하학과 물리학을 있는 대로 다 동원하는 거야."

크리스는 또 부패한 시체, 과체중인 시체, 완전 기이한 시체를 바로 앞에서 볼 때도 동요하지 않았다. 기이하다는 것은 우리가 헤이트 디스트릭트에 있는 어떤 집에 도착해서 호러 배우 빈센트 프라이스처럼 콧수염 끝이 뾰족하고 손톱이 긴 신사가 춥고 노후한 지하실로 우리를 인도하여 내려갔을 때 본 것을 말한다. 한구석에 망자가 처박혀 있었는데, 그는 몸을 웅크린 채 한쪽 알만 남은 안경 너머로 우리를 응시하고 있었다. "참 이상하지, 캣. 저 사람이 우리에게 윙크를 하고 있잖아? 가서 휴대용 들것을 가져오자고."

시체를 끌어내는 일에서 가장 중요한 것은, 절대 포기하지 않는 것이다. 어쩌면 진부한 말일 수도 있지만, 그것이 크리스의 주문이었다. 그가 해준 이야기 중에는 바퀴벌레가 들끓는 호더®의 집 3층 계단에 무게가 180킬로그램 넘게 나가는 시체가 있었다

◎   물건을 강박적으로 모으는 사람.

는 얘기도 있었다. 그날 그를 따라간 조수는 시신을 끌어내리려고 시도하기조차 거부하며, 둘의 힘으로는 도저히 그 일을 해낼 수 없을 거라고 말했다. "난 그 순간 바로, 그 조수를 존중하던 마음이 다 사라졌어." 크리스가 말했다. "나는 노력하지 않는 사람들이 싫거든."

그의 밴을 타고 오래 다니다 보니 나는 크리스에 대해 좀 더 알게 되었다. 하와이에서 폭군 공사판 감독으로 일했던 1970년대 말의 2년간 그를 사로잡았던 한 가지 강박관념 같은 것에 대해 말이다. 구글 맵으로 찾아보면 그가 하와이에서 살았을 무렵, 그때 막 결혼한 내 부모님과 젊은 시절의 버락 오바마 모두 그와 세 블록 반경 안에 가까이 살았음을 알 수 있다.(그들이 어느 날 같은 모퉁이 가게에 있었다거나, 같은 신호등을 보며 길을 건너고 있었다는 식으로, 머릿속으로 세속적인 상상의 시나리오를 펼치기란 쉬운 일이었다.)

애덤스 씨네 집에 다녀온 지 몇 주 후, 크리스와 나는 샌프란시스코 마리나 지구의 교통 좋은 길목에 있는 예쁘장한 집에서 걸려온 전화를 받았다. 우리 둘은 하와이 날씨나 마이크의 무뚝뚝함에 대해 잡담을 나누고 있다가, 졸지에 회사 밖으로 끌려나온 셈이었다. "지금 내가 무슨 생각 하는 줄 알아, 캣?" 평소에 사용하던 고무장갑 두 켤레를 각자 끼며 크리스가 말했다. "지금 우리는 마치 살인 청부업자 같잖아. 영화 「펄프 픽션」에 나오는 사람들 같다고. 그들은 차 안에 앉아서 샌드위치 얘기나 주고받으며 노닥거리다가도 누군가의 머리통을 날려버리러 가지. 우리가 여기 차에 앉아 잡담하고 있다가, 지금은 시체를 찾으러 가는 것처럼."

우리가 문을 똑똑 두드리니 검은 머리의 50대 여자 한 사람이 문을 열어주었다. 나는 이 즈음에 진심 어린 미소가 가짜 공감보다 효과적이라는 걸 배웠기에, 그녀에게 진심을 담아 활짝 미소 지었다.

"몇 시간 전에 불렀는데 왜 이제 오는 거예요!" 그녀가 소리질렀다.

"저, 부인, 아시다시피 지금은 차가 밀리는 시간이고, 우린 오클랜드에서 왔답니다." 크리스가 그 특유의 위로하는 듯한 톤으로 말했다.

"난 몰라요, 엄마는 최고의 대접을 받아야 해요. 엄마는 모든 일에 품격 있는 대접을 받기를 바라셨을 거예요. 엄마는 품위 있는 분이었어요. 이건 전혀 그렇지 않잖아요." 그녀는 여전히 빽빽 소리를 지르며 말을 이어갔다.

"죄송합니다. 잘해드리겠습니다." 크리스가 말했다.

우리는 침실로 들어가 그 '엄마'를 찾았다. 고인의 몸을 감싸기 위해 시트로 끌어내는데, 이 여자가 자기 몸을 어머니 위로 던지며 극적으로 통곡했다. "안 돼요, 어머니, 안 돼요, 안 돼! 난 엄마가 필요해요. 어머니, 가지 말아요!"

이 순간에는 인간의 감정이 날것 그대로 드러난 것처럼 '보여야' 한다. 거기엔 모든 기호들이 있다. 죽음, 상실, 속까지 다 뒤틀리는 통곡. 나는 감동하고 싶었지만, 그렇게 되지 않았다. "죄의식이야." 크리스가 숨을 내쉬면서 살짝 웅얼거렸다.

"뭐라고요?" 내가 소근거렸다.

"죄의식이라고. 난 이런 걸 여러 번 보았지. 저 여자는 몇 년 동안 자기 어머니를 찾아뵙지도 않았어. 그러고는 지금 엄마 없이는 못 살 것처럼 굴고 있는 거야. 다 헛소리야, 캣." 그가 말했다. 그의 말이 맞다는 걸 나는 알고 있었다.

여자가 마침내 어머니의 시신에서 떨어지고 나서야, 우리가 '어머니'를 시트로 싸서 문 바깥으로 데리고 나갈 수 있었다. 분주한 길거리로 이송용 침대 바퀴를 굴려 나오자, 행인들이 발걸음을 멈추고 한참 동안 우리를 뚫어지게 바라보았다. 개를 데리고 산책하던 사람들이 발길을 멈추었고, 요가하러 가던 주부들은 아기를 태운 유모차의 속도를 늦추었다. 그들은 마치 우리가 자기 집 침대에 누워 조용히 돌아가신 90대 할머니를 다루는 장의사 직원 두 명이 아니라, 난폭한 살인 장면을 피해 시신을 밖으로 끌어내고 있는 탐정이나 검시관이기나 한 것처럼 우리를 멍하니 바라보았다.

이처럼 사람들이 죽음을 둘러싼 장면을 보고 항상 깜짝 놀라는 것은 아니다. 14세기 흑사병이 유럽을 휩쓸었을 때, 흑사병으로 죽은 사람들의 시신은 지나가는 사람들이 다 보는 길거리에 때로는 며칠씩 누워 있었다. 때에 따라서는 산 사람들이 시신 카트에 망자를 주워 담아 시 변두리로 가지고 가곤 했다. 변두리에는 집단 무덤으로 쓰이는 커다란 도랑이 파여 있었다. 이탈리아의 어느 역사가는 시신들이 땅에 쌓인 모습을 이렇게 묘사하였다. 약간 더러워진 시체들, 위에 쌓인 좀 더 더러워진 시체들은

"마치 켜켜이 쌓인 파스타와 치즈로 만든 라자냐 같았다."라고.

오늘날, 시체를 억지로 보지 않아도 되는 것은 선진국에서만 누리는 특권이다. 바라나시의 보통날, 인도의 갠지스 강둑 위에는 80개에서 100개쯤 되는 화장터가 자리 잡고 불이 타오른다. 매우 공개적인 화장(때로는 인도의 불가촉천민 계급의 어린 아이들이 담당하는)이 끝나면 뼈와 재는 성스러운 강물 속으로 흘려보낸다. 화장은 싸지 않다. 비싼 장작 값, 다채로운 수의, 게다가 화장 전문가까지 비용에 재빨리 합산된다. 화장에 드는 비용을 충당할 수는 없어도 사랑하는 고인이 갠지스강 속으로 들어가기를 바라는 가족들은 시신을 통째로 밤중에 강물로 밀어 넣어 그대로 부패하게 한다. 바라나시를 찾은 사람들은 퉁퉁 불은 시체가 강물 위를 이리저리 떠다니거나 개들에게 뜯어 먹히는 광경을 볼 수 있다. 갠지스강에는 이런 시체가 하도 많아서 인도 정부는 남의 살을 먹는 거북이를 수천 마리나 풀어 '강물을 오염시키는 시체들'을 뜯어 먹게 한다.

선진국에서는 이렇게 망자와의 달갑잖은 만남을 막는 체계를 만들어놓았다. 바로 이 순간, 시신은 크리스가 운전하는 차처럼 아무 표시도 없는 흰색 밴에 실려 고속도로와 주간(州間) 고속도로를 내달리고 있다. 휴가 가는 승객들이 위칸에 타고 여행하는 동안, 시체들은 비행기 짐칸에 실려 지구 위를 종횡으로 누빈다. 우리는 아래칸에 죽은 이를 넣어놓았다. 지하에 둔 것이 아니라 병원의 위장된 이송용 침대 아래에, 우리 여객기의 배 속에, 그리고 우리의 의식 아래에 두고 있는 것이다.

이 체계가 전복되었을 때만 비로소 우리는 그들이 거기에 있음을 실감한다. 허리케인 카트리나가 휩쓸고 간 뒤에, 전염병 연구 정책 센터의 마이클 오스터홀름 박사의 말이 《워싱턴 포스트》에 인용되었다. 이런 말이었다. "허리케인 카트리나가 휩쓸고 간 이후 떠오른 여러 교훈 중 하나는, 미국인들이 주요 도시의 길거리에서 뜻밖의 시체들을 보는 데 익숙하지 않다는 사실이다." 세기에 한 번 나올까 말까 한 절제된 표현입니다, 박사님.

크리스와 내가 '엄마'를 그녀의 집 앞문에서 밴 뒷좌석까지 운구하는 몇 분 동안 우리는 개 산책시키는 사람들과 요가하러 가는 주부들에게 싼값에 감당할 수 있는 수준의 전율을 안겨준 셈이다. 상실의 조짐, 그들 자신도 언젠가는 죽는다는 사실을 조금이나마 맛보여준 것이다.

점화
단추

CBS 샌프란시스코 뉴스에서 "20대로 추정되는 한 남성이 토요일 정오 무렵, 샌프란시스코 역의 전철 선로에 서 있다가 들어오는 열차에 치여 치명상을 입었다."라고 샌프란시스코 고속전철 관계자가 말했다.

목격자들은 죽은 남자가 "열차 앞에서 치이길 기다리며 서 있었다."라고 주장했다. 샌프란시스코 고속전철의 대변인 린튼 존슨은 "그는 열차가 들어오는 선로 밖으로 나가려는 어떤 시도도 하지 않았다."고 말했다.

존슨의 말에 따르면, 그 남자는 샌프란시스코 역에서 열차에 치여 그 안으로 빨려 들어갔다. 이로 인해 이 역의 모든 열차가 약 세 시간 동안 멈추었고, 전철 시스템이 광범위하게 지연되었다.

전철 선로로 내려가 열차가 자기 생을 끝내주기를 기다리고 있었을 때, 제이콥은 스물두 살이었다. 그는 당시의 나보다 불과 한 살 적었다. 그는 열차에 깔려 죽은 사람처럼 보이지 않았다. 그저 새벽 2시에 술집에서 치고받다가 몇 대 맞아 얼굴에 가볍게 멍이 든 사람처럼 보였을 뿐이다.

"지난달에 우리 화장장에 왔던 사람이 샌프란시스코 경전철 밑으로 쓸려 들어갔던 사람이잖아. 그이는 반쯤 갈렸었지." 마이크는 아무 감흥 없이 말했다.

제이콥의 유일한 증상은 왼쪽 안구가 없어졌다는 것이다. 아마 선로에 떨어진 것 같았다. 하지만 얼굴을 오른쪽으로 돌리면 거의 아무 일도 없었던 것처럼 보여서, 마치 남은 한쪽 눈을 뜨고 대화를 할 것만 같았다.

루마니아 출신 철학자 에밀 시오랑은 자살이야말로 인간이 진실로 가질 수 있는 유일한 권리라고 말했다. 생은 모든 면에서 견딜 수 없는 것이 될 수 있고 "이 세상은 모든 것을 우리에게서 빼앗아갈 수 있다. …… 하지만 우리 자신을 이 세상에서 지워버리는 것을 막을 힘은 아무에게도 없다." 아마도 놀랍지 않겠지만 "최악의 것에 대한 강박관념"이 있었던 시오랑은 죽을 때까지 불면증 환자이자 파리의 은둔자로 살았다.

시오랑은 비관적인 성향이었을지도 모른다. 하지만 광기와 절망은, 우리의 철학이 무엇이든 우리에게 영향을 줄 수 있다. 니체는 『우상의 황혼』에서 이런 유명한 말을 했다. "나를 죽이지 못하는 것은 나를 더 강하게 만든다." 니체는 마흔네 살에 신경쇠약을 앓았다. 그는 결국 누이가 하루 종일 돌봐야 하는 지경이 되었는데, 그 누이의 남편도 파라과이에서 자살했다.

자살을 잔인하고 이기적인 것으로 보는 사람이 많지만, 나는 제이콥의 결정을 지지하고 싶다. 그가 살아온 모든 날들이 심하게 비참한 날들이었다면, 그에게 살아남아 더 심한 비참을 견디라고 할 수는 없다. 제이콥을 자살로 몰아간 것이 정신질환이었는지 끝없는 낙담이었는지는 알 수 없다. 그의 자살 동기를 추측하는 것은 내 일이 아니다. 하지만 그가 택한 방식에 대해서는 판단할 수 있다. 그 지점에 있어서는 단호하게 말하건대, 그의 편에 설 수 없다.

제이콥이 자살한 '방식'에는 나를 불편하게 하는 뭔가가 있다. 만원 열차를 내려다보는 것과 같은 대중적인 구경거리. 대학 때, 나는 시카고 대학교 교정이 내려다보이는 카페에서 관리자로 일한 적이 있다. 웨스트윈드에서 일을 시작하기 불과 두 달 전, 부매니저로 일하던 사람이 여자 친구와 싸우고 욕실에서 목을 매 자살했다. 그의 룸메이트는 집에 와서 그 시체를 봐야 했다. 그가 두 여자에게 누군가의 자살이라는 평생의 짐을 남겼다는 사실이 그의 죽음 자체보다 더 나를 아프게 했다. 모임에서 슬쩍 빠지려면 남들에게 되도록 해를 끼치지 않는 방법으로, 다른 손님들이 그 선택 때문에 고통받지 않도록 하는 것이 정당하다.

그날 제이콥이 전철 앞으로 한 발자국 내디딤으로써 초래한 것은 대체로 금전적인 손실이다. 수천 명이 직장에 지각하고, 샌프란시스코와 오클랜드 공항에서 떠나는 항공편이 결항되고, 중요한 약속이 깨지는 등의 일들 말이다.

하지만 제이콥 쪽으로 질주하는 열차를 제때 멈출 길이 없어 그의 두 눈을 들여다봐야 했던 열차 기관사 입장에서 입은 피해는, 금전적인 것이 아니다. 열차 기관사들은 일하는 동안 본의 아니게 평균 세 명을 치어 죽인다고 한다. 한편으로는 안정적이고 심지어 바람직하기까지 한 이 직업에서 가장 정 떨어지는 지점은 누군가(혹은 여러 명)를 칠 수밖에 없다는 점이다.

플랫폼에서 열차를 기다리던 사람들도 금전적인 피해만 입은 것은 아니다. 그들은 거기 서서 선로에서 나오라고 소리 지르는 수밖에 없었다. 그 남자가 들어오고 있는 열차를 못 보았겠는가? 그가 이 사실을 너무 잘 알고 있다는 걸 그들이 깨닫는 순간이 왔고, 그들은 뒤이어 일어난 일을 그대로 목격할 수밖에 없었다. 그들은 남은 삶 내내 그 이미지와 소리, 그들이 내지른 혼란스러운 비명과 함께 살아가게 된 것이다.

그중 몇몇 사람들은 내가 제이콥을 화장할 기회를 갖는 걸 질투할지도 모른다고 마이크는 지적했다. "먼저 제이콥은 좀 후려치고 싶을지도 몰라." 그는 말했다. "가벼운 복수지."

그러나 그들은 그 시체를 결코 보지 못할 것이다. 제이콥은 그들의 꿈에 나와 자기 권력을 계속 행사할 것이다.

쇼핑몰 바닥에 떨어졌던 그 여자아이를 곱씹으며 보냈던 몇 년을 생각해본다. 그리고 그 사람들에게 깊은 공감을 느낀다. 나는 열차 기관사와 통근자들에게 화장장의 문을 열어주고 싶다. 그들과 제이콥의 시체 주위에 함께 모여, 이렇게 선언하고 싶다. "봐요, 그가 여기 있어요. 그는 죽음을 원했어요. 그는 죽었지만 당신은 죽지 않았어요. 당신들은 죽지 않았다고요."

그러나 나의 화장장 개방 판타지는 법에 어긋난다. 캘리포니아주의 법규에는 "모든 인간 유해의 매장이나 그밖의 처리를 돌보고 준비하는 것은 엄밀히 사적인 일이어야 한다."라고 명시되어 있다.

1800년대 후반, 파리 시민들은 매일 수천 명씩 시체 보관소에 와서 신원 미상의 시체를 구경했다. 장사꾼들이 과일, 빵, 장난감들을 팔았고, 구경꾼들은 들어가려고 몇 시간씩 줄을 섰다. 줄 맨 앞에 오면 전시장으로 들어가는데, 거기에는 시체들이 판을 이루며 커다란 유리창 뒤에 쌓여 있다. 세기말 파리를 연구한 학자인 바네사 슈바르츠는 파리의 시체 보관소를 "실제의 스펙터클"이라 불렀다.

시체 보관소 전시가 파리 시민들 사이에서 '너무' 인기가 많아지는 바람에, 결국 나중에는 비공개로 전환되었다. 오늘날 여전히 시체 보관소는 문이 닫힌 채로 남아 있다. 그 이유는 죽음을 규제하는 일을 맡은 사람들은 일반 대중이 이 전시에 너무 많은 관심을 가질 것이며, 그러한 관심은 본래부터 옳지 않은 것이라고 믿기 때문이다. 원한다면 시체 보관소를 닫으시라, 그래도 또 다른 흥밋거리가 생겨나 빈 곳을 채울 것이다. 군터 폰 하겐스가 합성수지를 채워 보존한 인체를 순회 전시하는 「인체의 신비」의 인기가 끝간 데 없는 것을 보면, 과거의 시체들을 죽 전시해놓는 행위에 대한 관심이 정말 그 어느 때보다도 강하다는 것을 알 수 있다. 폰 하겐스가 구한 시체 중 일부가 중국 정치범의 것이라는 논란이 현재 진행 중인데도, 「인체의 신비」는 전 세계적으로 가장 인기 있는 순회 전시로 자리 잡았다.(이 전시는 2014년 초까지 총 관람객 3800만 명을 끌어들였다.)

 워싱턴주에 살던 제이콥이 왜 군이 샌프란시스코를 찾았는지는 알려지지 않았다. 제이콥의 부모는 웨스트윈드에 필요한 서식을 팩스로 보내고, 비용을 치를 자기들의 신용카드 번호를 불러주며 아들의 화장 계약을 전화로 해결했다. 평소에도 그렇듯이, 그를 여기까지 실어다가 한쪽 눈으로 나를 쳐다보는 상태로 화장로에 들여보낸 후에는, 나와 제이콥밖에 없었다.

 제이콥은 갑자기 죽었기 때문에 웨스트윈드에 오기 전에 법의관 사무소로 보내졌다. 법의관 사무소는 검시관 사무소의 현대판으로, 미심쩍거나 갑작스레 죽음을 당한 시체들을 검사하는 훈련을 받은 의사들이 운영하고 있다. 웨스트윈드 화장장에서 시체를 찾으러 가면 그곳 직원이 고인과 함께 들어온 개인 소장품은 무엇이든 다 우리에게 건넸다. 소장품은 보통 옷이나 보석, 지갑 등이었다.

 제이콥은 배낭과 함께 들어왔다. 부모가 그 가방을 워싱턴주로 돌려받고 싶어 하지 않았기에, 그 가방은 제이콥과 나란히 불속에 들어가는 수밖에 없었다.

나는 배낭을 탁자에 놓고 지퍼를 열었다. 횡재했다고 나는 생각했다. 우울증에 빠진 광인의 마음을 이해할 수 있는 물건이 드디어 나타난 것이다. 그러나 배낭에서 나온 물건 하나하나가 너무나 정상적이었다. 갈아입을 여벌의 옷들, 화장품, 콤부차(茶) 한 병. 그다음에는 메모가 적힌 한 무더기의 카드들. 드디어 나왔구나! 이것은 자살한 미친 사람의 낙서일까? 아니었다. 그건 단지 중국어가 적힌 낱말 학습 카드였다.

난 실망했다. 나는 배낭 속에서 답을, 인간 조건을 꿰뚫는 어떤 통찰을 기대하고 있었던 것이다.

"어이, 케이틀린, 화장하기 전에 이 지갑 도로 집어넣어요." 마이크가 사무실에서 불렀다.

"잠시만, 고인의 지갑이 있었나요?" 내가 대답했다.

"지금 나는 그의 신분증을 찾고 있어요. 학생증도 있고 운전면허증도 있고 샌프란시스코까지 타고 온 고속버스표도 있구먼. 오, 그리고 전철 노선도도 있네. 우울하구먼. 전철 노선도에다 그가 뭐라고 써놓았어. 오늘의 단어야. '앤트로포파지'. 이게 무슨 뜻이지?"

"모르겠어요. 구글로 바로 찾아볼게요. 철자를 불러주세요." 내가 말했다.

"A-N-T-H-R-O-P-O-P-H-A-G-Y."

"제기랄. 식인 풍습이란 뜻이네요. 식인 풍습과 비슷한 말이래요." 내가 말했다.

마이크는 이 정의가 지닌 으스스한 유머에 웃었다. "아니지,

이 뜻이 그가 인육을 먹고 싶어 했는데 그 욕망을 채우지 못한 거라고 생각해요? 이 버스표를 보면 그가 죽기 전날 샌프란시스코에 왔다는 걸 알 수 있어요. 왜 워싱턴주에 돌아가서 자살하지 않은 걸까?"

"그러게요." 내가 덧붙였다. "왜 굳이 샌프란시스코까지 와서 전철 앞에 서 있었던 것일까요?"

"어쩌면 그는 죽으려고 하지 않았는지도 몰라요. 그저 멍청해서 기차나 다른 것을 피하려 했는지도 모른다고. 「스탠 바이 미」◎에 나오는 그 아이처럼 말이지."

"코리 펠드만요?" 내가 물었다.

"아니, 다른 아이."

"리버 피닉스?"

"아니, 그 애도 아니고."

마이크가 말했다. "어쨌든 그가 하려던 게 무엇이든 간에, 아무튼 잘한 짓은 아니지."

내가 제이콥을 불 속에 스르르 밀어 넣을 때, 그에 관해 알고 있었던 것은 그가 워싱턴주 출신의 스물두 살짜리 청년이며 중국어 공부를 하고 있었고 아마도 죽던 날 마지막으로 식인 풍습에 관심을 가졌을 거라는 것이 고작이었다. 그보다 몇 주 전에 나는 첫 월급을 내가 좋아하는 HBO의 시리즈물 「식스 피트 언

◎   스티븐 킹의 소설 『스탠 바이 미』를 원작으로 한 영화로, 아이들 네 명이 시체를 찾으러가며 벌어지는 소동을 담고 있다.

더」° 박스셋을 구입하는 데 투자했다. 장의사 집안에서 일어나는 이야기를 그린 드라마로, 그중 한 회차에서는 장의사 대표인 네이트가 외롭게 죽어가는 청년을 방문하여 화장 문제를 미리 상의하려고 한다. 그 청년은 임박한 죽음과 가족의 도움이 없다는 것에 화가 나고 마음이 쓸쓸해진 상태다. 그는 네이트에게 자기가 죽으면 누가 화장로 단추를 누르는지 묻는다.

"당신이 지명하는 사람이요." 네이트가 대답했다. "불교 신자들은 식구 중 하나를 지명하고요. 간혹 아무도 선택하지 않는 사람들도 있죠. 그럴 때는 화장장 직원이 단추를 누르지요."

"그럼 그 사람으로 하죠."

그것이 나였다. 단추를 누르는 화장장 직원. 제이콥에겐 내가 '그 사람'이었다. 그가 무슨 짓을 했든, 나는 그를 혼자 두고 싶지 않았다.

인간의 대단한 승리(아니면 보는 관점에 따라 끔찍한 비극)는, 우리 뇌가 수백 수천 년간 진화하여 우리가 언젠가는 죽는다는 사실을 알게 된 일이다. 인간은 슬프게도 자의식이 있는 생물이다. 비록 우리가 죽는다는 사실을 부정할 창의적인 방법들을 찾으려고 하루 종일 움직인다 해도, 자신이 아무리 힘 세고 사랑받고 특별하다 느낀다 해도, 언젠가는 죽어서 썩을 몸이라는 것을 우

◎   '식스 피트 언더'란 관을 6피트 깊이에 묻는 데서 유래된 말로, 흔히 매장되었다는 의미로 쓰인다.

리는 알고 있다. 이는 이 지상에서 우리 종의 귀중한 일부만이 공유하는 마음의 짐이다.

당신이 아프리카 초원에서 풀을 뜯는 영양이라고 해보자. 「라이온 킹」의 배경 음악이 깔린다. 굶주린 사자가 멀리서 당신을 노리고 있다. 사자는 달려와서 공격하지만, 오늘은 겨우 그를 피해 달아난다. 본능적으로, 투쟁─도피 반응에 의해 잠시 동안은 걱정이 든다. 경험과 유전자는 위험으로부터 뛰어 달아나는 것을 가르쳤고, 쿵쿵 뛰는 가슴을 멈추는 데 시간이 어느 정도 걸리는 것도 그 때문이다. 하지만 좀 있으면 그 자리로 다시 돌아가서 행복하게, 아무 일도 없었다는 듯이 풀을 뜯어 먹는다. 참참, 행복하게 참참, 사자가 돌아와 2회전을 뛰게 되기 전까지는 말이다.

사람의 심장 박동은 사자의 추격이 끝나고 나면 속도가 늦춰지겠지만, 우리는 이 게임에서 졌다는 걸 결코 잊지 않는다. 우리는 죽음이 우릴 기다리고 있으며, 우리가 하는 모든 일(우리의 죽음을 정교하게 보살피고 싶다는 충동까지 포함해서)에 영향을 미치고 있다는 걸 안다.

9만 5000년쯤 전에 초기 호모 사피엔스 일군이 시체를 카프제 동굴(지금의 이스라엘에 있는) 바위투성이 쉼터에 묻었다. 1934년에 고고학자들이 발굴해보니, 시체들을 그냥 묻은 것이 아니라 목적이 있어 묻은 것이었다. 카프제 동굴에서 발견된 해골 잔해 일부에는 벌건 황토색 녹이 남아 있는데, 이는 진흙이 자연적으로 물든 것이다. 고고학자들은 황토가 묻어 있다는 것은 인간 종의 역사에서 아주 일찍부터 망자를 가지고 어떤 의식을

잘해봐야 시체가 되겠지만

행했다는 뜻이라고 믿는다. 파낸 뼈 중 하나는 열세 살 된 아이의 것인데 다리를 옆으로 굽히고 사슴 뿔 두 개를 가슴팍에 안은 채 묻혀 있었다. 이 고대 인류가 죽음이나 내생, 시체에 관해 어떤 생각을 했는지는 몰라도, 이 단서들을 보면 그들이 뭔가 생각을 하기는 했다는 것을 알 수 있다.

화장이나 매장을 하기 위해 웨스트윈드에 온 가족들은 맨 앞의 계약실에 앉아서, 자신들을 굳이 여기까지 오게 만든 죽음이 못마땅하고, 그것을 위해 돈을 내는 것은 더욱더 못마땅하다는 듯이 신경질적으로 종이컵에다 물을 따라 마신다. 때로는 마지막으로 시체를 보기 위해 우리 건물 예배당에서 시체 참관 의식을 신청하기도 한다. 예배당은 가스펠 음악의 가락에 맞추어 흑흑 흐느끼는 사람 100명으로 가득 차기도 하고, 어떤 때는 딱 조문객 한 사람만 30분간 조용히 앉아 있다가 누군가 들어오기 전에 자리를 뜨는 경우도 있다.

가족들은 예배당이나 계약실, 심지어는 사무실 정면을 통과할 수도 있지만, 화장장 그 자체는 나만의 공간이었다. 대부분의 날 동안 나는, 마이크의 표현을 빌리자면 '뒷전에' 혼자 있었다.

가격표에는 '참관 화장'이라는 항목이 있지만 내가 웨스트윈드에서 일한 처음 몇 주 동안 이것을 택한 사람은 아무도 없었다. 그러던 어느 날, 황 씨네 가족이 이곳에 왔다. 8시 반에 내가 출근해 사무실에 들어갔더니, 이미 열두 명쯤 되는 아시아인 할머니들이 비품 창고에서 임시 제단을 만들고 있었다.

"마이크?" 내가 그의 사무실 쪽으로 걸어가면서 불렀다.

"무슨 일인데?" 그가 평소처럼 무표정하고 무관심하게 대답했다.

"왜 사람들이 비품 창고에 있죠?" 나는 물었다.

"아, 맞다, 오늘 오후에 있을 화장을 참관하려고 여기 와 있는 거야. 예배당에는 사람들이 다 들어갈 자리가 없길래 제단으로 비품 창고를 내주었지."

그가 말했다.

"난…… 나는 참관하는 사람이 있을지 몰랐어요." 나는 내 공간과 하루 일과를 이들이 침탈하는 게 끔찍해서 이렇게 더듬거렸다.

"난 크리스가 미리 말했는 줄 알았지. 걱정 마, 늘 그렇게 해 왔으니." 그가 말했다.

마이크는 이날 있을 일에 대해서는 전혀 거리낌이 없었다. 아마 그는 한 손을 등 뒤로 묶는다 해도 참관 화장을 행할 수 있을 터였다. 그렇지만 그 모든 조짐이 내게는 말할 수 없이 위험해 보였다. 참관 화장은 순서를 따르게 되어 있다. 가족에겐 고인과 예배당에서 보낼 시간이 주어진다. 그다음에 시체가 화장장으로 운구되어 들어오고 화장이 시작되면, 온 가족이 거기에 똑바로 서 있다. '온 가족이 서서 지켜보는 가운데' 시체를 운반한다는 것은 핵무기를 나르는 것만큼이나 실수할 여지가 많은데 말이다.

서양식 화장이 만인에게 공개된 장작불로부터 폐쇄된 기계 화장로로 진화했을 때, 이 새로운 최초의 기계는 측면에는 구멍이 뚫려 있었다. 무슨 외설적인 쇼를 보듯이, 가족들은 이 구멍을

잘해봐야 시체가 되겠지만 ———

통해 화장 과정을 다 지켜볼 수 있었다. 심지어 가족들이 그 자리에 남아 시체가 화장로에 실려 들어가는 것을 지켜봐야 한다고 '요구'하는 장의사도 있었다. 그러나 시간이 가면서 그 구멍은 메워지고 가려져서, 가족들은 다 같이 화장로가 있는 방 밖에 머물게 되었다.

지난 몇십 년 동안 장의업은 수많은 방법을 발전시켜 가족들을 화장장에서 멀리 떼어놓았을 뿐만 아니라, 혹시 상처가 될지도 모르는 죽음의 어떤 측면으로부터도 멀리 떨어뜨려놓았다.

내 친구 마라는 할머니에게 치명적인 뇌졸중이 와서 임종을 지키려고 플로리다로 가는 마지막 비행기를 탔다. 그 다음 주 내내 마라는 할머니가 뭘 삼킬 수도, 움직일 수도, 소리를 내지도 못한 채, 숨 쉬려고 버둥거리는 것을 지켜보았다. 죽음이 자비롭게 할머니를 데려갔을 때, 마라는 자기가 장례의 전 과정에 참여할 수 있을 줄 알았다. 하지만 그러지 못했다. 나는 마라에게서 이런 메시지를 받았다. "케이틀린, 우리는 구덩이가 파인 무덤 옆에 서 있었어. 할머니 관은 거기 있었고, 흙은 인조잔디로 덮여 있었어. 난 계속 생각했어, 그들이 저 관을 무덤 속에 넣겠지. 그런데 그들은 그러지 않았어. 관이 땅속에 묻히지 않고 그대로 있는 동안, 우리는 물러나야 했어."

마라의 가족이 묘지를 떠난 다음에야 비로소 할머니의 관은 땅바닥으로 내려지고, 노란 건축용 굴삭기가 와서 관 위로 다시 흙을 덮어버릴 것이다.

이렇듯 죽음을 부정하는 현대의 전략은 조문객들이 '삶의 축복'을 긍정하도록 초점을 맞추는 데 도움을 준다. 왜냐하면 삶이 죽음보다 훨씬 더 시장화하기 좋기 때문이다. 가장 큰 장의회사 중 하나는 계약실 부근에 새로 구운 과자의 맛있는 냄새를 풍겨 가족들을 하루 종일 편안하게 하고 긴장을 풀어준다. 부디 그 초콜릿 칩들이 암암리에 감도는 화학약품과 부패의 냄새를 가릴 수 있기를 빈다.

웨스트윈드의 비품 창고로 돌아가보자. 나는 제단에 뭔가를 놀랍게 많이 쌓아올린 한 할머니에게 고개를 끄덕해 보였다. 그들은 고인이 된 황 씨 할아버지, 그 가족의 가장이었던 그분의 커다란 영정 사진 밑에 과일 여러 그릇과 원형 화환들을 갖다놓는 일을 하고 있었다. 쇼핑몰에서 만들어주는 스타일의 영정 사진에는 멋진 정장을 걸친 중국 할아버지의 머리와 양 어깨, 그리고 비정상적으로 발그레한 두 뺨이 찍혀 있었다. 배경에는 포토샵으로 수정한 구름들이 둥둥 떠 있었다.

마이크가 지시한 대로 크리스와 나는 황 씨 할아버지의 나무 관을 예배당으로 가져갔다. 관 뚜껑을 여니 황 씨 할아버지는 제일 좋은 정장을 입고 우리를 기다리고 있었다. 방부처리를 한 시신 특유의 뻣뻣하고 매끈한 모습인 것이, 더 이상 그 구름 깔린 초상 사진에 찍힌 것처럼 근엄한 몽상가 같은 느낌은 들지 않았다.

아침 내내 황 씨네 가족들이 비품 창고에 차려진 제단에 올릴 과일과 선물 들을 갖고 점점 더 많이 왔다. "당신, 왜 빨간 옷을 입고 있지요?" 어떤 할머니가 나를 보고 못마땅하다는 듯이 큰소리로 말했다.

빨간색은 행복과 연관되므로, 중국식 장례에서는 좋지 못한 색이다. 내가 입은 앵두빛 원피스는 거의 이렇게 소리치다시피 하는 것 같았다. "하, 문상객 여러분! 문화적 감수성 따위는 개나 주라고 해요!"

나는 그날 황 씨 가족이 거기 올 줄은, 특히 참관 화장처럼 두려운 일을 하러 올 줄은 미처 몰랐다고 항변하고 싶었다. 변명 대신 나는 사과의 말을 중얼거리고, 할머니의 오렌지 그릇을 들고 어색하게 그 자리를 피했다.

마이크는 레토르트 중 하나를 예열해놓으려고 이미 뒤쪽에 가 있었다. 황 씨 할아버지의 시신을 화장할 시간이 되자 그를 뒤따라 예배당까지 들어가야만 했다. 내 빨간 원피스를 보고서 못마땅해하며 쯧쯧 혀를 차는 황 씨 할아버지네 친척 무리를 뚫고 우리는 걸어 지나갔다. 관은 예배당을 빠져나와 화장로로 갔다. 가족들이 우리 뒤로 줄줄이 내려와 섰다. 적어도 서른 명이 지금 까지는 나만의 성스러운 공간이었던 곳을 침범한 것이다.

우리가 화장로로 나아가자, 모두가(할머니들 포함) 무릎을 꿇고 흐느꼈다. 조문객들의 통곡 소리가 화장로의 윙윙대는 소리와 섞였다. 그 효과는 으스스했다. 나는 뒤에서 눈을 크게 뜬 채, 어떤 미지의 의식에 참여하는 인류학자 같은 느낌으로 서 있었다.

직업적 조문객을 고용하여 장례식에서 슬픔을 자아내도록 돕고, 모인 사람들을 독려하여 한층 더 광란적으로 울부짖게 하는 것이 중국의 관행이다. 화장장 바닥에 앉아 있던 사람들 중 일부가, 그처럼 지나친 감정 표현을 통해 슬픔을 확대하기 위해 가족이 고용한 직업적 조문객인지는 말하기 어려웠다. 오클랜드에서 직업적 조문객을 구할 수나 있을까? 그들의 슬픔은 진짜인 것 같았다. 이렇게 큰 무리의 사람들이 이렇게 정서적으로 취약해지는 걸 본 적은 처음이었다. 여기에 울지 않고 가만있는 사람은 아무도 없었다.

갑자기, 한 남자가 비디오카메라를 들고 조문객들을 찍으며 사람들을 헤치고 앞으로 나아가기 시작했다. 그는 통곡하는 사람들 앞에서 걸음을 멈추며 두 손을 위로 흔들어 그들에게서 그가 원하는 게 더, 더 심한 통곡임을 전했다! 그러면 조문객은 좀더 크고 격정적인 소리로 비통하게 울며 땅을 치곤 했다. 아무도 그 카메라에 침착하거나 절제력 있는 사람으로 기록되고 싶어 하지 않는 듯했다.

황 씨 일가는 하나의 믿음과 신체적인 행동이 뒤섞인 고전적 의미의 의식에 참여하고 있었던 것이다. 펜실베이니아 대학교 출신의 뇌 연구자 앤드류 뉴버그와 유진 다킬리는 의례가 제대로 기능하려면 참가자들이 "전심전력을 다하여 생각과 행위를 하나로 만들어야 한다."고 설명했다. 황 씨 가족은 통곡과 무릎 꿇음, 슬픔을 통해 그들보다 위대한 무언가에 연결되고 있었던 것이다.

황 씨 할아버지의 관은 화장로 속으로 미끄러져 들어갔고, 마이크는 황 씨 할아버지의 아들에게 점화 단추를 누르라는 몸짓을 했다. 그건 상징적인 행위였지만, 믿을 수 없을 만큼 큰 힘을 지닌 몸짓이기도 했다.

마이크는 나중에 내게 말했다. "그들에게 단추를 누르게 '해야' 해. 그들은 단추를 좋아하거든."

황 씨 할아버지는 제이콥이 갖지 못했던 중요한 것을 가졌다. 그를 세상 밖으로 데려가는 단추를 누른 건 그가 사랑했던 사람이지, 무례하게 빨간 원피스나 입고 나온 화장장 직원 아무개가 아니었던 것이다.

황 씨 할아버지가 화장로 속으로 들어가고 나서 문이 잠기자, 크리스는 몸을 굽혀 화장로 앞에 커다랗게 타오르는 촛불 하나를 설치해놓았다. 마이크와 크리스는 이 작업을 예전부터 한 팀으로 일해온 사람답게 손발을 척척 맞춰가며 해냈다. 이미 황 씨 성을 가진 사람들은 슬픔에 잠겨 통곡한 뒤였다. 나만 유일하게 그 자리에 맞지 않는 사람이었다.

황 씨 할아버지를 보니 만약 우리 아버지가 죽는다면 어떻게 할지 생각해보지 않을 수 없었다. 솔직히 말해, 나는 이 문제를 해결할 아무 실마리가 없었다. 참관 화장에 왔던 사람이라고 해서, 모두가 바깥으로 표현했던 만큼의 강도로 슬픔을 느낀 것은 아닐 터이다. 어떤 사람에겐 그것이 진정한 슬픔이라기보다는 전시용 행위일지도 모른다. 하지만 그건 중요하지 않았다. 황 씨 가족에겐 의례가 있었다. 그들은 해야 할 바를 알고 있었고, 나는 그게 부러웠다. 그들은 더 크게 울고 더 열심히 애도하는 법을 알고 있었고, 과일 바구니를 여러 개 들고 나타났다. 죽음을 맞는 순간, 그들은 생각과 관습을 중심으로 똘똘 뭉친 하나의 공동체였다.

우리 아버지는 40여 년간 공립 고등학교에서 역사를 가르쳤다. 교사로 일했던 학교가 섬의 반대편에 있었는데도, 아버지는 매일 아침 5시 반에 일어나 나를 호놀룰루에 있는 사립학교까지 한 시간이나 걸려 차로 태워다주곤 했다. 이 모든 게 딸이 시내버스를 타지 않게 하려고 그런 것이었다. 아버지는 수천 킬로미터를 손수 운전해서 날 등교시켜주었는데, 그가 죽으면 어찌 내가 그를 다른 사람의 손에 건네줄 수 있을까?

화장장에서 좀 더 경험을 쌓으면서, 나는 더 이상 라벨모르 장의사라는 우아한 은폐를 꿈꾸지 않게 되었다. 나는 우리가 죽음과 맺는 관계에 근본적으로 결함이 있다는 것을 깨닫기 시작했다. 웨스트윈드에 온 지 불과 몇 달 뒤에는 장례식에 '재미'를 돌려주겠다고 상상한 것이 세상 물정 모르는 일이라고 느끼게 되었다. 시체 하나 두지 않고, 심지어 죽음에 관한 실제적 이야기를 하는 것도 아니면서 '삶을 축복하는' 예식을 벌인다는 것, 거기서 다들 펀치를 마시는 동안 아빠가 좋아하는 오래된 로큰롤 노래를 트는 것은 장총에 맞은 상처에 얼른 일회용 반창고를 붙이는 대신 헬로키티가 그려진 반창고를 찾는 짓이나 다름없는 것 같았다. 하나의 문화로서 이제는 특효가 될 만한 해결책을 찾을 때였다.

아니, 우리 아버지가 돌아가시면 그는 화장장으로 갈 것이다. 웨스트윈드 같은 창고 건물이 아니라, 자연광이 듬뿍 들어오는 커다란 유리창이 잔뜩 달린 아름다운 화장장에 말이다. 하지만 그곳은 죽음을 감추거나 부정하는 것이 아니라, 죽음을 포용하

잘해봐야 시체가 되겠지만 ——

기 때문에 아름다울 것이다. 그곳은 가족들이 와서 고인을 씻길 수 있는 공간을 갖춘 체험의 장소가 될 것이다. 시신이 불 속으로 들어가는 마지막 순간까지 가족이 함께하며 안전함과 편안함을 느낄 수 있는 장소가 될 것이다.

1913년에 조지 버나드 쇼는 자기 어머니의 화장을 지켜본 소감을 글로 썼다. 그의 어머니 시신은 보라색 관에 안치되어 두 발이 먼저 불길 속으로 들어갔다. 그는 이렇게 썼다. "자 보라! 양발은 기적처럼 자색(紫色) 나는 사랑스런 불길의 흐르는 듯한 리본 속으로, 오순절 성령의 혀같이 연기도 내지 않고 열렬히 타오르는 불길 속으로 빨려 들어갔고, 그다음에는 관 전체가 불길 속으로 들어가 온통 타오르면서, 우리 어머니는 그 아름다운 불길이 되셨다."

나는 화장구 문이 철커덩 올라가고 그 반향으로 방이 가득 찰 때면 아버지가 떠오른다. 아버지가 돌아가실 때 내가 살아 있다면, 나는 그 자리에서 아버지가 "그 아름다운 불길"이 되는 것을 지켜보고 싶다. 나는 다른 어느 누구에게도 그 일을 맡기고 싶지 않다. 죽음과 장의업에 대해 배우면 배울수록, 나 말고 다른 누군가가 내 가족의 시신을 매만진다는 생각이 끔찍하게 느껴졌다.

핑크
칵테일

옛날 옛적, 와리족은 브라질 서부 밀림에서 서양 문명과는 실상 아무런 접촉 없이 살고 있었다. 그러다가 1960년대 초반, 브라질 정부가 복음을 전하는 기독교 선교사들과 함께 와리족의 영토에 들어갔다. 두 집단 모두 이들과 좋은 관계를 정립하려 노력했다. 외부인들은 와리족의 면역 체계가 일찍이 싸워본 적 없는 바이러스(학질, 유행성 감기, 홍역)를 한 무더기 달고 왔다. 몇 년 사이 와리족은 다섯 명 중 세 명 꼴로 죽어나갔다. 그나마 살아남은 사람들도 브라질 정부에 의지하게 되었다. 브라질 정부는 이들이 서양의 새로운 질병과 싸울 수 있도록 서양 의약품을 공급했다.

잘해봐야 시체가 되겠지만

약품과 식량, 정부의 원조를 받기 위해 와리족은 자기들 삶의 중요한 한 측면, 즉 식인 풍습을 포기해야 했다.

르네상스 철학자인 미셸 몽테뉴는 편리하게도 「식인종에 대하여」라는 제목을 붙인 글에서 이렇게 썼다. "누구나 자기가 하지 않는 일은 야만이라 부른다." 우리는 분명 식인 풍습을 야만이라 부를 것이다. 고맙게도 그것은 우리네 풍습이 아니기 때문이다. 인육을 먹는 것은 소시오패스 또는 미개인들이나 하는 일이다. 식인 하면 사람 사냥꾼과 한니발 렉터[◎]가 떠오른다.

우리는 식인 풍습이 제정신이 아닌, 무자비한 사람들이나 하는 짓이라고 자신 있게 말할 수 있다. 왜냐하면 인류학자 클리퍼드 기어츠가 '의미의 그물망'이라고 부른 것 속에 우리가 꽉 잡혀 있기 때문이다. 태어날 때부터 우리만의 문화는 죽음이 '적절'하고 '훌륭'하게 행해지는 방식이 무엇인지 세뇌시킨다.

이 문제에 대한 우리의 편견은 피할 수 없는 것 같다. 우리는 자신이 열린 마음을 가졌다고 생각하지만, 실제로는 여전히 문화적 믿음에 갇혀 있다. 이것은 마치 거미들이 밤새 나무 사이에 거미줄을 쳐놓았는데, 그 숲을 가로질러 걸어가려는 것과 같다. 목표 지점은 멀리서도 눈에 띄겠지만, 그 목표를 향해 가려고 시도하면 이미 쳐진 거미줄이 얼굴에 끈끈하게 달라붙고 입 속에도 꼴사납게 들어올 것이다. 이것이 서양 사람들이 와리족의 식인 풍습을 그렇게도 이해하기 어렵게 만드는, 바로 '의미의 그물망'

◎　　소설 『양들의 침묵』에 나오는, 인육을 먹는 인물.

이다.

　와리족이 죽음에 임박해서야 식인을 했다는 뜻은, 그들의 식인 풍습이 죽을 때 행해지는 의례였다는 얘기다. 와리족 한 사람이 숨을 거두고 나면, 그들은 그 시체를 결코 혼자 놓아두지 않는다. 가족들은 계속 고음으로 노래를 부르며, 이 소리에 맞추어 시체를 살살 흔든다. 이 염송과 통곡은 공동체의 다른 사람들에게 죽음을 알리고, 그러면 머지않아 부족 모두가 그 최면을 거는 듯한 소리에 합류한다. 다른 마을의 친척들도 시체 옆에서 죽은 자를 위한 의례에 참가하려고 얼른 달려온다.

　인육 먹을 준비를 하기 위해, 친척들은 마을로 걸어 들어와서 집집마다 나무 기둥을 잡아당겨 지붕들을 밑으로 축 처지게 한다. 인류학자 베스 콩클린은 이 축 처진 지붕을 죽음이 이 공동체에 침범했다는 것을 시각적으로 환기시키는 장치로 본다. 집집마다 거둬들인 나무는 함께 묶고 깃털로 장식해서 시체를 올려놓는 판의 불쏘시개로 쓰인다.

　마침내 가족들이 시신을 넘겨주면, 그 시체는 조각조각 잘린다. 내장은 나무 잎사귀로 싸고, 팔다리 살은 판 위에 바로 놓고 굽는다. 마을 여자들은 사람 고기와 같이 먹기에 이상적인 음식이라고 생각되는 옥수수빵을 준비한다.

　사람 고기를 "그저 한 조각 고기일 뿐"이라고 생각하며 구워 먹는 행위는 와리족에겐 문제가 되지 않았다. 와리족에게 짐승들과 그 살이 갖는 의미는, 그것들이 우리 현대인에게 갖는 의미와 비교했을 때 매우 다르다. 와리족에게 짐승들은 역동적인 영혼을 가진 존재다. 짐승들은 인간에 속하지 않지만, 인간보다 열등한 존재도 아니다. 그날그날에 따라, 사람과 짐승은 번갈아가며 사냥하거나, 사냥당하는 위치에 놓인다. 재규어, 원숭이, 테이퍼◎는 자기 자신을 인간으로 보고, 인간을 짐승으로 봤을지도 모른다. 와리족은 인간이든 동물이든, 자신이 섭취하는 모든 고기를 존중한다.

실제로 구운 살을 먹는 이는 아내나 자식처럼 죽은 사람의 가까운 친족들이 아니다. 그 영광(이는 정말 영광인데)은 망자의 입장에서 혈족 같은 관계로 선택된 사람들, 즉 결혼으로 맺어진 인척이나 방계 친족 같은 사람들이다. 인척들 중 복수심에 불타거나 구운 인간의 살맛에 죽어라고 달려드는, 살에 굶주린 미개인은 아무도 없고, 인간이 공급하는 단백질을 탐내는 사람도 없다. 이 두 가지는 인육을 먹는 보편적인 동기로 여겨져왔다. 사실 며칠간 아마존 우림 지대의 덥고 습기 찬 기후 속에 있었던 시신이라면 다양한 부패 단계에 있기 쉽다. 그런 살을 먹는다는 것은 고약한 냄새가 나는 역겨운 체험이었을 것이다. 인척들은 종종 양해를 구하며 토를 하고 나서야, 다시 살을 먹는 데 달려들곤 했다. 그러나 그들은 억지로라도 계속 먹는다. 그 정도로 그들이 가족과 망자 둘 다를 배려하는 행동을 하고 있다는 확신이 강했기 때문이다.

◎　중남미와 서남아시아에 서식하는 포유류로, 코가 뾰족하며 돼지처럼 생겼다.

인척들이 망자를 먹는 것은 생명력이나 힘을 보존하기 위해서가 아니라 그런 것을 파괴하기 위해서다. 와리족은 시신이 묻혀 땅속에 온전히 내버려진다는 생각이 두려웠던 것이다. 오직 망자의 살을 먹어야만 그걸 진정 원하는 대로 조각내고 파괴할 수 있었던 것이다. 살을 다 먹고 나면 뼈를 화장한다. 이렇게 몸이 다 사라지는 것은 가족과 공동체에게 대단한 위안이었다.

공동체를 다시 하나로 만들기 위해서는 망자를 제거해야 한다. 시체가 없어지고 나면 망자의 소유물(그들이 심은 곡식과 세운 집 포함)도 태운다. 모든 것이 사라지고 나면 남은 가족의 삶은 친척과 공동체가 돌봐주고 재건을 도와주는 데 달려 있다. 과거에는 공동체가 서로 간의 연대를 북돋고 강하게 하여 가족들을 돌보았던 게 사실이다.

1960년대에 브라질 정부는 와리족으로 하여금 강제로 식인 의례를 포기하고 망자를 땅속에 묻게 하기 시작했다. 죽은 자를 매장해 썩게 하는 것은 그들이 이제껏 해왔던 바와 믿었던 바의 정반대 편에 있었다. 물리적인 육체가 그대로 남아 있는 한, 무엇이 상실되었는지를 괴롭게 떠올려야만 하는 것이다.

만약 우리가 와리족으로 태어났다면, 지금 밖에서 보기에 야만적인 습성이라고 경멸하는 식인 풍습은 우리가 아끼는 관습, 성실하게 확신을 갖고 참여하는 관습이었을 것이다. 북미의 매장 관행인 방부처리(시신의 장기 보관)에 이어 무겁고 봉인된 관에 넣어 땅에 묻는 것은 와리족 입장에서는 모욕적이며 낯선 일이다. 서양식 매장의 '진실과 존엄성'은 오로지 우리를 둘러싼 환경이

잘해봐야 시체가 되겠지만

정한 진실과 존엄성일 뿐이다.

웨스트윈드에서 일하기 시작했을 때, 현대적인 방부처리는 내가 명확히 규정할 수 있는 성질의 것이 아니었다. 나는 시체에게 '행해진' 것이 내가 속한 의미의 그물망에서 나온 한 가닥 실임을 알게 되었다. 내가 열 살 때, 사촌 형부의 아버지가 돌아가셨다. 고인 아키노 씨는 독실한 가톨릭 신자요, 엄청나게 큰 하와이·필리핀계 가문 출신의 원로 정치인이었다. 그의 장례는 카폴레이에 있는 옛 대성당에서 열렸다. 도착하자 어머니와 나는 그분의 관을 지나가는 줄에 섰다. 우리가 줄 맨 앞에 오자, 나는 곁눈질로 흘끗거리며 아키노 영감님이 누워 있는 것을 보았다. 그의 시체는 너무 만들어놓은 것 같아서 더 이상 진짜 사람같이 보이지 않았다. 그의 잿빛 피부가 빳빳해진 것은 순환계를 통해 주입된 방부 액체의 부작용 때문이었다. 관 주위에는 수백 개의 촛불이 타오르고 있었고, 그 불빛이 그의 찡그리는 듯 씰그러진, 반짝거리는 연분홍색 입술을 비추고 있었다. 그는 생전에 점잖은 사람이었지만 죽고 나니 밀랍으로 만든 복사판같이 보였다. 관 옆을 천천히 지나가며 이렇게 밀랍 같은 주검을 잠시 보는 것은 다른 미국 아이들 모두와 공유하는 경험이었다.

이처럼 음울한 과정을 수행하는 직업을 선택할 유형의 사람이라면 나는 영화 「아담스 패밀리」에 나오는 러치처럼 뺨이 홀쭉하고, 키가 크고 마른 데다 뺨이 홀쭉한 사람일 거라고 막연히 상상했다. 내게는 러치의 이런 모습이 1950년대 공포 영화에 나오는 장의사의 전형(실험 가운을 입고서, 형광 녹색의 액체가 튜브를 통해 시체 안으로 들어가는 것을 지켜보는 사람)과 겹쳐졌다.

웨스트윈드 화장장에서 시신을 방부처리하는 사람들도 이 이미지와 크게 다르지 않았다. 일주일에 몇 번 시신을 준비하러 오는 계약직 방부처리사 브루스는 머리가 희끗희끗하고 동안(좋게 말하면 토실토실한 얼굴)을 가진 흑인 남자였다. 그는 키가 180센티미터가 넘고, 20대가 되려 하는 50대의 게리 콜먼 같았다. 그의 목소리는 높낮이와 리듬이 광범위하게 왔다 갔다 해서, 화장장 이쪽 끝에서 저쪽 끝까지 왕왕 울렸다. "어이 거기, 케이틀린!" 하며 그는 나를 열렬히 환영했다.

"아, 브루스, 어떻게 지내요?"

"꼭 하루만 지내보면 어떤지 알 거야, 꼭 하루만 죽은 사람하고 지내보라고."

나는 마이크 밑에서 화장로를 돌리는 직원이 되려고 훈련을 받고 있지만, 원래 브루스는 샌프란시스코 장의대학에서 방부처리를 가르치는 조교였다. 웨스트윈드가 노숙인과 빈곤층 사망자 처리 입찰에서 계약을 따낸 얼마 후 문을 닫은, 그 장의학교 말이다. 이제 샌프란시스코에는 장의학교가 없지만, 브루스는 아직도 학생들을 가르치던 기질이 남아 있어 이 분야의 비밀을 누군가와 열심히 공유하고 싶어 했다. 그렇다고 그가 요즘의 장의학교를 대단히 존중하는 것은 아니었다.

"케이틀린, 옛날에 이걸 배우던 때는 이게 일종의 예술이었어." 그가 말했다. "방부처리란 시체를 보존한다는 뜻이지. 나는 요즘 장의학교에서 사람들에게 실제로 뭘 '가르쳤다'는 건지 모

잘해봐야 시체가 되겠지만 ────

르겠어. 그 학교 졸업생들도 피를 뽑아낼 동맥 하나 못 찾는다니까. 70년대만 해도 매일 시체를 갖고 작업을 했지. 시체, 시체, 시체, 시체들."

주로 북미의 장의업계에서 지어낸 이야기인데, 현대의 시체 방부처리가 오랜 전통에서 나온 것이라는 설이 있다. 마치 이 기술이 수천 년 동안 시체 보존의 원조 달인이었던 고대 이집트인들로부터 전승된 것인 양 말이다. 오늘날 장례지도사들은 마치 이집트인들의 오래된 지혜의 전승자인 듯이 행동한다.

말할 필요도 없이, 이 이야기에는 많은 문제가 있다. 시체 방부처리사는 자기들이 하는 일이 고대 이집트인들로부터 전해 내려오는 것이라고 주장할지도 모르지만, 그것은 투탕카멘 시대와 1860년대 초 미국인들이 시체에 방부처리를 시작한 시기 사이의 엄청난 간극을 무시하는 것이다.

고대 이집트인들이 했던 시체 방부처리는 지금 미국의 동네 장의사에서 하고 있는 일과는 아주 다르다. 약 2500년 전 이집트의 시신들은 완성까지 몇 달이 걸리는, 정교한 사후 과정을 거쳐야 했다. 반면 동네 장의사의 방부처리는 시작부터 완성까지 서너 시간이면 된다. 시체 방부처리사의 일정에서 운 좋게도 서너 시간을 빼낼 수 있다면 말이다. 대규모 장의업체에서는 지난 몇 년간 동네에서 가족이 운영해온 작은 장의업체를 사들인 다음, 그 이름을 그대로 내걸어 공동체의 신뢰를 확보한 채, 가격은 올리고 방부처리 시설은 중앙집권화하는 방식으로 운영해왔다. 이는 시체 준비 과정을 조립 공정 같은 분위기로 만들어, 방부처리사들은 기록적인 시간 내에 완벽한 시체를 생산해내야 했다.

　이집트인들은 종교적 이유로, 자기들이 하는 과정 하나하나에 심오한 의미가 있다고 생각했다. 길다란 쇠갈고리로 코를 통해 뇌를 제거하는 것부터 내장 기관을 '카노푸스의 단지'라 불리는 동물 머리 모양의 항아리 속에 넣는 것까지 포함해서 말이다. 현대 북미에서 성행하는 시체 방부처리(몸의 구멍에서 피와 액체를 제거하고 그 자리에 강한 보존제 화학약품을 넣는 일)에는 뇌를 후벼내는 낚시 바늘 모양의 막대기나 내장을 보관하는 단지가 없다. 더 중요한 것은, 현대의 방부처리가 종교가 아니라 그보다 더 강한 힘, 마케팅과 소비주의에서 태어났다는 것이다.

　이 특별한 날, 브루스의 방부처리 탁자에 누워 있는 것은 옛날 이집트인들이 방부처리했던 특권 계급 시민과는 매우 다른 사회적 계급을 지닌 남자다. 그의 이름은 클리프, 베트남전 참전 군인으로 샌프란시스코의 전역 군인 행정 병원에서 홀로 죽은 사람이다. 미국 정부는 클리프같이 친구도 가족도 없이 혼자 죽은 참전 군인(남성이나 때때로 여성)의 시체 방부처리와 국립묘지 매장 비용을 댔다.

　브루스는 메스를 갖고 시체에 다가와서 클리프의 목 밑에 가져다 댔다. "좋아, 이제 해야 할 첫 번째 일은 피를 뽑아내는 거야. 몸속을 아예 헹궈내는 거지. 차에서 라디에이터 시스템을 한 번 싹 씻어내듯이 말이야."

　브루스는 살을 잘라냈다. 나는 정체불명의 인물이 숱한 살인을 저지르는 끔찍한 내용의 영화에서처럼, 그 상처에서 피가 확

　잘해봐야 시체가 되겠지만

솟구칠 거라고 예상하고 있었다. 그러나 상처는 건조했다. "이 사람은 정확히 말해, 신선하지가 않은 거야. 병원에서 시체를 오래 보관하고 있었던 거지." 브루스는 불만스러운 표정으로 고개를 절레절레 흔들며 설명했다.

브루스는 클리프의 피를 대신할 연어색이 나는 핑크빛 칵테일 만드는 법을 보여주었다. 그건 포름알데히드와 알코올을 커다란 유리통에 부어 섞어 만든 것이었다. 브루스는 장갑 낀 손을 클리프의 목에 뚫은 새 구멍에 넣은 다음, 경동맥을 얇게 저며 열고 작은 금속관을 삽입했다. 작은 튜브는 훨씬 더 큰 고무 튜브와 연결된다. 브루스가 통 밑에 달린 스위치를 돌리니 분홍색 액체가 튜브를 통해 뿜어져 나왔다. 통이 진동으로 윙윙거리며 클리프의 순환계로 화학물질들을 쏘아 보내기 시작했다. 이 액체가 그의 동맥으로 흘러들어가 대체된 피가 클리프의 목 정맥에서 솟구쳐 나왔고, 탁자를 따라 개수대 배수관까지 흘러내려갔다.

"위험하지 않나요? 이렇게 피가 바로 배수관으로 흘러내려가면?"이라고 내가 물었다.

"아니, 안 위험해. 하수도에 뭐가 내려가는지 알지?" 브루스가 말했다. 이 말을 들은 나는 상대적으로 피가 덜 역겹게 느껴진다는 걸 인정할 수밖에 없었다.

"이건 그렇게 많은 피도 아냐, 케이틀린."

그가 계속 말했다.

"부검된 시체를 방부처리하는 걸 봐야 되는데. 말 그대로 온통 피칠갑을 하게 된다니까. TV에서 보는 것처럼 말끔하고 깨끗한 게 아니야. O. J. 심슨[*]과 같지."

"잠깐, O. J. 심슨 같다고요? 이게 어떻게 O. J. 같아요?"

"지금 난 장의사 직원이잖아, 맞지? 때로 사람 시체를 자르면 몸이 온통 피투성이가 된다고. 피가 사방으로 튀는데 동맥 중 하나를 찾아야 해. 피가 어떤지는 알지? O. J.가 살아 있는 사람 둘을 찔러 죽였다고 하는 사람들이 있는데, 차에서는 피가 단 세 방울 발견되었다잖아?"

"오케이, 브루스. 하지만 그래도 누군가는 그들을 죽이지 않았을까요?" 내가 물었다.

"누가 그 짓을 했건 만약 죽였다면 머리부터 발끝까지 덮는 바디 수트를 입어야 했을 거야. 온몸에 피칠갑을 하면, 그놈의 건 씻어서 지워지지 않거든. 핏자국이 남지. CNN에서 범죄 장면 봤지? 아주 피투성이야. 내 말은 칼을 휘두른 사람한테는 핏자국이 남을 수밖에 없다는 거야."

브루스는 법의학적으로 사건을 추적하는 탐정처럼 굴면서도 동시에 클리프의 순환계를 통해 화학물질이 잘 퍼지도록 그의 사지에 부드럽게 비누칠을 하고 마사지하고 있었다. 성인 남성이 시체를 스폰지로 가만가만 닦아주는 것은 이상한 풍경이었다. 하지

---

[*] 1994년 로스앤젤레스에서 일어난 살인 사건. 백인 여성인 전처를 칼로 찔러 숨지게 한 유력한 용의자로 풋볼 선수 출신의 흑인 배우 O. J. 심슨이 지목되었으나, 그의 변호인들이 인종차별적인 수사라고 주장하면서 무죄로 풀려났다. 당시 심슨의 차량에서 혈흔이 발견된 바 있다.

잘해봐야 시체가 되겠지만 ————

만 난 이제는 웨스트윈드 특유의 이런 장면을 보는 데 익숙해져 있었다.

도자기로 된 방부처리 탁자는 경사가 있어 포름알데히드 용액이 시체에 주입되면서 클리프의 피가 배수구로 흘러내려가는 데 도움이 되었다. 포름알데히드는 순수한 형태로는 무색 기체인데, 발암물질로 분류된 바 있다. 클리프는 옛날에야 암을 걱정했겠지만 지금은 시체일 뿐이고, 브루스야말로 조심하지 않으면 암세포의 먹잇감이 될 수 있다. 국립 암연구소에서는 시체 방부처리사들이 골수성 백혈병, 즉 골수 섬유가 비정상적으로 성장하는 혈액암에 걸릴 위험이 남들보다 더 높다는 것을 알아냈다. 남의 피 뽑는 일을 하는 시체 방부처리사들이 결국 자기 자신의 피는 맘대로 못한다는 것이 아이러니다.

클리프에게 일어난 일, 시체를 화학적으로 방부처리하는 것은 19세기 중반 남북전쟁 이전까지만 해도 미국의 장례 의식에는 없는 과정이었다. 미국에서 죽음이란 전적으로 집에서 일어나는 일이었다. 사람들은 자기 침대에 누운 채, 가족과 친구에 둘러싸여 죽곤 했다. 시신은 망자와 가장 가까운 사람들이 씻기고, 수의를 입혀 며칠간 집에 눕혀놓고 지켰다. 이때 '지킨다'는 것은 단어 그대로 보살핀다는 뜻이지, 종종 사람들이 믿듯이 시체가 혹시 갑자기 깨어날까 하는 두려움에 감시한다는 뜻은 아니다.

시체가 집에 머물러 있는 동안 부패를 방지하기 위해 시신 밑에 식초에 적신 천이나 얼음 담긴 통을 놓아두는 혁신적인 방법이 19세기에 개발되었다. 시체를 지키는 동안 먹을 음식과 마실

술을 차려놓고, 공동체 안에서 고인이 생전에 차지했던 자리로부터 해방시킨다는 생각이 있었다. 미국의 죽음 전통을 연구하는 학자 개리 레이더만이 쓴 것처럼 "시체는 비록 그것에 활기를 주던 빛을 잃었지만, 깊이 뿌리내린 사회적 관습이 요구하는 바는 그 시신에 산 자들이 적절한 존경과 보살핌을 베풀어야 한다는 것이었다."

시신을 지키는 동안, 가족이나 그 지역의 관 짜는 사람이 나무로 된 관을 만들었다. 육각형 관은 아래쪽이 점차 가늘어져 이것이 정말 죽은 인간을 담기 위한 것임을 나타냈다. 오늘날의 관은 평범한 직사각형의 모양도 그렇고 casket이라는 명칭도 그렇고, 그때의 관과는 다르다. 며칠이 지나면, 시신은 관 속에 안치되고 가족 구성원들이 관을 어깨 위로 들어올려 근처 무덤으로 가져갔다.

19세기 들어 뉴욕, 볼티모어, 필라델피아, 보스턴 등 산업화된 대도시들은 죽음 산업을 지탱해줄 만큼 커졌다. 대도시에서는 농장이나 소도시들과는 달리 특화된 거래가 유지되었다. 그 일에는 단지 장례에 필요한 소도구와 장식들을 파는 것뿐 아니라 그 이상의 작업까지 포함된다는 점에서, 이 일은 이제 하나의 직업이 되었다. 지역 장의사들은 관을 짜주고, 영구차나 장례에 쓸 마차를 빌려주거나, 장례식 때 걸칠 옷이나 보석을 팔 수도 있었다. 그들은 종종 가외 수입을 얻기 위해 다른 일도 겸했는데, 그 덕에 '존 젠슨: 장의사 겸 이 뽑아주는 사람 겸 등잔불 켜는 사람 겸 뼈대 만드는 사람 겸 대장장이 겸 관 짜는 사람' 같은 19세기의 재미있는 광고가 나오게 되었다.

그러다가 미국 역사상 가장 잔혹한 전쟁인 남북전쟁이 터진다. 1862년 9월 17일의 앤티텀 전투가 있었던 날은 남북전쟁(과미국 역사)에서 가장 피비린내 나는 날이라는 영예 아닌 영예를 지닌 하루다. 그날 하루에만 전장에서 2만 3000명이 죽었고, 구더기가 득실거리는 그들의 시신은 마찬가지로 퉁퉁 불은 말과 노새 사체 틈에서 잔뜩 부어올랐다. 나흘 후 펜실베이니아 137연대가 와서, 연대장이 병사들에게 시체를 파묻을 때 독한 술을 마셔도 좋다고 허락했다. 그 당시, 술에 취한 채 그 작업을 할 수 있게 허용한 주는 미국 전체에 꼭 한 주밖에 없었다.

남북이 4년간 싸우는 동안, 군인 가족 중 많은 사람들이 전장에서 죽은 아들과 남편을 찾아올 도리가 없었다. 시신들을 기차로 운송할 수야 있었지만, 며칠만 남부의 여름 더위에 노출되면 망자들은 극심한 부패 단계에 들어갔다. 햇볕 속에 버려진 시체에서 나는 냄새는 그저 후각이 불편한 정도가 아니라, 그보다 훨씬 더 견디기 힘들었을 것이다.

연합군 소속 한 의사의 말에 따르면 "빅스버그 전투가 벌어지는 동안 남북 양측은 뜨거운 태양 아래 부패해가는 시신의 악취 때문에 짧은 휴전을 선포했다."고 한다. 이처럼 열악한 환경에서 수백 마일에 걸쳐 시체를 운송한다는 것은 열차 기관사들에게 악몽이었다. 철도청은 비싼 철제 관에 담겨 밀봉된 시체 외에는 운송을 거부하기 시작했다. 대부분의 가족들에게 이는 가능한 선택지가 아니었다.

이런 상황으로 말미암아 가족이 돈을 낼 수만 있다면 방부처리라고 알려진 새 보존 처리를 전장에서 바로 해주겠다는, 기업가적 열정을 가진 사람들이 나타났다. 그들은 일을 찾아 소규모 분쟁과 전투마다 따라다녔으니, 이들이 미국 최초의 '앰뷸런스 쫓아다니는 사람들'이었다. 경쟁이 치열한 나머지 서로의 천막을 불태운다는 얘기도 들리고, 지역 신문에 "우리가 손댄 시체는 절대 검게 변하지 않습니다."라는 광고를 싣기도 했다. 이들은 방부처리 서비스의 효율성을 선전하기 위해, 무명의 용사 중에서 몇 구를 뽑아 실제로 보존 처리해서 이 시체들을 전시하곤 했다. 자신들의 재능을 좀 더 돋보이게 하려고 천막 밖에 양발이 보이게 시신을 괴어놓기도 했다.

　　전장에서 방부처리하는 천막들 속에는 종종 통 두 개 위에 나무 판대기 하나만 걸쳐져 있는 경우가 많았다. 방부처리사들은 새로 죽은 사람의 동맥 시스템 속에 화학물질을 주입했다. 그 화학물질은 "비소, 염화아연, 염화수은Ⅱ, 알루미늄 염, 아세트산 납, 각종 염, 알칼리, 산"을 그들만의 비법으로 특별히 섞어 만든 것이었다. 장의업계의 많은 사람들로부터 아직도 방부처리의 수호성인으로 취급받는 토머스 홈스 박사는 남북전쟁 기간 동안 본인이 4000구가 넘는 죽은 병사들을 구당 100달러를 받고 방부처리했다고 주장했다. 화학물질과 주입이라는 이 고상한 방법을 딱히 선호하지 않는 사람들을 위한 할인 행사도 있었으니, 이는 내장 기관들을 몽땅 들어내고 몸의 빈 구멍을 톱밥으로 채우는 것이었다. 이런 식으로 시체를 더럽히는 짓은 신·구교 전통에서 모두 죄로 여겨졌지만, 사랑하는 사람의 얼굴을 다시 보고 싶다는 생각이 워낙 강하다 보니 그것이 종교적 이념을 이겨낼 때도 있었다.

몸의 구멍으로 장기를 온전히 들어내는 것은 오늘날 행해지는 방법과 그리 다르지 않다. 톱밥을 집어넣는 것만 빼고 말이다. 아마도 현대적 방부처리 과정에서 가장 더러운 비밀은 투관침으로 알려진, 광선검 크기의 가느다란 금속 조각을 주술적으로 사용하는 것일 게다. 브루스는 이 투관침을 마치 엑스칼리버처럼 휘두르며 클리프의 위(胃)에 찔러 넣어 배꼽 바로 아래에 구멍을 냈다. 그는 투관침을 안으로 넣어 피부를 잘라내고 클리프의 내장, 방광, 허파, 위를 찌르면서 작업을 해나갔다. 방부처리 과정에서 투관침이 하는 일은 몸 구멍에 들어찬 액체나 기체, 노폐물을 빨아내는 것이다. 갈색 액체는 투관침의 관을 타고 올라와, 불편한 꿀렁꿀렁 소리와 빨아들이는 소음을 내면서 개수대를 따라 하수관으로 흘러내려간다. 그러면 투관침은 방향을 반대로 바꿔 더 이상 속의 것을 빨아내는 대신, 연어색의 핑크빛 나는 칵테일을 주입하기 시작한다. 한층 더 강하게 화학적으로 농축된 액체를 가슴팍의 빈 부분과 복부에 집어넣는다. 혹시 클리프가 진짜로 죽은 것인지 조금이라도 의심이 든다면, 투관침이 그 의심을 불식시켜준다.

브루스는 클리프를 투관침으로 막 찌르면서도 냉정을 유지했다. 시체 옮기기를 '가구 옮기기'에 비교한 크리스처럼 브루스도, 시체 방부처리를 여러 해에 걸쳐 익힌 장사 수단으로 보았다.

시체 하나하나에 정서적으로 이입된다는 것은 쉬운 일이 아니다. 브루스는 이 투관침 작업을 망설임 없이, 마치 우리가 친한 친구 사이라 같이 커피 한 잔 마시는 듯이 수다를 떨면서도 할 수 있었다.

"케이틀린, 내가 지금 뭘 상상해야 하는지 알아?" 그러면서 한 땀 콕 찌른다. "그놈의 비둘기들. 내가 무슨 소리 하는지 알지. 사람들이 장례 때 날리는 흰 비둘기 말이야." 콕. "거기에는 확실히 돈이 들지. 난 비둘기들을 구해야 돼." 콕, 콕, 콕.

의심할 나위 없이, 남북전쟁의 방부처리 과정에는 실제적인 요소가 하나 있었다. 가족들은 죽은 친척의 시체를 보는 것을 의례의 중요한 측면이자 끝으로 삼고 싶어 했다. 방부처리가 그런 기회를 주었다. 오늘날에도 이 과정은 인기가 많았던 시체에게 유용하다. 브루스가 말한 대로 말이다. "방부처리가 꼭 필요하느냐고? 그렇진 않지. 하지만 시체가 도시 주변의 여러 장의사와 교회들을 돌아다니면서 「베니의 주말」® 같은 시끌벅적한 날을 보내기를 바란다면, 시체에 방부처리를 하는 게 좋지." 그러나 다음 날 새크라멘토에 있는 참전 군인 묘지 땅속으로 바로 들어가게 되어 있는 클리프에게는 이런 과정이 의미가 없었다.

방부처리에는 딸린 지분이 작지 않다. 방부처리를 꼭 해야 한다는 법은 없지만, 그것은 수십 억 달러 자본이 왔다 갔다 하는

® 1989년 미국 코미디 영화. 죽은 사장의 시체를 들고 돌아다니게 된 두 주인공의 소동을 그렸다.

잘해봐야 시체가 되겠지만

북미의 장의업계를 지탱하는 주된 과정이다. 지난 150여 년간 장의업계 전체가 이 과정을 중심으로 발전해왔다. 방부처리가 없었다면, 장의업자들은 아직도 관 판매, 장의차 대여업, 발치 따위나하며 먹고사는 사람들일 것이다.

우리는 어떻게 방부처리를 숭배하는 지경에 이르게 되었는가? 내가 본 아키노 영감님처럼 솜털 베개에 누운 채 끔찍한 형형색색의 소품으로 고인을 장식하는 작업을 높이 사는 것도 마찬가지다. 어쩌다 그에게 필요한지 물어보지도 않고, 클리프 같은 사람에게 표준적 과정으로 방부처리를 하는 데 이르게 되었는가? 19세기 말의 장의업자들은 그들이 전문가처럼 보이는 데 빠진 연결고리가 바로 시신이라는 것을 깨달았다. 시신은 하나의 상품이 될 수 있고, 또 될 것이었다.

초기 미국의 방부처리사 중 하나였던 어거스트 레누아르드는 1883년에 "대중은 한때 어떤 바보도 장의사가 될 수 있다고 믿었다. 그러나 방부처리로 사람들이 '신비롭고'도 '불가해한' 보존 과정에 혹하게 되었고 그 과정을 '실제로 행하는 사람들'을 존경하게 되었다."고 썼다.

방부처리를 하기 시작한 초기 단계일 때는 대중이 장의사를 바보로 보았다. 왜냐하면 이 직업에는 나라에서 정한 기준도, 자격도, 아무것도 없었기 때문이다. 이곳저곳 순회하는 '선생'들은 결국 사흘간의 여정을 짜서, 자기가 대표하는 회사의 업자가 만든 방부처리액을 팔려는 시도로 이 여정의 마무리를 장식하며 이 도시 저 도시를 떠돌아다녔다.

하지만 단 몇십 년 만에 방부처리사들은 전장에서 물건을 강매하여 돈을 버는 장사꾼에서 발전해 '전문가'가 되었다. 방부처리용 화학약품을 제조하는 사람들은 방부처리사들의 이미지를 고도로 숙련된 전문가요, 기술적인 달인(위생과 기술 양면에서 전문가)으로서 대중이 감탄할 만큼 아름다운 시체들을 만들어내는 사람들이라고 영업적으로 띄워주었다. 기술과 과학이 이렇게 전문적으로 조합된 적은 없었다. 장의회사들은《수의》,《서양의 장의업》,《서니사이드》같은 업계 잡지에서 자신들을 변호했다.

방부처리 장의업자들의 새로운 수호자는 새 이야기를 찾아내기 시작했다. 즉 수련을 쌓음으로써 그들이 대중을 질병에서 보호하고, 기술을 통해 최종적으로 가족이 "기억할 만한 그림"을 창조해냈다는 이야기다. 물론 그들은 망자로 인해 돈을 번다. 그러나 의사들도 그렇다. 방부처리사들도 훌륭한 일을 했으니 그만한 보수를 받을 만하지 않은가? 수백 년간 시신을 집에 보관하고 가족들이 염을 해도 상당히 안전했다는 사실은 문제가 안 됐다. 방부처리로 이 분야의 전문가들은 '전문가'가 되었다. 바로 이 '전문적'이라는 게 마법의 요소였던 것이다.

현대 일본의 장의업자 신몬 아오키는 망자를 씻기고 관에 넣는 일을 한다 하여 무시당했던 일을 술회했다. 그가 시체 때문에 '더럽혀졌다' 하여 가족은 그와 의절했고, 아내는 그와 같이 자려 하지 않았다. 그래서 아오키는 외과 의사가 착용하는 가운과 마스크, 장갑을 구입했고 자기를 부른 집에도 완전히 의사 같은 복장을 하고 나타나기 시작했다. 사람들의 반응이 달라졌다. 그들은 그가 파는 이미지를 샀고, 그를 '의사 선생님'이라고 불렀다. 미국의 장의업자도 이와 같은 일을 했다. 그들 자신을 '의학적'인 일을 하는 전문가라고 포장함으로써 스스로를 정당화한 것이다.

클리프가 방부처리 과정을 거치는 것을 지켜보면서 나는 황씨 가족의 참관 화장과 내가 했던 마음속의 약속(우리 가족 구성원이 죽으면 반드시 내가 화장에 참여해야겠다는)을 되새겼다.

"난 줄곧 이 생각을 했어요, 브루스." 내가 말했다. "그리고 내가 우리 어머니를 직접 화장할 수는 있겠지만, 어머니를 이렇게 방부처리할 수는 도저히 없을 거라고 생각해요."

놀랍게도 그는 여기에 동의했다. "안 되지, 안 돼. 자기 어머니가 저기 탁자 위에 고인이 되어 누워 있는 모습을 보기 전까진 아마 할 수도 있다고 생각될 거야. 엄마의 목을 얇게 저며 핏줄까지 찔러 들어갈 수 있을 것 같아? 엄마의 몸을 투관침으로 콕콕 쑤실 수 있을 것 같아? 우리가 지금 말하는 건 다른 사람도 아니고 너의 친어머니야. 보통 성격으로는 못 할 걸."

그러면서 브루스는 일을 멈추고 내 두 눈을 물끄러미 들여다보더니 말했다. 그가 한 말을 들으며 나는 생각에 잠겼다. 그가 이 일을 장사 이상으로 생각한다는 뜻을 보인 것이 이번이 마지막은 아니다. 겉으로는 부산스러운 성격이고 장례식에서 비둘기를 날려서 부자가 되겠다는 류의 가벼운 말 뒤에 자기 생각을 숨기고 있었지만, 브루스는 철학자였다.

"이런 식으로 생각해봐. 엄마 배 속은 네가 아홉 달 동안 살던 곳이잖아. 이 세상에 너를 나오게 한 곳이잖아. 너의 기원이자, 고향이야. 거기다 투관침을 찔러? 그 몸을 침으로 뚫어? 자기가 나온 곳을 망가뜨린다고? 정말 그렇게 하고 싶어?"

티베트 고산 지대에서는 땅에 바위가 너무 많아 매장을 하지 못하는 데다 나무마저 드물어 화장에 필요한 장작을 만들 수 없다. 티베트인들은 망자를 처리하는 색다른 방식을 발달시켰다. 직업적인 로규빠(시신을 부수는 사람)가 시신에서 살을 잘게 자르고, 남은 뼈는 보리 가루와 야크 버터와 함께 빻는다. 시체는 높고 평평한 바위 위에 놓아두어 독수리들이 먹도록 한다. 새들이 날아들어 그 시체를 파먹고 하늘로 날아올라 사방팔방으로 실어 나른다. 이렇게 남은 살을 다른 짐승들이 먹도록 놔두는 것은 시체를 처리하는 너그러운 방식이다.

문화마다 모르는 사람이 보면 충격적이고 우리의 개인적인 의미망에 도전하는 힘을 지닌 죽음 의례가 있다. 와리족이 동족의 살을 구워먹는 풍습부터 티베트 승려가 죽어서 독수리 부리에 갈기갈기 찢기는 것, 클리프의 긴 은빛 투관침으로 내장을 뚫는 것까지 말이다. 하지만 와리족의 행동과 티베트인이 고인의 시신을 갖고 한 일을 브루스가 클리프에게 한 일과 비교해보면, 그 사이에는 현격한 차이가 있다. 그 차이는 믿음이다. 와리족은 신체를 온전히 없애버리는 것이 중요하다고 믿었다. 티베트인들에게는 한 사람의 몸에서 영혼이 떠난 다음에는 그 몸이 다른 존재들을 지탱해줄 수 있다는 믿음이 있었다. 북미 사람들은 시체에 방부처리를 하지만 우리는 그것에 어떤 믿음도 갖지 않는다. 그것은 우리를 편안하게 하는 의례가 아니라, 장례 비용 청구서에 가욋돈 900달러를 얹는 짓일 뿐이다.

만약 브루스 같은 장사꾼이 자기 친어머니한테는 결코 하지 않을 짓이 방부처리라면, 왜 우리는 아무에게나 그런 짓을 하고 있는 건지 나는 궁금했다.

마녀와
아기들

고야, 낯선 것들로 가득한 악몽,
마녀들 잔치판에서 삶는 태아들이며
거울 보는 늙은 여인들과 마귀 꾀려고
양말을 바로잡는 발가숭이 아가씨들.

—샤를 보들레르, 「등대들」에서

중세사 학위를 받고 대학을 졸업한 사람에게 와서 일해달라
는 고용주는 거의 없다. '중세'나 '역사가'를 크레이그리스트®에
검색해서 찾을 수 있는 최상의 직업은 '중세 타임즈' 같은 이름을

잘해봐야 시체가 되겠지만

가진 언론사에서 차 심부름하는 아가씨 정도다. 정말이지, 이때 유일한 선택지는 대학원에 진학하여 또 7년간 먼지를 뒤집어쓰고 빼곡히 쌓인 13세기 프랑스의 삽화 있는 원고 더미와 씨름하는 일이다. 눈을 가늘게 뜨고 빛바랜 라틴어를 읽느라 등은 구부정하게 휘고, 그러다 제발 강사 자리가 얻어걸리기를 기도할 것이다.

학교에서 가르치는 일이 내게도 주어졌었지만, 나는 그걸 수행할 만한 지성도 체력도 없었다. 상아탑의 테두리를 벗어나니 춥고도 고된 세계가 펼쳐졌다. 대학교 몇 년을 마친 내가 내보일 수 있었던 것은 「우리의 이미지 속에서: 중세 후기 주술 이론에서 악마의 탄생 억압」이라는 제목이 붙은 50쪽짜리 학사 논문뿐이었다.

내 논문(당시엔 일생일대의 대단한 역작이라고 생각했던 글)의 주제는 중세 말의 마녀재판이었다. 마녀라 함은, 할로윈 기념카드에 등장하는 것처럼 사마귀가 나고, 검고 뾰족한 모자를 쓴 마녀를 뜻하는 것이 아니다. 중세 후기에 마법을 썼다는 의심을 받아 기둥에 묶여 화형당한 여성(혹은 남성)들이다. 이 마녀들의 숫자는 눈이 돌아갈 정도로 많지만, 아무리 낮춰 잡아도 역사적으로 서유럽에서만 족히 5만 명이 넘는 사람들이 '말레피시움'의 죄, 즉 나쁜 마법을 행했다는 이유로 처형당했다. 그 5만여 명은 실제로 마법을 썼다는 이유로 '처형당한' 사람들이었다. 불태워 죽이

◎   일자리를 포함한 개인 광고를 제공하는 미국의 웹사이트.

고, 목매달아 죽이고, 물에 빠뜨려 죽이고 고문해서 죽이는 등등 갖가지 방법을 동원해 사람들을 죽였다. 헤아릴 수 없이 많은 사람들이 마법을 썼다는 죄목으로, 추정된 범죄 때문에 재판정에 섰다.

그 사람들(대부분이 여성)은 행운의 토끼 발이나 사랑의 묘약 같은 단순하고 초보적인 수준의 마법을 썼다 하여 그 자리에 선 게 아니었다. 자그마치 사탄과 계약을 맺어 죽음과 파멸을 퍼뜨렸다는 혐의를 받은 것이다. 유럽인 대부분이 문맹이었으므로 열렬히 마법에 심취한 마녀가 악마와 계약을 맺을 수 있는 유일한 방법은 성적 행위(야한 서명이나 뭐 그런 것)를 통한 것이었다. 혐의를 받은 마녀들은 악마 숭배 의식에서 방자하게도 사탄에 몸 바치는 것을 넘어 폭풍을 일으키고, 농작물을 죽이고, 남자들을 성 불능 상태로 만들고 영아들의 목숨을 뺏는다고 간주되었다. 중세와 종교개혁 시대, 유럽에 사는 그 누구의 힘으로도 제어할 수 없었던 일은 당연히 마녀의 소행으로 여겨졌다.

21세기에 사는 누군가가 이를 무시하고 "참, 그 중세 사람들은 날아다니는 악마의 떨거지니, 성적 계약 같은 말이나 하다니 정신이 돌았나 봐."라고 선뜻 말하기는 쉽다. 그러나 중세의 평범한 사람들에게는 지구가 둥글다거나 흡연이 암을 초래한다는 것이 지금 우리에게 현실적인 것만큼이나 마법이란 현실적인 것이었다. 그들이 도시에 살건 작은 마을에 살건, 신분이 낮은 농부이건 교황이건 그건 문제가 되지 않았다. 그들은 마녀가 분명 있으며 아기들과 농작물들을 죽이고 '있고', 악마와 외설적인 정사를 벌인다는 것을 알고 있었다.

1500년대에 가장 잘 알려진 책 중 하나는 하인리히 크래머라는 종교 재판관이 쓴 마녀사냥용 교본이었다. 『말레우스 말레피카룸(*Malleus Maleficarum*)』이나 『마녀의 망치(*Hammer of the Witches*)』 같은 책은 자기 마을에 사는 마녀를 찾아내서 없애는 법을 알려주는 현지 안내서였다. 이 책에는 스위스에 사는 마녀로부터 직접 들은 걸로 추정되는 이야기(그들이 갓난아기를 갖고 무슨 짓을 했는지)가 실려 있다.

> 그 방법은 이렇다. 우리는 주로 세례받지 않은 영아들을 잡을 올가미를 설치한다. …… 그리고 저주를 써서 요람에 있는 아기들을 죽이거나, 심지어 부모 곁에서 잠든 아기들을 죽인다. 그래서 나중에 부모가 아기 위에 무엇을 잘못 놓았거나, 다른 원인으로 아기가 자연사했다고 생각되도록 만든다. 그다음에는 은밀히 그 아기들을 무덤에서 꺼내 냄비에 넣어 끓인다. 살이 전부 뼈에서 발라져 나와 쉽게 국물을 마실 수 있게 될 때까지 푹 끓인다. 건더기가 좀 더 남으면 연고를 만든다. 이 연고는 우리의 기술과 쾌락을 돋우는 장점이 있으며, 갖고 다니기에도 좋다.

혐의를 받던 마녀의 고백(대부분은 모진 고문을 통해 받아낸 고백)에 따르면, 아이에게 해를 끼친 사람들은 그 살해한 아기를 갖고 온갖 짓을 다 한다. 끓이기도 하고, 굽기도 하고 그 피를 마시기도 한다. 가장 흔히 하는 짓은, 남은 뼈를 갈아 연고에 넣어 빗자루에 문질러서 그 빗자루가 하늘을 날게 하는 것이다.

아기들을 죽이는 마녀 이야기가 떠오른 것은, 내가 생전에는 한 번도 본 적 없는 죽은 아기에 대한 글을 쓰고 있기 때문이다. 누구나 인생을 새로 시작할 때는 으레 과거는 뒤에 묻어둔다고 생각하게 마련이다. "중세 마녀에 관한 학술적 이론 같은 건 지옥에나 던져버려. 죽음에 관한 너의 철학도 지옥에나 갖다버려. 이 미련한 공부벌레, 아는 척하는 것들아! 아무도 읽지 않을 글 같은 건 더 이상 쓰지 않겠어! 이제 난 현실 속에 살래! 난 힘들게 땀 흘려서 시체를 태우고, 구체적인 결과를 보여주고 있다니까!" 그렇지만 현실에서 과거를 뒤에 남겨둘 도리는 결코 없다. 가엾은 마녀에 희생되어 죽은 아기들이 바로 떠올랐으니 말이다.

앞에서 언급했다시피, 웨스트윈드 화장장 냉동실로 걸어 들어갈 때 처음 눈에 보이는 것은 질서 정연하게 쌓인 갈색 상자들이다. 하나하나 라벨이 붙어 있는 이 상자에는 최근에(때로 그리 최근이 아닐 수도 있다.) 죽은 인간이 들어가 있다. 처음에 알아보기 어려운 것은 성인의 작은 도플갱어 같은 아기들의 비극적인 시신이다. 아기들의 시신은 뒤쪽 구석에 있는 작은 슬픔의 정원 금속 선반 위에 따로 보관되어 있다. 약간 개월 수가 있는 아기들은 짙은 파란 비닐에 싸여 있다. 그 비닐을 걷어내면, 그들은 그냥 아기들처럼 보일 때가 많다. 원뿔 모양의 작은 털실 모자를 쓰고, 가슴까지 늘어진 긴 목걸이를 하고, 벙어리장갑을 낀 아기들. "그냥 좀 자는 거예요……." 그들이 그렇게 차갑지만 않다면 말이다.

갓난아기들(좀 더 정확히 말해 태아들)은 손바닥만큼이나 작다.

잘해봐야 시체가 되겠지만

파란 비닐로 싸기에 너무 작은 그 갓난아기들은 갈색 포름알데 히드가 담긴 플라스틱 통 안에 둥둥 떠다니고 있다. 중학교 과학 실험실에서 봤을 법한 광경이다. 어려운 주제를 에둘러 표현하는 말이 풍부한 영어로는 이런 아이를 '움직이지 않는 채로 태어난 아이(stillborn)'라 부르지만, 다른 언어에서는 좀 더 직설적으로 표현한다. 그들은 대놓고 '사산아(스페인어로는 nacido muerto, 독일 어로는 totgeboren, 프랑스어로는 mort-né라 한다.)'라 부른다.

이런 아기들은 버클리와 오클랜드에 있는 가장 큰 병원에서 화장장으로 보내진다. 아기가 자궁 속에서 죽거나 세상에 태어난 직후에 죽으면, 병원에서는 부모에게 화장을 무료로 하게 해준다. 병원 입장에서 보면 관대한 제안이다. 아기들의 경우 장의사에서 종종 할인을 해주기는 해도, 화장하는 데 수백 달러가 든다. 그렇 다 해도 병원에서 제공하는 무료 화장을 원하는 어머니는 아무 도 없을 것이다.

우리는 아기들을 찾아서 이 작은 정원으로 데려오곤 했다. 어떤 때는 일주일에 서너 번, 어떤 때는 좀 더 많이. 우리가 태아 1인당 얼마씩 받고 화장을 하면, 병원 측에서는 우리에게 그 비 용을 수표로 보내주곤 했다. 성인을 위한 절차와는 달리, 병원에 서는 캘리포니아주가 발급한 영아 사망확인서를 시체가 미처 화 장장에 도착하기도 전에 보내놓곤 했다. 이 덕분에 우리는 아이 를 잃은 어머니에게 관료적인 질문, 예를 들면 "마지막 생리는 언 제였죠? 임신 기간에 흡연을 하셨나요? 하루에 담배 몇 갑을 피 우셨나요?" 등을 하지 않아도 되었다.

한번은 크리스가 샌프란시스코만을 건너 검시관 사무소에 시체를 찾으러 갔을 때의 일이다. 마이크는 그 주에 죽은 아기들을 찾아오기 위해 나를 보낼 거라고 말했다. 나는 아주 구체적으로 지시해달라고 마이크에게 청했다. 이 일은 자칫하면 끔찍하게 망치기 쉬운 것 같았다.

"그냥 밴을 병원 뒤쪽 짐 싣는 곳에 대놓고, 간호사 데스크로 들어가서 아기들을 찾으러 왔다고 해. 거기 서류들과 필요한 것들이 다 있을 거야. 이거 쉬워." 마이크가 장담했다.

10분 후 나는 밴을 병원 뒤 하역장에 세워두고 이송용 침대를 차에서 꺼냈다. 몇몇 아기를 싣기 위해 성인용 이송 침대를 쓰는 것이 약간 우스꽝스러워 보일 수도 있다. 하지만 병원 복도에서 두 팔 가득 죽은 아기들을 안고 가는 것이 별로 좋은 계획은 아니라는 생각이 들었다. 차에 더 들르지 않으려고 식료품을 한꺼번에 너무 많이 들고 나르다가 지쳐버린 엄마처럼, 내가 비틀거리다가 아기들을 떨어뜨리는 모습이 상상되었다.

마이크의 지시에 따르자면, 내가 처음 들러야 할 곳은 간호사 데스크였다. 이때까지만 해도 죽음이라는 주제를 건드리는 것은 내게 아직 힘든 일이었다. 새로운 사람들을 만날 때 나는 본래 따뜻하게 웃으며 말을 거는 편이지만, 아기 시체를 찾으러 온 상황에서는 어떤 미소도 어색하고 부적절해 보인다. "오늘 기분 어떠세요? 난 아기 시체들을 찾으러 왔어요. 그런데 말이에요, 지금 하신 귀고리가 아주 멋지네요." 반대로, 머리를 다소곳이 숙이고 두 손을 포개고서 침울하게 여기 온 이유를 대면, 장의사에서 온

잘해봐야 시체가 되겠지만

으스스한 여자가 되어버린다. 이 사이의 미묘한 균형이 필요하다. 행복하지만, 너무 행복해 보이지는 않게.

간호사들이 상의한 끝에 내가 아기들을 데리고 달아날 만한 권한이 있다고 결정을 내리자, 안전 요원이 나를 병원 안치실로 데려갔다. 안전 요원은 나의 악랄한 의도를 알고 그것을 좌절시킬 것만 같은, 근엄한 여성이었다. 이송용 침대를 몇 번이나 잘못 굴려 벽에 쿵쿵 부딪치고 나서야 엘리베이터에 성공적으로 밀어 넣을 수 있었다. 우리는 어색하게 안치실로 내려가기 시작했다.

안전 요원의 첫 질문은 합리적인 것이었다. "그 침대는 왜 밀어요?"

"음." 나는 대답했다. "아시다시피, 음, 아기들을 위해, 아기들을 꺼내오기 위해?"

그녀의 대답은 빨랐다. "저번에 다른 사람은 작은 상자를 가져오던데요. 그 사람은 어딨어요?"

상자라, 빌어먹을 천재 같으니. 속이 보이지 않고, 휴대 가능하며, 실용적으로 여러 명의 아기를 한꺼번에 운반할 수 있는 상자라니! 마이크는 왜 이 얘기를 하지 않았던가? 난 이미 틀렸다.

안전 요원이 안치실 잠금장치를 풀더니 나더러 들어가라고 하고, 팔짱을 낀 채 그 자리에 서 있었다. 그녀의 불쾌함이 손에 잡힐 듯 느껴졌다. 똑같이 생긴 강철로 된 냉각기를 보니 이중에 아기들이 어디 숨어 있는지 도무지 알 수가 없었다. 나는 너무 괴로웠기 때문에 아기들이 어디 있는지 묻지 않을 수 없었다.

"모르세요?" 그녀의 대답이 돌아왔다. 그녀는 천천히 손가락을 들어 냉장고 하나를 가리켰다. 내가 아기들을 하나씩 꺼내, 가능한 한 무감각하게 이송용 침대에 끈으로 맬 때도 그녀는 계속 지켜보았다. 나는 소리 없이, 나의 죽음 요정이 나타나 마법을 써서 이송용 침대를 상자나 우유병을 담는 판, 아니면 그 무엇으로든 변화시켜, 내가 이 포름알데히드 용액에 담긴 태아들을 이송용 침대에 싣고 홀로 내려갈 필요가 없어지기를 기도했다.

나는 비록 고개는 숙였지만 존엄은 지킨 채로 아기들을 데리고 빠져나갈 수 있을 거라 생각했다. 그때 그녀가 마지막 한 방을 내게 날렸다. "여기다 서명하셔야 되는데요." 내가 잊지 않고 펜을 가져왔던가? 아니, 아니. 안 가져왔다.

펜 몇 개가 요원이 입은 셔츠 주머니에서 삐져나와 있는 것을 보고 내가 물었다. "음, 펜 좀 빌려도 될까요?" 그러자 지금까지 내가 받은 시선 중 가장 비웃는 듯하고 경멸하는 듯한 시선이 돌아왔다. 마치 내가 이 아기들을 일말의 후회도 없이 하나하나 직접 죽이기라도 했다는 듯이.

"그 장갑 좀 벗으시면요." 그녀는 아기들을 집어 나르던 고무장갑을 여전히 끼고 있는 내 손을 보며 말했다.

솔직히 입장 바꿔 말해서, 나라면 내 펜(미국 병원 같은 관료적 조직에서는 꼭 있어야 할 물건)을 방금 아기 시체를 만졌던 여자에게 넘겨주고 싶었을지 확실치 않다. 하지만 그 말을 했던 방식으로 미루어 볼 때, 이 안전 요원이 죽음을 두려워한다는 것은 확실하게 알 수 있었다. 내가 몇 번이나 그녀를 보고 미소 지었는지, 휴 그랜트가 맡은 배역이 그러듯 갈팡질팡 사과를 해가며 나의 신

참 지위를 표현했는지는 중요하지 않았다. 이 여자는 마음속으로 나를 더럽고 비정상적인 사람으로 결론 내렸다. 지하 세계의 시녀 말이다. 안전 요원으로서 맡은 정규적인 업무는 당황스럽지 않았지만, 이렇게 안치실로 오는 것까지는 너무한 임무였던 것이다. 나는 장갑을 벗고, 종이에 서명하고, 아기들을 꺼내 밴에 밀어 넣고서, 마지막으로 내가 이송 침대를 잘 컨트롤하지 못한 데 대해 서글픈 변명을 했다.

영아 화장은 성인 화장과 대부분 같은 방식으로 행해진다. 혹시 이름이 있다면, 우리는 아기들의 이름을 기입했다. 종종 아기들의 이름은 그저 '존슨네 아기' 혹은 '산체스네 아기' 이런 식으로 라벨이 붙여진다. 그들에게 완전한 이름이 있는데, 심지어 원래 이름인 'Caitline'을 잘못 적어 'KateLynne'으로 쓰는 식으로 뭔가 고약한 일이라도 있으면 더 슬프다. 완전한 이름을 보면, 아기가 태어나 가족의 일원이 되기를 그 부모들이 얼마나 바랐는지가 눈에 보이기 때문이다.

아기들을 성인의 경우처럼 불타는 화장로에 깨끗하게 집어넣을 만한 도구는 없다. 당신이 화장로를 작동시키는 직원이라면 그 속에 완벽히 던져야 한다. 당신 손을 떠나 레토르트 천장에서 쏟아지는 불길 속에 영원한 휴식을 취하러 오는 아기, 그 아기가 올바른 장소에 착륙하도록 확실하게 던져야만 한다. 연습을 하면 아주 잘할 수 있게 된다.

아기 화장은 보통 하루 일과가 끝나갈 때 한다. 그쯤 되면 화장하는 방에 죽 늘어선 벽돌들이 너무 뜨거워서 작은 아기들은 가만두어도 저절로 화장이 된다. 마이크가 내게 하루 일과가 끝나기 전에 성인을 화장하는 대신 "아기를 두 명쯤 해치우라."고 요청하는 경우는 흔하다.

성인은 화장 자체와 냉각 과정을 포함하면 재가 되기까지 몇 시간이 걸린다. 아기들은 화장하는 데 20분이면 된다. 나는 어느새 이렇게 목표를 설정하고 있었다. "좋아, 케이틀린. 뭐라고? 지금 3시 15분이라고? 5시 전에 아기 다섯 명은 해치울 수 있을 거야. 자 해보자고, 5시 전에 다섯 명. 그 목표를 달성하는 거야!"

듣기 끔찍한가? 물론이다. 하지만 만약 내가 태아 하나하나, 살고 싶었지만 그 작디작은 삶을 낭비해버린 아이를 두고 슬픔 속으로 빠져든다면, 그만 미쳐버릴 것이다. 그러다 끝내 병원의 그 안전 요원같이 되고야 말 것이다. 유머는 없고 두려움만 가득한 사람.

나는 언제나 좀 큰 아기들, 그러니까 청색 비닐에 싸인 아기들을 포장에서 벗겨내는 게 옳다고 생각했다. 나는 그들을 멍하니 바라보거나 섬뜩한 호기심에 빠지지 않으려 노력하며 포장을 풀었다. 쳐다보지도 않고 그들이 결코 존재하지 않는 것처럼, 그저 의학적 폐기물로서 두 번 다시 생각할 가치도 없는 것처럼 불속에 던져 넣기만 한다면 그건 옳지 않은 일 같다.

나는 시체를 싼 비닐을 풀고 나서 기형의 원색적 놀라움을 마주한 적이 많다. 커다래진 머리, 겹쳐진 두 눈, 씰그러진 입. 계몽주의 시대 이전의 유럽에서, 기형은 온갖 요란한 설명을 불러일으켰다. 그중에는 어머니가 본래 성격이 타락했다거나 어머니

잘해봐야 시체가 되겠지만

와 아버지의 사악한 생각이 합쳐져서 아이가 이렇게 된 것이라는 둥 하는 말이 있었다. 즉 아이의 기형은 부모의 죄를 반영한다는 것이었다.

앙브루아즈 파레는 16세기 중반에 쓴 논문 「괴물들과 신동들」에서, 태어날 때 결함이 있는 이유를 길게 열거했다. 신의 분노, 정액의 과다, 자궁의 문제, 어머니의 지나친 탐욕 등이었다. 지금 보면 말도 안 되는 이유들이다. 임신 중에 심각하게 약물을 남용한 것을 '지나친 탐욕(이 표현은 정말 이를 완벽하게 서술한 것일지도 모른다.)'이라고 본다면 모를까.

이런 아기들 중 대다수는 부모가 원치 않았던 아기들이었던 것이 뻔했고, 그들은 존재만으로도 짐이었다. 그들 모두가 부모의 눈에 넣어도 안 아픈 자식이었는데, 태아에서 아기가 되는 생물학적 여행의 어느 지점에서 우연히 잘못된 것만은 아니다. 오클랜드는 캘리포니아주 중에서도 전반적으로 빈곤율이 높다. 마약도 있고 갱도 있다. 온갖 피부색을 가진, 온갖 인종의 아기들이 죽어서 웨스트윈드로 온다. 오클랜드의 많은 공동체에서 범죄 행위가 일어나기 때문이다.

기형아들은 일그러진 이목구비로 사람을 올려다본다. 그들이 과연 생물학의 잔인한 변덕의 희생자인지 아니면 배 속에 아이가 자라고 있어도 중독과 생활방식을 바꿀 수 없었던 어머니가 낳은 아이인지 나는 항상 궁금했다. 때로 화장 몇 달 후, 여러 번 전화를 걸어봐도 아무도 아기의 재를 찾아가겠다고 하지 않을 때면 감이 오긴 했지만, 둘 중 어느 쪽이 맞는지 짐작하려 해봤자 소용없었다.

나는 딱 한 번 운 적이 있다. 좀 나이가 있는 영아였다. 어느
날 오후, 현재 내가 맡은 시신들이 화장되고 있는 동안, 혹시 내
가 할 일이 있는지 마이크에게 물어보려고 사무실로 들어갔다.
그는 이렇게 대답했다. "아마 당신은 할 수 있을 거야……. 음, 뭔
지 알지. 걱정 마."

"잠깐, 걱정 말라니, 그게 무슨 소리죠?" 내가 물었다.

"가서 그 아기의 머리카락을 잘라줘야 한다고 말하려고 했지
만, 걱정 마. 그 일을 시키진 않을 테니."

"아뇨, 난 할 수 있어요!" 내가 죽음을 용감하게 받아들인다
는 것을 아직도 미칠 듯이 증명하고 싶은 마음에 말했다.

그 아기는 여자애였는데 생후 11개월에 심장 결함으로 죽었
다. 몸무게도 무겁고, 이 세상 사람이라고 완전히 인식될 만했다.
부모는 화장하기 전에 아이의 머리카락을 갖고 싶어 했다. 추측
건대 빅토리아 시대 스타일로 목걸이나 반지 속에 머리카락을 넣
어 간직하려는 것 같았다. 나는 고인의 머리카락으로 아름다운
보석이나 기념물을 만드는 방식을 무척 좋아했다. 세월이 가면서
우리는 어디에선가 그 전통을 잃어버렸고, 지금은 고인의 몸에서
어느 한 부분을 간직한다는 것을 징그럽게 여긴다. 비록 머리카
락처럼 무해한 것이라 할지라도 말이다.

나는 아이의 머리에서 흘러내린 아주 작은 금발 곱슬머리를
자르기 위해, 그 작은 몸을 두 팔로 부드럽게 안아 올렸다. 나는
자물쇠를 봉투에 넣고 나서, 아기를 화장로에 넣으러 걸어갔다.

화장로 앞에 서서 그 아이를 안에 넣으려 하니 갑자기 눈물이 나기 시작했다. 효율이 중요한 이 업계에서는 드문 일이었다.

왜 특히 이 아기 때문에 그런 비통한 마음이 들었을까?

아마 내 손으로 머리를 깎아주고 담요에 싸서 아기를 화장로의 불 속에 넣으려는 찰나, 내가 가상의 어떤 장소에서 신성한 의례를 행하고 있다는 생각이 들었기 때문일 것이다. 젊은 여성 하나를 뽑아 죽은 아기들을 모아 오고, 그 머리를 깎아주고, 사회의 안녕을 위해 태우는 장소.

어쩌면 그 아기가 유난히 예뻤기 때문인지도 모른다. 입술은 작은 활 모양에, 통통한 두 볼을 지닌 그 아기는 여러모로 1950년대 이유식 브랜드 '거버' 광고에 나오던 아기 모델같이 보였다. 죽어서도 거버 상표에 나오는 아기처럼 보이는 게 가능한 일이었다.

어쩌면 그 아기는 내가 울어주지 않은 다른 모든 아기들의 상징이 되었던 건지도 모른다. 5시가 되기 전에 시신 다섯 구를 화장해야 하는 내 소임을 다하다 보면, 시간적인 여유가 없어서 울어주지 못한 아기들 말이다.

아니면 그 아기의 푸른 눈을 보니, 나 자신의 약간은 원초적이고 자아도취적인 면이 환기되었기 때문인지도 모른다. 어쨌든 난 화장을 '당하'는 게 아니라 화장을 '하기' 위해 살아 있으니 말이다. 내 심장은 뛰고 있지만 그 아기의 심장은 뛰지 않았다.

비록 머뭇거리기는 했지만, 마이크가 아기 머리 밀어주는 일을 나에게 대신 시킨 이유를 알 것 같았다. 마이크에게는 아들이 있었다. 천사 같은 다섯 살짜리 아이였다. 아이들을 화장하는 과정은 스물세 살의 아이 없는 나에게도 힘든 일이지만, 자식 사랑이 가득한 아버지에겐 정말 고문일 터였다. 한 번도 그런 말을 하지는 않았지만, 그의 직업적인 가면에 아주 미세하게 금이 갈 때면 그도 심적으로 영향을 받고 있는 게 보였다.

난 마이크가 피도 눈물도 없는 사람이라고 여러 달 동안 믿어왔다. 그러나 내 머릿속에서 상상했던 식인귀 마이크는 실제의 마이크와 비슷한 점이 없었다. 실제의 마이크에게는 뉴에이지를 좋아하는 글래디스라는 이름의 부인이 있으며, 사랑스러운 아들도 있고, 집 뒤뜰에는 유기농 텃밭도 있었다. 그는 몇 년간 망명자들의 사면을 위해 일하다가 이 화장장에 일자리를 얻었다. 나는 그를 식인귀처럼 보았다. 왜냐하면 내가 아무리 열심히 일해도 그는 여전히 근엄한 얼굴로 내 노력에 대해 눈썹 하나 까딱하지 않고 있었기 때문이다. 비록 마이크가 내게 부정적인 피드백을 준 것은 아니었지만, 피드백이 없다는 것은 불안한 밀레니얼 세대에게 상처가 되는 일이었다. 나 같은 약골은 이 일을 할 수 없으며, 진짜 죽음 앞에 있는 것은 너무나 절망이기 때문에 결코 감당할 수 없을 것 같은 두려움을 나는 그에게 투사했다

나는 브루스에게 왜 마이크가 아기들을 처리하지 않으려 하는지 물어보았다. 그런 질문을 하다니, 미친 거 아니냐는 표정으로 그는 나를 쳐다봤다. "음, 그래. 마이크는 당신이 그 일을 해주기를 바라는군. 그는 아이가 있잖아. 당신은 아이가 없고. 그 아기를 보면 자기 아이가 보이는 거지. 나이가 들면 죽는다는 사실

이 슬슬 실감 나기 시작하는 거야. 조심해, 아이들은 부모를 귀찮게 하거든. 그건 부모가 늙어서도 마찬가지야." 그가 경고하듯이 말했다

거버 아기의 화장이 끝났을 때 남은 것이라고는 조그만 무더기를 이룬 잿더미와 뼛조각뿐이었다. 화장한 어느 아기나 마찬가지지만 말이다. 아기 뼈는 너무 작아서 어른이 쓰는 것과 같은 뼈 가는 도구에 넣어 가루로 만들 수가 없다. 그러나 문화적인 기대(또 다시 나오지만, 법규)가 요구하는 바에 따르면, 누가 봐도 확실히 뼈라고 할 수 있는 것을 작은 봉지에 담아 부모에게 돌려줄 수는 없다. 그러니 뼈들을 냉각한 다음, 아기들 하나하나를 따로 손으로 '작업'해야 한다. 아주 작은 막자 같은 작은 금속으로 된 물건을 써서 그 아기들의 작은 대퇴골과 두개골 조각들을 자디잔 가루가 될 때까지 간다. 이렇게 해서 얻은 뼛가루는 보통 어른을 화장한 유해가 한 컵이라면 그것의 8분의 1도 안 된다. 하지만 부모들은 그것을 묻을 수도 있고, 소형 납골함에 넣을 수도 있고, 뿌리거나 손에 담아 간직할 수도 있다.

나는 죽은 영아들을 굽고 그들의 뼈를 간다는 혐의를 받은 중세 마녀들에 대한 논문을 썼었다. 그로부터 1년 후, 나는 글자 그대로 영아들을 굽고 뼈를 갈고 있다. 마법을 쓴다는 혐의를 받은 여자들의 비극은, 실은 그들이 아기들의 뼈를 갈아 오밤중에 악마의 축제로 날아가는 데 도움을 받은 적이 없다는 것이다. 하지만 그들은 어쨌든 그 혐의로 부당하게 죽었다. 산 채로 기둥에 묶여 화형을 당하기도 했다. 반면 나는 아기들의 뼈를 갈았으나,

잘 보살펴주고 염려해줘서 고맙다고, 가엾은 부모들이 내게 감사
까지 하는 일이 많았다.

　세상은 이렇게 변하는 것이다.

　　　　　　　　　　　　　　　　　　　　　잘해봐야 시체가 되겠지만 ──────

직접
화장

마크 응우옌이 죽었을 때, 그는 겨우 서른 살이었다. 아들의
시체가 샌프란시스코 법의관 사무소에서 해부를 기다리며 냉장
상태에 있을 때, 그의 어머니가 화장 문제를 처리하러 웨스트윈
드에 왔다.

"사망진단서를 떼려고 여쭤보는 건데요. 마크는 결혼했나
요, 응우옌 부인?"

"아뇨, 결혼 안 했어요."

"아이는요?"

"아뇨, 없었어요."

"그럼 고인이 가장 최근에 가졌던 직업은 뭐죠?"

"아뇨, 그 애는 이렇다 할 직업이 없었어요. 한 번도 일한 적이 없거든요."

"유감이네요, 응우옌 부인."

서른 살 된 아들이 죽었으니, 그 부인의 마음은 당연히 엉망일 거라고 생각하며 나는 말했다.

"오, 아가씨," 그녀가 체념한 듯이 머리를 절레절레 흔들며 말했다. "믿기지 않겠지만, 그 아이에게는 잘된 일이에요."

응우옌 부인은 아들을 위한 애도를 오래전에 마쳤다. 아들이 처음 마약에 손을 대고, 감옥에 가고, 첫 번째, 두 번째 …… 여섯 번째 재범을 했을 때, 마크의 종적이 묘연해질 때마다 어머니는 약물 과용을 걱정했다. 그러다 바로 이틀 전에 어머니는 죽은 마크를 샌프란시스코의 한 허름한 모텔 방바닥에서 발견한 것이다. 아들의 시체를 발견한 어머니는 이제 더 이상 걱정할 필요가 없었다. 그녀가 품었던 최악의 두려움이 현실이 된 것이다. 그리고 이제는 걱정에서 놓여났다.

화장 비용을 치를 시간이 되자, 응우옌 부인은 내게 신용카드를 건넸다가 다시 거둬들이며 말했다. "잠깐만요. 자요, 아가씨. 아까 것 말고 이 카드로 해주세요. 이걸 쓰면 항공사 마일리지가 적립되거든요. 최소한 마크가 내게 몇 마일은 벌어준 셈이네요."

"어디 열대 지방에라도 한 번 다녀오셔야겠네요." 나는 생각 없이, 마치 그 어머니가 여행사에 오기라도 한 것처럼 내뱉었다. 어쨌든 아들이 지저분한 모텔 방에서 죽은 것을 발견한 엄마라면, 열대 칵테일 한 잔쯤은 마실 자격이 있지 않겠는가?

잘해봐야 시체가 되겠지만

"그것도 좋을 것 같네요, 아가씨." 그녀가 영수증에 서명하면서 말했다. "난 언제나 하와이에 있는 카와이 섬에 가보고 싶었답니다."

"전 원래 오아후 섬 출신이지만 나중에 하와이 본섬의 힐로 쪽을 정말 좋아하게 됐죠." 하고 나는 대답했다. 우리는 하와이 섬 이곳저곳의 장단점에 관해 자연스러운 대화를 나누기 시작했다. 아들 마크의 화장 비용 마일리지를 써서 응우옌 부인이 방문할 수 있는 곳에 대해서 말이다.

응우옌 부인은 내게 항공 마일리지 적립을 요구한 첫 고객이지만, 웨스트윈드 화장·매장 회사는 기술과 죽음을 합치는 일에 낯설지 않았다. 웨스트윈드의 차고에 들어서면 납골함이 쌓인 벽 위에, 베이사이드 화장 회사의 사업허가서가 걸려 있다. 물론 그 차고는 주소상으로는 다른 곳에 있고, 베이사이드 화장 회사는 기술적으로 다른 사업이지만 두 회사는 같은 시설에서 운영되었다. 베이사이드가 다른 점은 인터넷으로 화장을 주문하는 최첨단 선택지를 제공한다는 점이다.

만약 당신의 아버지가 지역 병원에서 돌아가신다면, 베이사이드 화장 회사의 웹사이트에 들어가서 아버지 시신이 있는 지역을 입력하고, 소정의 서식을 인쇄하고, 거기에 서명하고 팩스로 서류를 보내고, 신용카드 번호를 웹사이트에 입력하면 된다. 이 모든 과정에서, 실제로 사람을 만나 이야기를 나눌 필요는 없다. 당신이 원한다고 해도 실제로 만나 이야기를 나누는 것이 허용되지도 않는다. 모든 질문은 이메일로 보내면 된다. 그러면 2주 후,

집의 초인종이 울리고 집배원이 등기우편으로 아버지의 재를 건네줄 것이다. 장의사도, 슬픈 얼굴도 필요 없고, 아버지의 시체를 마주할 필요조차도 없다. 이 모든 것을 피하는 데 저렴하게 단돈 799.99달러면 된다.

유념하시라, 무대 뒤도 별반 다르지 않다. 이 경우에도 여전히 크리스나 내가 시체를 찾으러 갔고, 여전히 우리가 사망확인서를 철했고, 여전히 같은 화장로에서 화장을 했다. 베이사이드 화장 회사는 웨스트윈드에서 직접 화장하는 모델(사실 이 경우도 이미 인간적 상호작용은 거의 없다.)에서 대면 서비스를 제외한 모든 것을 제공했다.

우리 화장장의 방부처리사 브루스는 실제 살아 있는 인간이 죽은 인간을 보살펴야 할 필요성에 대해 강력한 의견을 갖고 있었다. "봐봐, 케이틀린, 컴퓨터는 시체를 화장할 수 없다고." 그는 웨스트윈드에 오기 전 다른 화장 시설에서 일한 적이 있는데, 거기서는 직원들이 컴퓨터로 타이머에 맞추어 화장로를 끄게 되어 있었다. "효율성인지 뭔지를 높이려면 그게 좋은 아이디어라고 생각하겠지? 하지만 시체가 그 안에 제대로 놓이지 않으면 제대로 굴러가지 않아. 기계가 '딩동, 화장이 완료되었습니다!' 이래도 열어보면 시체는 아직 화장이 덜 된 거야. 반쯤 타다 만 시체가 들어 있는 거지. 컴퓨터로 하면 그렇다니까, 이 사람아."

베이사이드 화장 회사를 선택한 유가족의 대부분은 최저가로 시신을 처리할 곳을 찾고 있었다. 이미 오래전 연락이 끊긴 65세 처남의 시신이라 할지라도, 캘리포니아주에서는 법적으로 그들을 유가족으로 보고 화장 비용에 대한 지불을 요구하기 때문이다. 마크 응우옌은 베이사이드 화장 회사에 가야 할, 가장 알맞은 경우였을 것이다. 그가 오랜 기간 마약 중독자로 사는 동안, 그의 어머니는 실제로 아들이 죽기 한참 전에 이미 마음속에서 그를 묻어버렸다. 하지만 마음이 흔들리는 경우도 있다. 베이사이드에서 화장한 어떤 남자는 겨우 스물한 살이었는데, 당시의 내 나이와 비슷했다. 21년이란 신세를 망치기에 충분한 시간이지만, 아주 실패자가 되기엔 충분한 시간이 아니다.

부모님이 내가 죽었다는 소식을 듣는 장면을 상상해본다. 어머니가 아버지를 돌아보며 말한다. "여보, 케이티를 온라인으로 싸게 화장할 곳을 찾을 수 있을까? 지난주에 온라인으로 중국 음식 주문하는 게 얼마나 쉬웠는지 기억나요? 소중한 자식에 관한 어떤 질문이나 걱정도 실제의 인간과 나눌 필요가 없으니, 인터넷에서 선택하는 게 확실히 낫겠어요."

내가 만약 젊은 나이에 죽는다면 시체가 과연 잘 보살펴질 것인지 의문이 들기 시작했다. 베이사이드 화장 회사라니, 생각만 해도 외로움이 밀려왔다. 페이스북 친구라면 누구나 내 앞에 놓인 니스식 샐러드를 찍은 사진에 '냠냠!'이라는 댓글을 삽시간에 달아줄 수 있겠지만, 누구 하나 선뜻 나서서 내가 죽는 순간 눈썹에서 흘러내린 땀이나 내 시체가 지린 똥을 닦아주지는 않을 거라는 생각을 하니 마음이 무거워졌다.

나의 일은 베이사이드 화장 회사의 재들을 잘 싸서 부치는 것이었다. 미국의 우체국에서는 납골함을 특정한 방식으로, 두꺼운 갈색 테이프로 모든 면을 단단히 감싼 다음, 40개쯤 되는 별도의 라벨을 붙인 것처럼 보이게 포장해야 한다는 규칙이 있었다. 보낼 준비를 마친 소포가 여러 개 쌓이면, 나는 그것들을 덜 컹거리며 우체국에 가져가서 카운터에 그 납골함들을 올려놓곤 했다. 카운터 너머의 나이 든 아시아인 여직원은 '인간의 잔해'라는 도장으로 상자를 도배하면서 나를 향해 머리를 절레절레 흔들었다.

"보세요, 유해를 소포로 받아보길 원하는 것은 유가족들이에요. 규칙을 만드는 사람은 내가 아니라고요!" 내가 항변했다.

그래도 그 비판적인 표정은 부드러워지지 않았다. 그녀는 그저 쾅, 쾅, 쾅 도장만 내리찍을 뿐이었다.

내용물을 밀봉하고 상자에 넣어 요새처럼 단단히 테이프를 붙여서 소포를 보내도, 가족 구성원 중에는 이것이 안 좋은 상태로 도착했다며 우리를 설득하려고 하는 사람이 여전히 있다. 장의사에 비용을 안 내려는 꼼수다. 펜실베이니아에 사는 어떤 신사는 자기 형제의 유골이 도착했을 때 포장에서 유해가 실제로 새고 있었다고 주장했다. 그 상태에서 컨버터블 뒷좌석에 납골함을 싣고 고속도로를 내달렸더니 재가 공중에 흩어져버렸다며 변상을 요구했다. 「위대한 레보스키」®에 대한 오마주는 잘 알겠지만, 우리에게 항의하는 그 사람에게 납골함을 어떻게 포장하는

®   로스앤젤레스 주변에 사는 건달들의 삶을 애정을 담아 묘사한 코미디 영화.

지 말해주니, 그는 비로소 이야기 꾸며내기를 단념하고 고소하겠다는 협박을 중단했다. 우리는 그가 심지어 우체국에 가서 그 소포를 찾은 적도 없다는 사실을 알아내기까지 했다.

인터넷을 통해 베이사이드 화장 회사에 요청이 들어 오면 특별한 팩스 소리가 들렸다. 그 소리는 웨스트윈드 직원들로 하여금 파블로프의 개 같은 자동 반응을 이끌어냈다. 왜냐하면 온라인 화장 100건을 최초로 달성하면 회사에서 직원들에게 칵테일 파티와 저녁 식사를 제공하기로 약속했기 때문이다.

어느 화요일 아침, 팩스 소리가 울렸다. 크리스가 일어서서 평소처럼 투덜대며(칵테일 파티를 포함한 모든 모임은 그에겐 전혀 내키지 않는 일이었으므로) 그 팩스 종이를 뽑으러 갔다.

"오, 이런 일이. 캣, 아홉 살 여자애래."

"잠깐만, 크리스. 뭐라고요?"

"아홉 살이라고."

"아홉 살?" 나는 끔찍해하며 물었다.

"이름이 뭔데요? 제시카?"

"애슐리." 크리스가 고개를 절레절레 흔들면서 말했다.

"세상에."

애슐리라는 이름의 아홉 살짜리 소녀, 이제 막 초등학교 3학년을 마친 이 소녀가 방금 병원에서 죽었는데, 그 부모들은 딸의 시체를 병원에 남겨둔 채 집에 가서 신용카드 번호를 웹사이트에 쳐 넣었고, 2주 후 우편으로 딸이 상자에 담겨 나타나길 기다린다는 것이었다.

나는 전화로 애슐리 어머니와 통화를 마쳤다. 왜냐하면 아무리 많은 이메일을 주고받았어도 그녀가 준 신용카드 번호로는 결제가 되지 않았기 때문이다. 마침내, 그녀가 백화점 카드로 화장비용을 결제하려고 노력해온 것으로 판명났다. 시어스 백화점이 언젠가 이와 똑같은 원클릭 화장 서비스를 제공하지 않으리라고 정말 누가 장담할 수 있을까? 백화점이 그런 서비스를 제공한다면, 분명 화장을 미화하는 '열분해 처리' 같은 말을 써서 실제로 그들이 하는 일의 정체를 감추려 할 것이다. 어쩌면 애슐리의 가족 구성원들은 내가 지레 짐작한 것처럼 생각 없는 사람들이 아니라, 미래의 죽음을 내다본 선각자들일지도 모른다.

아홉 살짜리 소녀가 마술처럼 깔끔하고 조그만 유골 상자로 바뀔 수 있다는 생각은, 우리 미국 문화를 생각해보면 참 무식하고 창피한 것이다. 이건 마치 다 큰 어른이 아기는 황새가 물어다 줘서 생기는 거라고 생각하는 것이나 마찬가지다. 하지만 웨스트윈드의 대표인 조는 베이사이드 화장 회사가 염가로 죽음을 처리하는 미래의 모습이라고 생각했다. 캘리포니아주가 죽음의 미래를 목격한 것이 아마 그때가 처음은 아니었을 것이다.

로스앤젤레스 바로 북쪽에 글렌데일이라는 소도시가 있다. 이 도시는 실로 다양한 것들의 고향이라 할 수 있다. 미국에서 아르메니아인이 가장 많은 도시로 알려진 곳이기도 하고, 배스킨라빈스 아이스크림 체인점의 탄생지이며, 논란의 여지는 있지만 세계에서 가장 중요한 묘지 중 하나인 '포리스트 론'이 있는 곳이기도 하다. 포리스트 론은 그냥 평범한 묘지가 아니라, 방대하고 굴곡진 언덕이 있고 묘비가 하나도 보이지 않는 이른바 '추모 공원'이다. 거기 세워진 흙집을 보면 누가 할리우드 유명 인사인지 알 수 있다. 클라크 게이블, 지미 스튜어트, 험프리 보가트, 냇 킹 콜, 진 할로, 엘리자베스 테일러, 마이클 잭슨, 심지어 월트 디즈니(소문과는 달리, 그는 극저온 냉동 처리되지 않았다.)도 있다.

1906년 세워진 포리스트 론은 1917년 휴버트 이턴이라는 이름의 새 대표를 맞았는데, 이 사람은 칙칙한 유럽의 죽음 모델을 아주 싫어하는 사업가였다. 새롭고 낙관적이고 미국적인 '추모 공원'을 만들어 전통적인 묘지들, 그가 "사람을 우울하게 하는 채석장"이라 부른 묘지들에 대해 전면전을 선포하자는 것이 그의 비전이었다. 이턴은 포리스트 론의 묘비들을 치우고 평평한 널돌에 인적사항이 새겨진 표시판으로 대체했다. 그는 "누구도 묘지를 묘비로 손상시키기를 원치 않을 것이다. 그것은 모든 것을 망친다."라고 생각했기 때문이었다. 이턴은 그가 '소리 없는 영업자들'이라 부른 미술 작품과 조각품을 세워 포리스트 론의 땅을 어지럽혔다. 그가 처음 구입한 주요 작품은 '오리와 아기'라 불리는 조각 작품인데, 발가벗은 아기를 오리 새끼들이 둘러싸고 있는 것이다. 포리스트 론의 예술적 구입품이 늘어남에 따라 그는 '안에서 나오는 기쁨과 희망의 빛으로 가득 차서 위쪽을 쳐다보는 그리스도' 그림을 그려줄 수 있는 이탈리아 예술가에게 100만 리라를 투자했다. 좀 더 구체적으로 말하자면, 이턴은 '미국인의 얼굴을 한 그리스도'를 원했던 것이다.

이턴은 독창적이고 낙관적인 장의사였다. 그의 목표는 "모든 조문의 표시를 지워 없애는 것"이었다. 미국 장의업이 가장 좋아하는, 죽음을 부정하는 완곡한 어구 중 몇 가지는 포리스트 론에게서 나온 것이다. 죽음은 '고별'이 되고, 시체는 '사랑했던 사람', '유해' 또는 '아무개 씨'가 되어, 정교한 방부처리를 거치고 화장이 더해지고 나면 가구가 잘 갖춰진 개인별 '수면실'에서 매장을 기다린다.

1959년 《타임》의 기사에서는 포리스트 론을 '죽음의 디즈니랜드'라고 부르며, 이턴을 자기 직원들로 하여금 기도로 하루를 시작하게 하며 "그들이 불멸을 팔고 있다는 사실"을 일깨우는 사람으로 묘사했다. 물론 불멸을 구입할 수 있는 사람에는 제한이 있다. 위의 기사에는 이렇게 나와 있다. "유감이지만 흑인들과 중국인들은 거절한다."

포리스트 론은 "어떻게 해서든 아름다운 죽음을 만든다."는 공격적인 정책으로 잘 알려져 있다. 영국의 작가 이블린 워는 시 「사랑하는 사람들」에서 이를 풍자했다. 워는 이 시에서 이턴의 호화 방부처리 군단이 포리스트 론에 들어오는 모든 시체를 어떻게 만들었는지를 말한다. "포름알데히드 용액에 절여진 채 매춘부처럼 얼굴에 울긋불긋 색칠을 하고 / 그 타락시킬 수 없는 새우빛 나늘 핑크색, 일찍이 잃거나 없어진 적 없는."

휴버트 이턴은 독재자답게, 자기의 아름다운 죽음에 대한 계획을 실행했다. 그는 피고용인들(이턴의 결정에 따라 고용된 사람들)에게 '창립자'로 알려져 있다.(이것을 보니 조수들이 '의사 선생님'이나 '웡

잘해봐야 시체가 되겠지만 ———

박사님'이라고 부르지 않고 그저 '박사님'이라고만 불렀던, 중학교 때 치과 교정의사에 대한 초현실적 명명법이 생각난다. 그 뒤로 오랜 세월이 흘러 내이가 구부러진 원위치로 되돌아간 지 오래지만, 그 호칭만은 아직도 내 마음에 새겨져 있다. "박사님께선 잠시 후 오실 겁니다."라든가 "거기에 대해 어떻게 생각하시는지 박사님께 여쭤봐야겠네요."라든가.)

포리스트 론의 영향에 적잖이 힘입어, 1950년대는 장의업의 전성기라 할 만한 시기였다. 남북전쟁이 끝나고 90년간, 장의사들은 이 직업에 대한 대중의 인식을 바꾸는 데 성공했다. 그들은 다른 일로 수입을 보충해야만 하는, 관 짜서 먹고사는 지역 주민에서 '공중보건을 위해' 시체를 방부처리하고 유가족을 위해 예술적인 시신 전시법을 창출하는, 고도로 숙련된 의학 전문가로 격상되었다. 전후의 경제 부흥으로, 사람들이 죽은 이웃과도 연락을 끊지 않을 정도로 맘대로 쓸 수 있는 수입이 생겼다는 것은 전혀 나쁜 일이 아니었다.

2차 세계대전이 끝난 뒤 근 20년이 넘도록, 미국 전역에서 화장의 비율은 놀랍게 낮은 3~4퍼센트대를 오갔다. 번쩍번쩍 윤기나는 캐딜락 스타일의 관과 꽃 장식과 방부처리, 잘 꾸며진 장례식으로 이웃 사람들에게 잊지 못할 인상을 남길 수 있는데 무엇때문에 화장(火葬)을 하고 싶어 하겠는가? 연한 색 베개를 베고 얇게 비치는 가운을 입고 잘 손질되어 둥글게 부푼 머리 모양을 하고서, 머리를 아래쪽으로 하고 무덤 속으로 들어가는 방부처리된 시체는 그야말로 예술이었다. 그것은 순수한 키치요, 전후(戰後) 미학과도 완벽하게 맞아 떨어졌다. 미국의 화장업을 연구한 종교학 교수이자 학자인 스티븐 프로세로는 이렇게 설명했다. "1950년대는 천박함이 넘치는 데에 절호의 기회였다."

그러나 '절호의 기회'는 영원히 지속될 수 없었고, 1960년대 초쯤에는 미국 소비자들이 장의업의 말도 안 되는 고가에 사기를 당한다고 느끼기 시작했다. 일단 장의사가 공동체에서 올바름을 상징하는 기둥처럼 된 곳에서, 사람들은 어쩌면 장의사들이 슬픔에 빠진 가족들을 등쳐 먹는 파렴치한 돌팔이 사기꾼들일지도 모른다는 의심을 하기 시작했다. 현 상태의 장례에 대해 반기를 든 운동의 주도자는 이론의 여지 없이 제시카 미트포드라는 여자였다.

미트포드는 작가이자 기자로, 영국의 귀족 가문에서 태어났는데 가족들이 모두 거칠고 괴짜 같았다. 자매가 넷 있었는데 넷 다 유명했다. 그중 하나는 나치 동조자이자 '히틀러의 절친'이었다. 미트포드는 크리스토퍼 히친스부터 마야 앤젤루까지 여러 사람에게 영향을 주었다. J. K. 롤링은 작가로서의 자기에게 가장 영향을 준 사람으로 미트포드를 꼽았다.

1963년에 미트포드는 『미국의 죽음 방식(*The American Way of Death*)』이라는 책을 썼는데, 이 책은 장례를 주도하는 사람들에게 전혀 우호적인 책이 아니었다. 열성적인 공산당원이었던 미트포드는 장례를 주도하는 사람들이 "미국의 대중에게 거대하고 음울하며 값비싼 현실적 농담을 퍼뜨리는 데" 성공한 탐욕스러운 자본주의자들이라고 믿었다. 이 책은 대단한 베스트셀러로,《뉴욕 타임스》베스트셀러 목록에 몇 주간 올라 있었다. 미트포드는

잘해봐야 시체가 되겠지만

자기 책에 대한 반응으로, 장의업에 속았다고 느낀 시민들로부터 편지 수천 통을 받았다. 값비싼 장례에 초점을 맞추는 것이 '이교도적'이라고 보는 그리스도교 성직자들이 미트포드의 뜻하지 않은 아군이 되었다.

미트포드는 포리스트 론의 휴버트 이턴이 "아마 현대의 묘지 산업 트렌드에는 어느 누구보다도 큰 영향을 미쳤을 것"이며 그래서 그는 자기가 가장 싫어하는 장의업계 인물이라고 마지못해 인정했다.

포리스트 론과 비슷한 류의 추모 공원이 만들어낸 악에 저항하기 위해 미트포드는, 자기가 죽으면 값비싼 '전통적' 장례 절차를 포기하고 대신 저렴한 화장을 선택하겠다고 말했다. 1963년은 화장의 해였다고 할 만하다. 『미국의 죽음 방식』이 1963년 나왔는데, 그해에 교황 바오로 6세는 당초의 결정을 뒤집고 가톨릭에서는 화장을 수용한다고 선언했다. 이 두 요소로 말미암아 미국 전국의 죽음 트렌드는 화장 쪽으로 쏠리게 되었다. 이 책이 나왔을 때, 미국인 대다수는 방부처리 후 매장하는 것을 선택하고 있었다. 그러나 미트포드의 책이 나오고 나서 몇 년 후에는 화장 비율이 꾸준히 올라갔다. 사회학자들은 앞으로 10년이면 미국인 대다수는 아닐지라도 50퍼센트는 화장을 택하게 될 거라고 예측했다.

미트포드가 1996년에 죽자, 남편이 생전의 요청대로 아내의 시신을 바로 '직접 화장'시켰다. 불필요한 절차가 생략되고 장례식도 없고 가족들이 참관하는 것도 아닌 이 화장에 든 비용은 단돈 475달러였다. 그녀의 재는 자동 분해되는 일회용 비닐 납골함에 담겨 안치되었다. 미트포드가 보았듯이, 직접 화장은 세상을 떠나는 현명하고 저렴한 방법이었다. 장의업에 오래 종사한 사람들(대부분 남성들)은 이런 유형의 직접 화장을 가리켜 "구워 흔들기"라거나 "직접 폐기"라고 한다. 미트포드의 마지막 부탁은 그녀가 상징하던 모든 것을 싫어한 이 집단을 마지막으로 한 번 더 비꼬는 것이었다.

미트포드는 어릴 때는 비록 영국에서 자랐지만, 재혼한 남편은 미국인이었고 이들 부부는 캘리포니아주 오클랜드에 살았다. 그러니 어디서 이 475달러짜리 직접 화장을 했겠는가? 바로 유서 깊은 웨스트윈드 화장·매장 회사에서였다. 크리스가 직접 그 시체를 가지러 갔다.

제시카 미트포드를 재로 만든 바로 그 화장로를 가동시키는 사람으로 일했다는 사실 때문에 나는 죽음의 역사에서 내가 차지한 작은 자리에 스스로 만족했다. 나는 미트포드처럼 내가 옛날 방식의 성대하고 비싸고 전통적인 장례에 찬성하지 않는다는 것을 알고 있었다. 비록 브루스는 티 나게 방부처리 기술에 열의를 보이지만, 나는 끝도 없는 시체 보존 기술에 정신이 팔리지 않았다. 미트포드가 방부처리라는 "포름알데히드 커튼"을 걷어내고, 무대 뒤에서 일반적으로 망자에게 일어나는 일, 즉 "짧게 순서를 간추리자면, 스프레이를 뿌리고, 잘게 자르고, 구멍을 뚫고, 절이고, 팔다리를 움직이지 않게 묶고, 불필요한 부분을 잘라내 다듬고, 크림을 바르고, 밀랍을 칠하고, 색칠을 하고, 입술연지를 바르고, 깨끗한 옷을 입혀서 망자가 평범한 시신에서 '기억할 만한 아름다운 그림'으로 변모"하는 과정을 대중에게 보여준 것은 감탄할 만한 일이었다.

미트포드는 생생한 세부사항들까지 거리낌 없이 묘사했다. 심지어 이 책을 처음 펴낸 출판사에서는 그녀가 "방부처리 과정의 질척하고 세부적인 것들까지 너무 깊게 파고들어 책이 팔리기 힘들 것"이라고 경고했다. 결국 미트포드는 출판사의 마음을 자기를 믿는 쪽으로 돌려 자기가 원하던 방향으로 나아갔다.

하지만 웨스트윈드에서 오래 일하면 할수록, 내가 미트포드와 완전히 생각이 같은 것은 아님을 알게 되었다. 비록 그녀에게 의문을 제기하는 것이 일종의 배신처럼 느껴지기는 했지만 말이다. 어쨌든 그녀는 논란의 여지없이 대안 장의업계의 여왕이요, 소비자를 사랑하는 십자군이었다. 만약 방부처리와 값비싼 장례가 나쁘다면, 그렇다면 단순하고도 감당할 수 있는 장례를 하자는 그녀의 호소는 반드시 좋은 것인가?

그럼에도 나는 직접 화장이라는 오직 한 가지 방식에 바탕을 둔 죽음 문화에 대해서는 뭔가 석연찮은 것을 발견했다. 비록 웨스트윈드가 방부처리와 매장도 제공한다지만, 사업을 이끌어가는 원천은 직접 화장이었다. 즉 1000달러도 안 되는 돈으로 시신을 재로 만드는 것이다. 베이사이드 화장 회사와 인터넷 서비스는 그나마 있던 장례지도사마저 필요 없게 만든다는 점에서 미트포드의 최대 원군이었다.

내가 복사한 1998년 개정판 『미국의 죽음 방식』 책 표지에서 미트포드는 묘의 위쪽 길가에 앉아 있다. 그녀는 실용적인 정장을 입고, 실용적인 가방을 메고, 야무진 표정을 하고 있다. 텔레비전의 「수퍼내니」 쇼에 나오는 근엄한 여인의 중년판이다. 이 쇼에서 '내니(할머니)'는 제멋대로 굴며 "할머니, 베이컨은 채소예요!" 같은 말을 꽥꽥거리는 막돼 먹은 미국 아이들 무리를 제대로 교육시키기 위해 영국에서 온 할머니이다.

미트포드의 글에는 영국적인 면이 두드러지게 나타나 있다. 그녀는 자기 고향의 전통을 자랑스러워했다. 현대에 와서 그 전통은, 죽을 때 시체와 소중하고도 소소한 상호작용을 한다는 것을 의미한다. 그녀는 샌프란시스코에 살 때, 시체를 조문객들에게 보여주는 미국식 밤샘 행사에 왔던 동료 영국 여성의 말을 인용한다. "거기 가서 열려 있는 관 뚜껑을 찾아, 가엾은 오스카 노인이 갈색 트위드 정장 차림으로 햇볕에 그을려 검어진 듯한 피부색의 화장을 한 채, 어울리지 않는 색깔의 입술연지를 바르고 누워 있는 모습을 볼 생각을 하니 몸이 뻣뻣하게 굳으면서 막 떨렸다. 내가 그 할아버지를 무척이나 좋아하지 않았더라면, 낄낄 웃었을 것만 같은 끔찍한 느낌이 든다. 그때 그 자리에서 나는 마음속으로 살아서는 두 번 다시 미국식 장례에는 가지 않기로 결정했다."

방부처리된 시체를 눈으로 직접 보는 관습은 미국과 캐나다의 문화적 규범이 달라지면서 함께 변했지만, 영국 출신의 사람들(적어도 미트포드의 동료였던 상류층 사람들)은 시신을 완전히 볼 수 없는 상태를 택했다. 둘 중 어느 관습이 더 나쁜가 하는 것은 말하기 어렵다.

영국의 인류학자인 제프리 고러는 영국의 현대적 죽음을 일종의 포르노그라피에 비교했다. 빅토리아 시대에는 성과 섹슈얼리티가 문화적 금기였다면, 현대에 와서는 죽음과 죽는다는 것이 금기 사항이 되었다. "우리 증조할아버지뻘 되는 분들은, 아기는 구스베리 덤불이나 양배추 밑에서 찾아왔다는 얘기를 듣고 자랐다. 우리 아이들은 세상 떠난 사람들이 꽃으로 변한다거나 사랑스러운 정원에서 누워 쉬고 있다는 얘기를 듣기 쉽다."

고러는 질병과 고령으로 인한 '자연사' 대신 20세기에는 '급사'가 많다고 말한다. 전쟁, 수용소, 교통사고, 핵무기 등으로 뜻하지 않게 사람들이 죽는다는 것이다. 미국의 낙관주의가 화장과 화학약품으로 시신을 미화하는 쪽으로 갔다면, 영국의 비관주의는 예의 바른 사회에서 시신과 장례를 아예 치워버리는 쪽으로 갔다.

『미국의 죽음 방식』에 붙인 미트포드의 서문을 읽고 내가 충격받은 것이 두 가지 있다. 첫 번째는 이 책이 "아직도 일부 인디언 부족들이 행하고 있는 진기한 죽음 관습"까지 다루지는 않을 것이라는 그녀의 말이었다. 인디언의 관습은 사실 진기한 것과는 거리가 멀다. 미국 원주민에게는 1.8미터에서 2.4미터 높이의 나무로 된 단을 만들어 그 위에 시체를 올려놓고 정교한 조문 의식을 하는 다코타에 사는 시우족 인디언의 방식을 포함해, 아주 풍부한 죽음 의식들이 있다. 두 번째는 장의업에서 하는 일이 변해온 방식에 대해 미국 대중의 잘못도 일부 있다는 주장을 단호히 일축한 것이다. 미트포드는 확신을 갖고 말한다. "나는 현재의 증거에 기초해 일반 대중에게 책임을 묻고 싶지는 않다."

미트포드와 달리, 나는 대중에게도 잘못이 있다고 생각한다. 사실 매우 그렇다.

웨스트윈드에서 장례를 준비할 때, 고인의 딸이 내 눈을 깊이 들여다보며 말했다. "장례에 대한 계획을 세우기가 참 힘들군요. 그건 오로지 엄마의 죽음이 너무 뜻밖의 것이었기 때문이에요. 당신도 이해하셔야 해요. 엄마는 호스피스에 겨우 반년 계셨거든요."

이 여자의 어머니는 호스피스에 반년 동안이나 있었다. 그건 180일 동안 어머니가 실제로 점점 죽어가고 있었다는 얘기다. 어머니가 호스피스에 가기 오래전부터 아팠다는 것을 딸은 알고 있었다. 왜 그녀는 그 동네에서 가장 좋은 장의사를 찾아 가격을 비교해보고, 친구들과 가족에게 물어보고, 무엇이 법적인 일이고 가장 중요한 일인지를 생각해보고 '자신이 죽으면 어떻게 했으면 좋겠는지를 어머니에게 물어보지' 않았는가? 어머니는 죽어가고 있었고, 딸은 그걸 너무나 잘 알고 있었다. 그 이야기를 안 하겠다고 하고 나서 그것을 "뜻밖의" 일이라고 부르는 것은 핑계에 불과하다.

젊은 사람이 뜻밖에 죽으면, 가족은 아마 미트포드가 말했던 "전혀 모르는 물품을 사야할 필요성"에 맞부딪칠 것이다. 젊은 사람의 갑작스러운 죽음은 끔찍한 비극이다. 슬픔에 잠긴 가족들이 장의사가 혹시 이 김에 좀 더 비싼 관이나 장의용품을 팔

잘해봐야 시체가 되겠지만

아먹을까 봐 걱정하는 일이 있어서는 안 된다. 하지만 장의업계에서 일하는 사람이라면 기꺼이 얘기해줄 것이다. 젊은 사람이 갑자기 죽는 경우는 아주 드물다고 말이다. 대부분의 죽음은 위중한 병이나 아주 긴 생의 끝에 찾아온다.

만약 내가 중고차 판매장에 갔는데 영업자가 "이 1996년식 현대 차의 가격은 4만 5000달러(시장 가격은 4200달러)입니다."라고 했는데 내가 그 차를 샀다면, 그것은 내 잘못이 될 것이다. 이 경우, 4만 5000달러짜리 현대 차를 판 사기의 달인에게 분이 풀릴 때까지 주먹질을 할 수는 있겠지만, 내가 직접 가격을 찾아보지 않았기 때문에 이런 일을 당했다는 데는 누구나 동의할 것이다.

차를 사려고 찾아간 보통 사람이 소비자 보고서를 읽어볼 것이라는(아니면 21세기에는 아마도 인터넷을 찾아볼 거라는) 점은 미트포드도 인정했다. 하지만 죽음 산업에서 그런 류의 정보를 찾아보는 것은 어쩐지 "옳지 않은 일 같다." 대중은 보통, 죽음의 의미에 대해 생각하기를 싫어하기 때문에 "모든 일을 얼른 끝내버리려고 노심초사한다." 그런데 미트포드는 이러한 현실도피적 접근에 전혀 반대하지 않는다.

『미국의 죽음 방식』이라는 책을 읽으면 독자들은 죽음을 싫어하는 것이 지극히 정상적인 일이라고 확신하게 된다. '물론' 고객은 매사를 얼른 끝내고 장의사를 떠나고 싶어 노심초사할 것이다. '물론' 어머니가 돌아가시기도 전에 미리 다니면서 남들은 어떤 "믿을 만한 장의사"를 쓰는지 물어본다면, 그건 병적인 짓일 것이다. 물론 보통 사람들은 장의사가 어떻게 생겼으며 일이 어떻게 돌아가는지도 모를 것이다. 미트포드는 우릴 위로하는 듯한 글에서 공언했다. 죽음을 부정하는 것은 적절할 뿐만 아니라, 당연한 일이라고. 미트포드 본인은 남을 돕고 있다고 생각했겠지만 실제로는 남을 망치고 있는 셈이었다.

미트포드는 장례를 주도하는 사람들이 사업가라는 사실을 싫어했다. 하지만 좋든 싫든 그들은 사업가다. 선진국에서 대부분의 장의사는 돈을 버는 사기업이다. 회사 형태의 장의사에서 일하는 사람들에겐 가외의 물건과 서비스를 고객에게 팔고 권해야 하는, 부담스러운 압력에 대한 일화가 많이 있다. 예전에 주요 장의사 중 한 곳에서 장례지도사로 일했던 사람한테 이런 얘기를 들었다. 그달 들어온 돈이 적으면(아마도 그 이유는 고객들이 그달에는 유달리 저소득층 가족 출신이 많았다거나 화장을 택했기 때문일 텐데) "갑자기 텍사스주에 있는 본사에서 전화가 걸려와, 요새 뭐 뜻대로 안 풀리는 일이 있는지, 혹시 보너스를 받지 못할 거라는 사실을 미리 안 것은 아닌지 물어본다."고 한다.

언론인으로서 미트포드는 지금까지 감춰졌던 문제들을 휘저어 일으키고 세상의 잘못된 점들을 노출시키는 데는 전문가였다. 미국의 장의업계에 변화가 필요했던 것은 확실하다. 그러나 장의업계가 취한 것도 초토화 작전이었다. 미트포드는 싸움에 불을 당기고 그것을 어깨 너머로 훌훌 던져버리고는 사라져갔다. 그녀는 좀 더 저렴한 장례 대안을 요구하며 아우성치는, 불만에 찬 대중을 지나간 자리에 남겼다.

『미국의 죽음 방식』을 쓰면서 제시카 미트포드는 우리가 죽음과 맺는 관계를 개선하려고 노력하지 않았다. 단지 기준 소매 가격과의 관계를 개선하려고 노력했을 뿐이다. 바로 그 점이 잘못된 것이다. 장의업이 대중을 속여 가로채고 있었던 것은 돈보다는 '죽음' 자체였다. 그러니까 죽음과의 실제적인 상호작용을 하고 죽는다는 사실을 대면할 기회를 우리는 박탈당한 것이다. 미트포드의 의도가 아무리 좋았다 하더라도, 직접 화장은 상황을 악화시켰을 뿐이었다.

자연스럽지 못한
자연스러움

"어떻게 당신들이 감히 그 비용을 내라고 할 수 있나요?" 그녀는 진한 동유럽 악센트로 소리쳤다.

"죄송해요, 이오네스쿠 부인." 나는 설명하려 애썼다. "하지만 저희는 그 비용으로 175달러를 청구할 수밖에 없답니다."

고(故) 엘레나 이오네스쿠 할머니의 딸인 이오네스쿠 부인은 내 앞의, 웨스트윈드 화장장 계약실 책상에 앉아 있었다. 그녀의 짙은 갈색 머리가 나선형 물결을 그리며 머리와 양손 옆으로 굽슬굽슬하게 금빛 반지처럼 내려오면서, 찰랑찰랑 흔들렸다.

"당신네는 우릴 벗겨먹으려 하고 있어요. 왜 이러는지는 모르지만, 난 우리 어머니를 마지막으로 한 번만 보려고 여기 와서

잘해봐야 시체가 되겠지만

앉아 있는 거라고요."

만일 이것이 '마지막 한 번'이라는 로데오 경기에 첫 출전하는 거였다면, 나는 그 여자의 요구를 이기지 못하고 그만 무너졌을 것이다. 현 상태로는, 단지 대립을 피하고 싶다는 이유만으로 청구를 포기한다면 마이크가 이를 달가워하지 않으리라는 것을 난 알고 있었다. 가족들이 화장이나 매장 전에 "엄마를 마지막으로 한 번만 보기"를 원하는 것은 흔한 일이었다. 그들은 이 특권을 위해 175달러를 내고 싶어 하지 않았다. 그들에게 왜 이 돈을 내야 하는지를 설명하기는 어려웠다.

죽은 사람들은 매우, 매우 죽은 것처럼 보인다. 그게 무슨 뜻인지 파악하기는 쉽지 않은데, 왜냐하면 우리 중 누구라도 황야에 돌아다니는 시체 무리를 우연히 마주칠 것 같지는 않기 때문이다. 요즘은 사람들이 집에서 죽는 일이 드물고, 설령 집에서 죽는다 하더라도 마지막 숨을 내쉬는 즉시 시신이 장의사로 운송된다. 만일 북미에 사는 어떤 사람이 시체를 "보고 왔다."고 하면, 그 시체는 아마 이미 장의사 직원의 손으로 방부처리된 후에, 얼굴에 화장(化粧)도 잘되고, 의상도 일요일에 입는 제일 좋은 옷이 입혀진 상태일 것이다.

텔레비전의 범죄 프로그램도 이 문제에 좀처럼 도움이 되지 않는다. 황금시간대 TV에 나오는, 보통 하녀나 관리인, 혹은 센트럴 파크에서 조깅하던 사람들이 발견한 시체들은 한결같이 두 눈을 딱 감고 입술은 꼭 다물고, 희고 푸르스름한 화장으로 반짝반짝하게 칠해져 있어, 마치 조문객을 받을 준비를 이미 마친 것처럼 보인다. 그것은 시청자들이 봐도 '죽었다'고 생각될 만한 모습이다. 이런 프로그램의 피해자들을 연기하는 젊은 모델과 배우들은 파일럿 프로그램에서 연락이 오기를 기다리는 동안, CSI와 치안 당국을 다 거치고 난 시체 역할을 맡는다. 그들은 장의사에 오는 대다수의 시체들이 암이나 간경변 등의 질환을 몇 년이나 앓느라 늙고, 울퉁불퉁해지고, 고통에 시달린 것과는 한참 거리가 있다.

우리가 냉장실에서 엘레나 할머니를 꺼내 가족에게 바로 보여줬을 때, 이오네스쿠 가족이 '기대'한 것과 이 가족이 '실제'로 보게 될 것 사이에는 엄청난 간극이 있었다. 언제라도 시신이 예상과 다르게 보일 경우에는, 가족들에게 고소당할 위협하에 있는 장의사 입장에서는 그 기대의 간극이 문제를 일으킬 소지가 있었다. 물론 그렇다고 장의업자들이 안되었다고 말하기는 어렵다. 그들이 하는 방부처리가 발달하면서 이런 간극이 생겨났으니 말이다.

아무 처리도 하지 않은 죽은 사람의 얼굴은 끔찍해 보인다. 어쨌든 우리가 가진 매우 협소한 문화적 기대로 봤을 때 그렇다는 얘기다. 그들의 지친 두 눈은 흐리멍덩하게 허공을 응시한다. 입은 에드바르트 뭉크의 그림 「절규」에 나오는 것처럼 쫙 벌어져 있다. 얼굴에는 핏기가 하나도 없다. 이런 이미지는 정상적인 생물학적 죽음의 과정을 반영하지만, 가족이 보고 싶어 하는 것은 그런 것이 아니다. 가격표에 쓰여 있듯이, 장의업체라면 어디서나 보통 '모양을 만드는' 비용으로 175~500달러를 가족에게 청구한

　잘해봐야 시체가 되겠지만

다. 그래서 시신들은 '평화롭고' '자연스럽고' '편히 쉬는' 것처럼 보이는 것이다.

잔인한 사실은, 90세의 루마니아 할머니 엘레나 이오네스쿠가 돌아가시기 전, 두 달이 넘는 기간 동안 병원에 있었다는 것이다. 8주 동안 자리보전을 하며 링거를 맞고, 각종 기계들에 매여 있었기 때문에 엘레나의 몸은 진갈색 부종으로 퉁퉁 부어 있었다. 사후에는 주사액이 피부 밑에서 부어오른다. 부종이 다리 아래와 팔, 등으로 퍼져나가, 엘레나 할머니는 미쉐린맨◎처럼 빵빵해져 있었다. 피부에서는 주사액이 샌다. 더 나쁜 것은 부종으로 생긴 압도적인 습기 때문에 부패가 촉진되었다는 것이다.

부패가 시작되고 남아도는 주사액이 넘치면, 두려워하던 '피부 들뜸'이 일어날 가능성이 커진다. 이는 기술적으로는 '박리(剝離)'라 불리지만, 실제로는 '피부 들뜸'이라 불린다. 눈에 보이는 대로 이름을 붙였다고도 생각할 수 있는 표현이다. 부패하는 과정에서 몸속에 기체와 압력이 생겨난다. 피부는 느슨해지고, 피부의 표피 층은 마치 배(船)를 버리고 싶다는 듯이 떨어져 나간다. 이 상황이 만약 산 사람에게 일어난다면, 손상된 피부는 나중에 다시 자라나고 재생될 것이다. 돌아가신 엘레나 할머니의 경우는 이랬다. 화장로에 들어가기 전까지, 할머니의 피부는 생생한 분홍색으로, 얇은 점액층에 덮인 채 남아 있을 터였다.

◎　미쉐린 타이어 사의 공식 마스코트로, 온몸에 타이어가 근육처럼 감겨 있다.

엘레나 할머니의 시신은 성난 딸이 상상하는 그런 상태처럼 보이지는 않을 것이라고 말하는 게 안전했다. 하지만 웨스트윈드 화장·매장 회사에서는 엘레나 이오네스쿠의 시신을 냉장실에 보관하고 잠가둘 권리가 전혀 없었다. 법적으로 시신은 재산이나 마찬가지다. 엘레나의 유가족은 엘레나 할머니의 죽은 몸을 매장이나 화장을 할 때까지 '소유'한다. 그러니까 장의사를 쉽게 고소할 이유가 또 하나 생기는 것이다. 평소 괄시받던 장례지도사가 불법으로 유가족이 돈을 지불할 때까지 시체를 시신 겸 담보물로 갖고 있으면, 고소를 당한다.

만약 엘레나 할머니의 딸이 "당장 시신을 넘겨줘요. 엄마를 내 차 뒷좌석에 싣고 이 피도 눈물도 없는 장소를 떠날 거예요."라고 말한다면 나는 두말없이 그렇게 하겠다. 그런 결정에 마음속으로 박수를 쳤던 날들도 있었다.

"이오네스쿠 부인, 죄송합니다. 다른 데로 얼마든지 가보셔도 되는데요. 전화도 두루두루 걸어보시고요. 하지만 이 지역에서 어딜 가시든, 그 경우 175달러 추가 요금은 내라고 할 겁니다." 나는 최후의 일격을 가하며 말했다.

"선택의 여지가 없는 것 같은데요, 안 그래요?" 계약서 맨 밑에 이름을 쓰고 서명하느라 손에 낀 반지들이 부딪쳐 쩽그랑거리는 가운데 그녀가 말했다.

그로부터 두 시간 후, 엘레나 이오네스쿠 할머니를 냉장고에서 꺼내 준비실 탁자에 눕혀놓고 다음 날 가족들이 참관하러 올 때 '자연스럽게' 보일 준비를 하고 있었다. 누군가를 자연스럽게 보이게 하기 위한 절차가 종종 몹시 '부자연스럽게' 보인다는 것은 장의업계의 공공연한 비밀이다.

나는 몇 달 전에 마이크가 내게 처음으로 시신을 면도하라며 면도기를 꺼내주었던 금속 캐비닛 앞에 섰다. 거기서 '눈에 씌우는 캡' 두 개를 끄집어냈다. 살구색에 둥그스름한 그 캡은 작은 플라스틱 우주선 같았다. 가장자리에 작고 뾰족한 발들이 튀어나와 있어, 마치 종교재판 시대 고문 도구의 축소판처럼 보였다. 눈에 캡을 씌우는 목적은 두 가지였다. 첫째, 엘레나의 눈두덩 밑에 캡을 씌우면 푹 꺼진 곳이 감추어지고, 그 밑에 숨은 두 눈알이 평평해져서 눈이 동그래 보인다. 둘째, 고문 기구처럼 생긴 뾰족한 발들이 눈꺼풀 뒤쪽을 잡아주는 데 도움을 줘서, 눈꺼풀이 뜨이지 않게 하는 중요한 기능을 한다.

나는 면봉으로 엘레나의 귀, 코, 입을 닦아냈다. 이는 심히 불쾌한 작업이었다. 생의 마지막 고통을 겪을 때, 기본 위생은 종종 무시된다. 당연한 일이지만, 이성적으로 생각해서 그렇다고 해도 결과가 덜 끔찍하게 여겨지는 것은 아니다. 시신을 움직이면 아무 때나 갑자기 '배출액(폐와 위에서 나온 거품 끼고 불그레한 액체)'이 나올 수도 있다. 그래서 몸에서 날마다 이런 불쾌한 액체가 나오는 환자들을 돌보는 간호사들이 난 부럽지 않았다.

틀니를 병원 침대 맡의 유리잔에 담가놓고 안 가져온 터라, 엘레나 할머니의 위아래 입술이 텅 빈 잇몸 위로 흘러내린 상태였다. 이가 있는 것처럼 보이게 하려고 우리는 입 모양을 잡아주는 도구, 즉 눈에 씌우는 캡보다 조금 크고 (입 모양의) 곡선으로 된 플라스틱 도구를 사용했다. 나는 살짝 그녀의 윗입술을 들어 입 모양 만드는 도구를 끼워 넣으려 했지만, 그것은 할머니에게 너무 컸다. 그래서 할머니는 입에 넣는 플라스틱 보호 장구를 낀 미식축구의 라인맨이나 원숭이처럼 보였다. 나는 깜짝 놀라서 얼른 그걸 빼고 다시 무거운 가위로 잘라버렸다.

다음에는 바늘 달린 주사기가 동원되었다. 이 주사기는 입을 다물리는 총 같은 것인데, 망자의 잇몸 속에 실을 쏘아 넣어, 그 선들이 함께 묶여서 입을 다물리게 하는 데 사용되는 금속 기구이다. 처음에는 긴 철사 끝에 부착할 날카로운 핀을 고르는 것으로 시작했다. 그 핀은 마치 금속으로 된 작은 올챙이처럼 생겼다. 그 핀을 커다란 금속 바늘 끝에 달고, 그 바늘을 잇몸 위쪽과 아래쪽 뿌리에 찔러 넣는다. 우리 웨스트윈드의 주사기는 좀 조잡해서, 녹이 약간 슬어 있었다. 그래서 원하는 수준의 힘까지 발휘되지 않았다. 이게 무슨 뜻인가 하면 내가 엘레나 몸 위로 기어올라가 온 체중으로 힘차게 "후, 아!" 소리를 지르며 선을 잇몸 속에 찔러 넣어야만 했다는 얘기다.

나이 구십인 엘레나 할머니는 잇몸이 없어서 촉이 꽂힌 채로 있게 하려면 이걸 여러 번 시도해야 했다. 일단 촉이 제자리에 꽂히고 나면 올챙이 꼬리 모양의 두 선은 입 모양 만드는 플라스틱 도구를 통해 얽히고, 위턱과 아래턱이 함께 만나게 된다.

이 모든 수단을 써도 여전히 두 눈이 떠지거나 입이 벌어질 경우, 언제나 쓸 수 있는 비밀 병기가 있다. 그것은 바로 강력접착제였다. 우리는 그 액체가 들어 있는 만능 초록색 튜브를 썼다.

잘해봐야 시체가 되겠지만

비록 기적적으로 눈에 대는 캡과 바늘 주사기가 뜻대로 기능한다 해도 보강하는 게 현명했다. 가족들은 희뿌연 파란색 눈과 그대로 드러난 잇몸을 보고 싶어 하지 않을 것이다. 하지만 그보다 더 끔찍한 일은 살색 스파이크가 달린 플라스틱 캡이나 사랑하는 사람의 얼굴을 지금 멀쩡하게 받쳐주는 두꺼운 올챙이 모양의 선들이 원치 않게 노출되는 것이다.

일단 저항을 포기하고 "마지막 한 번" 보는 대가로 요금을 내기로 한 이오네스쿠 가족이 웨스트윈드에 다시 참관하러 왔을 때, 그들은 엘레나 할머니에게 입힐 옷 몇 벌도 함께 들고 왔다. 부종 때문에 시신의 몸집은 평소의 두 배로 불어났는데, 그 가족은 많은 가족이 그러듯이 고인이 날씬한 멋쟁이 시절에 입던 옷들을 가져왔다. 신문의 부고란이 화려한 스냅 사진, 결혼사진, 첫 무도회 때 찍은 독사진 같은 것으로 꽉 차는 데는 이유가 있다. 우리는 사람들이 영원히 처음처럼 남아 있기를 바란다. 타이타닉호가 침몰한 지 수십 년 후에도 볼 빨간 케이트 윈슬렛이 레오나르도 디카프리오를 「타이타닉」의 하늘에서 만나면 그러할 것처럼 말이다.

마이크는 내가 엘레나 할머니의 몸을 억지로 쥐어짜서, 옛날 글라스노스트® 시대에나 입었을 법한 호화로운 동유럽 스타일의 드레스를 입히는 걸 도와주었다. 그는 이럴 때 도움이 되는 요

◎   '개방'을 일컫는 러시아어로, 1985년 고르바초프가 소련 공산당 서기장에 취임한 후 실시한 개방 정책을 의미한다.

령들을 숱하게 많이 알고 있었다. 예를 들면, 1950년대 B급 영화에 나오는 미라처럼 그녀의 두 팔을 랩으로 칭칭 감싸는 것 말이다. 하지만 이 오디세이는 아직 완성된 것이 아니다. 일반적으로, 누가 부종으로 퉁퉁 부은 돌아가신 90세 루마니아 할머니에게 스타킹을 신겨달라고 부탁한다면, 그에 대한 대답은 "못해요."여야 한다.

"마이크" 나는 한숨 쉬며 말했다. "가족들이 찾아와서 보는 동안, 할머니 하반신은 시트로 덮여 있을 거라는 걸 난 알아요. 얘기하긴 싫지만, 아마 스타킹은 안 신겨도 될 거예요."

마이크는 전문가답게 내 말을 받아들이지 않았다.

"안 돼, 가족들은 시신에 옷을 입히고 참관한다고 돈을 냈잖아. 우린 이 스타킹도 신길 수 있어."

사업으로서 장의업은 일정 유형의 '존엄성'을 팔아서 발전했다. 가족들에게 존엄성이란 잘 조율된 마지막 순간, 잘 매만져진 시신으로 완성된 순간을 누리는 것이다. 장례를 주도하는 사람은 무대 감독처럼 그날 저녁에 있을 전시 행사를 책임진다. 이 쇼의 스타는 시신이며, 감독은 제4의 벽이 결코 무너지지 않는다는 것, 관객이 시신과 소통하다가 환상이 깨지는 일은 없다는 것을 확실히 하기 위해 고통을 감수한다.

휴스턴에 본부를 둔, 미국에서 가장 큰 장의사이자 묘지 회사인 국제 서비스 회사는 심지어 '존엄성'이라는 말을 어찌어찌하여 상표 등록까지 했다. 그들이 '존엄성 기념물®'을 파는 시설에 가보라. 그러면 매번 그 귀찮은 '®' 표시가 나타나 그들이 사

잘해봐야 시체가 되겠지만

후의 평정에 관한 시장을 장악하고 있다는 것을 교묘하게 알려준다.

다음 날 아침 엘레나 할머니를 가족들이 보러 왔을 때, 딸은 어머니의 머리칼을 잡아당기며 슬피 울었다. 그것은 진정성 있고도 오래오래 뇌리에 남을 만한 소리였다. 내가 받아들이고, 그 심오함을 알아주고 싶은 그런 류의 것이었다. 하지만 나는 오직 고인의 눈이 혹시라도 실수로 뜨일까, 랩으로 싼 팔이 갑자기 빠질까 하는 생각뿐이었다. 이렇게 갖춰 입혀놓으니 엘레나 할머니는 생각에 잠긴 듯 보였다. 그럼에도 불구하고, 내가 겪은 웃지 못할 경험들이 떠올랐다. 사람들은 말한다. 돼지에게 입술연지를 발라놓아도 돼지는 여전히 돼지라고. 시체도 마찬가지다. 우리는 시신에 입술연지를 바르고서, 시신 분장 놀이를 하는 것이다.

엘레나 이오네스쿠 할머니의 참관일이 지나고 월요일 아침에 출근하니 주말 동안 화장로에 아기 엉덩이처럼 매끈한 바닥이 새롭고 멋지게 설치되어 있었다. 화장장 소유주인 조가 잠깐 들러 레토르트 속에 직접 콘크리트, 철근, 강철 덩어리들을 갖고 기어들어가 손수 보수 작업을 완료한 것이다. 생각해보라. 나는 여태 그를 만난 적도 없건만, 이 별것 아닌 주말 작업으로, 마음속에 그가 차지하고 있던 전설적인 위치에 더 불이 붙었다. 설마 살아 있는 사람이 화장로에 들어가서 꿈틀거리며 움직일 거라고는 (그것도 자발적으로!) 미처 생각지 못했던 것이다. 표면을 이렇게 새로 바르기 전에는, 화장로 바닥이 알프스 산맥의 지형과 비슷해지던 참이었다. 화장로를 오랫동안 쓰다 보니 커다란 콘크리트 덩어리들이 닳아 떨어져나갔던 것이다. 바닥이 이 모양이니, 남은 뼈와 재를 쓸어내는 것도 실력 테스트가 되어, 직무기술서에 적힌 것을 훨씬 능가하는 일이 되어버렸다. 그런데 이렇게 새 바닥을 깔고 나니 우아하고 호화스럽게, 땀 한 방울 흘리지 않고 뼈들을 쓸어낼 수 있었다.

기계에 새로 바닥이 깔린 첫날은 순조롭게 지나갔다. 둘째 날은 그레이하운드 부인을 그 속에 모시는 일로 하루가 시작되었다. 날렵한 별명과는 현격한 대조를 이루지만 그레이하운드 부인은 80대의, 보기 좋을 만큼 살집이 있는 할머니였다. 하얀 파마머리와 부드러운 손을 보니 우리 친할머니 생각이 났다. 할머니는 아이오와주의 한 소도시에서 한 학급만 있는 학교의 교사로 일하며 일곱 자녀를 길렀고, 즉석에서 생강 롤케익을 만들 줄 아시는 분이었다. 내가 어렸을 때 어느 해 여름에 아이오와주에 있는 그 집을 찾아간 적이 있는데, 한밤중에 깨어나보니 할머니가 캄캄한 거실에서 훌쩍훌쩍 울고 계셨다. 그 이유는 "예수의 사랑을 모르는 사람들도 있다."는 걸 알게 되었기 때문이라고 했다. 할머니는 내가 웨스트윈드에서 일을 시작하기 10년쯤 전에 돌아가셨지만, 오직 우리 아버지만 아이오와주까지 비행기를 타고 날아가 그 장례에 참여할 수 있었다. 다른 사람들에게서 자기 할머니를 발견하기란 쉬운 일이다…… 아니, 시체들이라고 해야 할까…… 그레이하운드 부인 같은 시체 말이다.

화장법 101조에 근거하여, 그레이하운드 부인은 하루가 시작될 때, 즉 아직 레토르트가 차가울 때 화장로에 들어갔다. 체

잘해봐야 시체가 되겠지만

구가 큰 사람들을 화장하려면 화장로의 돌이 아침에 차가워야 한다. 그렇지 않으면 살이 너무 빨리 타올라 화장장 굴뚝에서 짙고 검은 연기가 피어오르는데, 때에 따라서는 소방차를 불러야 할 일이 생기기도 한다. 다른 사람들보다 체지방이 많은 사람들 (몸집이 풍만한 그레이하운드 부인 같은 경우)은 먼저 화장하고, 체지방이 없는, 몸집이 작고 연로한 할머니들(과 아기들)은 보통 하루 일과가 끝나가는 시간에 화장하려고 놓아둔다.

나는 그레이하운드 부인을 차가운 레토르트에 넣고 아침 일을 보면서 화장장을 이리저리 돌아다녔다. 조금 후 돌아와보니, 출입문 밖으로 연기가 새어나오고 있었다. 검고 뭉글뭉글한 연기였다. 나는 '응급 상황을 알리는' 소리, 그러니까 질식과 절규가 반반씩 섞인 듯한 소리를 내며, 사무실에 있는 마이크를 찾아 달려갔다.

"오, 이런, 바닥이!" 마이크는 강철같이 냉정한 눈으로 이 말만 했다.

마이크와 나는 소리를 지르며 구석을 다시 돌아 화장장으로 들어갔다. 그 순간, 뼈들이 쏠려나가는 장치에서 '녹은 지방'이 콸콸 흘러나왔다. 마이크가 대충 커다란 신발 상자만 한 크기의 용기에서 뼈를 꺼내자, 거기에 3.8리터쯤 되는 불투명한 찌꺼기가 흥건히 고여 있는 것이 보였다. 그런데도 기름은 나오고 또 나오고 있었다. 우리 둘은 뼈가 떨어지는 곳 바닥에서, 마치 새는 배 바닥의 물을 퍼내듯이 용기를 딴 것으로 갈고 또 갈았다.

마이크는 용기들을 준비실로 갖고 달려가, 방부처리 과정에서 나온 피를 처리할 때처럼 기름을 빼내고 닦았다. 그러는 동안 나는 바닥에 털썩 주저앉아, 걸레를 한 무더기 가지고 폭포처럼 흘러나오는 기름에 흠뻑 젖은 채 그것을 훔쳐내고 있었다.

마이크는 계속 사과를 했는데, 내가 화장장에서 근무한 이래로 마이크가 내게 뭔가를 사과한 것은 이번이 처음이었다. 마이크조차도 불을 지피고, 데우고, 문지르고, 닦아내고, 이 동작을 열 번 넘게 되풀이하며 구역질하기 일보 직전이었다.

"바닥이 문제야." 그가 두 손 두 발 다 들었다는 듯이 말했다.

"바닥이요? 얼마 전 새로 깐 멋진 레토르트 바닥 말이에요?" 내가 말했다.

"헌 바닥에는 구멍이 숭숭 뚫려 있었어. 그래서 기름이 거기 괴어 있다가 나중에 화장될 때 타버렸지. 이제는 기름이 갈 곳이 없어. 그러니까 화장로 앞쪽 문으로 흘러내려서 떨어지는 거야."

마침내 상황이 정리되고 아래쪽을 내려다보니 내가 입은 원피스가 뜨뜻한 인간의 기름으로 얼룩져 있었다.(이 색깔을 구운 벽돌색이라고 할 것인가 아니면 금잔화 색깔이라고 하는 게 더 맞을까. 나는 궁금했다.) 나는 땀이 뻘뻘 났고, 패배했고, 사람 기름에 흠뻑 젖어 있었지만 살아 있다는 느낌은 들었다.

화장은 흔히 '깨끗한' 선택이라고 여겨진다. 시체가 불에 의해 위생 처리되어 무해한 잿더미가 되는 것이다. 하지만 그레이하운드 부인은 딜런 토머스의 시 구절처럼 "그 좋은 밤 속으로 가만히" 들어가지는 못할 것이다. 우리는 현대 죽음 산업의 모든 도구, 장의업계 기구 수십만 달러어치를 다 동원하고서도 이 할머니의

잘해봐야 시체가 되겠지만

시신을 깔끔하게 정리하는 데 성공하지 못했다. 결국 '성공'이란 모든 플라스틱과 철사를 사용하여 엘레나 이오네스쿠 할머니의 이상적인 시신을 사람들에게 내보인다는 뜻이다. '성공'이란 시체가 무엇이며 시체에 무엇을 하는지에 관한 진실을 감추는 것을 직업으로 삼는 전문가들이 가족들로부터 시체를 탈취한다는 뜻이었다. 이들의 일은 의식을 치르는 게 아니라, 죽음을 희미하게 만드는 것이다. 그레이하운드 부인은 내게 사물의 진실을 활짝 열어젖혔다. 죽음은 '알려져야' 한다. 어려운 정신적, 육체적, 정서적 과정으로서 사람들에게 알려져야 하고 존중받아야 하며, 있는 그대로 두려움의 대상이 되어야 한다.

"이런 이런, 드라이클리닝 비용이라도 좀 줄까요?" 마이크가 나를 보며 물었다. 나는 기름으로 얼룩진 원피스를 입은 채 화장장 바닥에 두 다리를 죽 뻗고 앉아서 걸레들에 둘러싸여 무력하게 낄낄 웃었다. 긴장이 쭉 풀리는 순간이었다. "이 원피스는 어차피 끝장난 것 같아요. 그러니 저한테 점심이나 사든가 하시죠. 이런 제기랄."

그레이하운드 부인의 시신에 일어난 일은 끔찍했다. 하지만 이 경험이 신나지 않았다고, 역겨운 것이 경이로운 것과 연관성이 없다고 한다면 거짓말이 될 것이다.

웨스트윈드에 몸담고 일한 경험 덕분에 나는 예전에 알 수 있으리라고 생각지도 못했던 감정에 접근할 수 있었다. 망설임 없이 곧장 웃거나 울기 시작한 것이다. 각별히 아름다운 석양을 보고 우는 건지, 각별히 아름다운 주차권 판매기를 보고 우는 건지, 그런 건 아무래도 상관없었다.

마치 여태까지는 내가 좁은 범위의 감각 안에서 핀볼처럼 앞뒤로 굴러다니며 사느라 인생을 낭비한 것만 같았다. 웨스트윈드에 와서야 비로소 감정적인 영역이 폭발하며, 일찍이 경험해보지 못한 황홀과 절망을 느낄 수 있었다.

웨스트윈드에서 배운 모든 것에 대해 나는 지붕 꼭대기에 올라가 외치고 싶다. 매일 죽음을 되새기다 보면 날마다 더 생생해지는 색채의 그림자가 드리운다. 어떤 때는 여러 사람과 녹은 기름 이야기나 화장장에서 겪은 황당한 이야기를 나누곤 했다. 사람들은 내 이야기에 깜짝 놀랐다는 듯한 반응을 보였지만, 내가 그들의 혐오감과 이어져 있다는 느낌은 갈수록 덜해졌다. 아무리 듣기 거북한 이야기(뼈를 금속 그라인더에 넣고 간다든가, 고문 도구처럼 생긴 캡 얘기)라도 거기에는 죽음에 대한 사람들의 예의 바른 안일함을 방해하는 힘이 있었다. 진실을 부정하는 대신 죽음을 포용하는 것은, 때로 아무리 역겨울지언정 하나의 폭로와도 같았다.

잘해봐야 시체가 되겠지만

죽음의
무도

사랑에 빠진 여인이 듣고 싶어 하는 말은 많다. "내 사랑, 영원히 당신을 사랑할 거야.", "올해는 다이아몬드야?"가 두 가지 좋은 예다. 하지만 젊은 연인들은 메모할지어다. 무엇보다도 모든 여자들이 '정말로' 듣고 싶은 말은 이런 것이다. "안녕하세요. 저는 사이언스 서포트의 에이미라고 해요. 사람 머리 몇 개를 거기 전하려고 하는데요."

웨스트윈드는 현재 시신 기증 기관 두 곳과 화장 계약을 맺고 있는데, 그중 하나가 '사이언스 서포트'다. 자기 몸을 기증하여 과학적 탐구를 위해 맘대로 쑤시고 찌르게 하는 수십 명의 운수 좋은 캘리포니아 주민들은, 내가 관리하는 불 속에서 그들의 여행을 마감한다.

에이미한테서 걸려온 전화를 받고 나니, 트럭 한 대가 웨스트윈드 정문으로 힘겹게 올라와 크리스가 매일 시체를 내리는 뒷문 옆으로 들어왔다. 뒷문이 삐걱 소리를 내며 열렸다. 그러더니 두 젊은이가 고개를 들이밀고 주변을 수상쩍게 두리번거렸다. "어…… 네, 안녕하십니까. 사이언스 서포트 직원입니다. 여기에 당신이 관리하는, 어…… 머리들을 갖고 왔습니다."

운송 트럭이 몇 번이나 웨스트윈드를 찾아왔어도, 사이언스 서포트 소속 기사들은 언제나 아주 경직되어 보였다. 그들은 화물을 내리고 화장장에서 벗어나는 것을 충분히 빨리 할 수 없었다. 몇 년째 시체 운송 트럭을 모는 기사들이 '나의' 일터에 겁먹었다는 것을 알고 나는 자랑스러웠다.

사이언스 서포트는 한 마디로 시체 브로커로, 기증된 사체들을 통째로 받아서 부분 부분 나눠 판다. 마치 폐차장에서 고물차를 부품별로 나눠 팔 듯이 말이다. 인체 브로커 게임에는 사이언스 서포트만 이름을 올린 것이 아니다. 몇몇 큰 회사들이 이 섬뜩한 (그렇지만 상당히 합법적인) 분야에서 거래를 하고 있다.

신체를 과학 분야에 기증하는 데는 긍정적인 면이 많다. 현대의 죽음 지형에서, 사체 기증은 자신의 죽음을 확실하게 무료로 할 수 있는 유일한 길이다. 기증자가 죽으면 사이언스 서포트에서 그 시신을 가져가, 기증 기관으로 시체를 옮긴 다음, 암 치료에(주의: 결과는 다를 수 있다.) 쓰고 나서 웨스트윈드에 화장 비용을 낸다.

실제로 시체가 의학 연구의 최전선에 쓰일 수도 있다. 나의 할아버지는 심신이 쇠약해지는 알츠하이머병을 오래 앓다 돌아가셨다. 투병 중이던 어느 해 크리스마스이브에 할아버지가 자동차 열쇠를 훔쳐 한밤중에 호놀룰루 중심가에서 일곱 시간 동안 종적을 감춘 적이 있다. 가족들에게는 매우 끔찍한 성탄절 아침이었다. 이 기증받은 알츠하이머 환자의 머리, 그러니까 할아버지를 낯선 사람처럼 변하게 만든 물질인 플라크와 탱글◎을 함유한 뇌가, 머리가 제대로 달려 있는 다른 가족들에게 뭔가 변화를 가져올 수 있다면 얼마나 좋을까 하고 생각했다.

불행히도, 모든 시신이 다 이른바 '고상한 결말'을 맞는 것은 아니다. 고인이 기증한 머리가 21세기의 대표적 질병이 지닌 신비를 풀 열쇠를 지니고 있을 가능성은 아주 적다. 시신이 결국 얼굴 리프팅 기술을 새로 익히는 베벌리힐스 성형외과 의사 무리들의 수련에 쓰일 수도 있다. 아니면 비행기에서 밖으로 떨어뜨려 낙하산 기술을 시험하는 데 쓰일 수도 있다. 시신은 과학을 위한 매우 일반적인 방식으로 기증된 것이다. 몸의 일부가 어디로 가든, 그건 기증자가 관여할 바 아니다.

과학 발전에 시신을 사용하는 것에는 지난 400년간 많은 진전이 있었다. 16세기에 의학을 하던 사람들은 인체가 실제로 어떻게 기능하는지 잘 파악하지 못했다. 의학서들은 혈액이 몸 안에서 흐르는 방식부터 중요한 기관들이 있는 자리, 처음에 병이

◎　　　알츠하이머의 주된 원인으로 꼽히는 물질.

커지는 원인까지(정답은 인체의 네 가지 체액인 점액, 피, 검은 담즙, 노
란 담즙의 불균형) 전부 잘못 이해했다. 르네상스 시대의 안드레아
스 베살리우스는 의학도들이 개 사체나 교수대에서 몰래 가져온
죄인의 시신들을 해부함으로써 인체 해부를 배웠다는 사실에 속
상해했다. 18~19세기가 되어서야 비로소 외과 수련 학교가 생겨,
교습과 연구를 위해 지속적으로 인체 해부 수업을 제공하게 되었
다. 시신에 대한 수요가 너무 높다 보니, 교수들이 금방 생긴 무
덤에서 시신을 훔쳐오는 일까지 생겼다. 19세기 스코틀랜드인 윌
리엄 버크와 윌리엄 헤어의 경우에는 산 사람(열여섯 명)을 죽이고
그 몸을 대학의 해부학 강사가 해부하게끔 팔았다.

　사이언스 서포트에서 나온 두 남자는 트럭 뒤 칸에서 큰 상
자를 꺼냈다. 그 상자 속에는 사람 머리가 두 개 있었는데, 머리
주위에는 구슬 아이스크림처럼 생긴 작은 젤 구슬들로 가득 찬
얼음 팩들이 에워싸고 있었다. 내가 짐을 받았다는 서명을 하자
마자, 그 남자들은 트럭 트렁크를 쾅 닫더니 주차장에서 끽 소리
를 내며 빠져나갔다. 이 교환은 전형적인 것이었다. 사이언스 서
포트 요원들은 정기적으로 몸통, 머리, 다른 각종 장기를 이런 식
으로 배달하곤 했다. 한 번은 다리 한 짝만 받은 적도 있었지만,
그건 사이언스 서포트에서 온 것이 아니었다.

　"어이, 케이틀린. 냉동 트럭 속에 있는 그 다리 봤어?" 마이크
가 물었다. 그의 동료로 6개월간 근무하고 나니, 순전히 일 때문
에 앞에 말한 것처럼 다리 한 짝 봤냐고 아무렇지도 않게 묻는
마이크와, 비꼬는 듯한 태도로 희미한 미소를 날리기 일보 직전

인 마이크 사이의 미묘한 구분을 해낼 수 있게 되었다.

"아뇨, 마이크. 말씀하시는 그 다리 못 봤는데요. 사이언스 서포트에서 온 다리인가요?"

"아냐, 이 사람아, 다리 주인인 여자 분은 살아 있어. 어제 다리 한 짝을 떼어냈지. 내 생각에는 당뇨병인 것 같아. 그녀가 전화해서 여기서 다리 한 짝만 화장해줄 수 있는지 묻더군. 지금까지 했던 통화 중에 가장 기이한 통화였어. 크리스가 오늘 아침 병원에 가서 다리를 찾아왔지." 그가 말했다.

"다리 한 짝'만' 화장할 거래요? 그러니까 내게 지금 예비장(premation)을 하라는 거죠?"

나는 대꾸했다. 내 농담에 대한 보답으로, 그는 조금 웃는 듯한 기색을 보였다.

"예비 화장(pre-cremation), 줄여서 예비장(premation)이라. 그거 좋지. 지난주 새너제이에서 가져온 그 남자처럼 말이야. 그 사람은 자기 자신을 담배와 함께 태웠잖아. 예비장이라." 그가 머리를 절레절레 흔들더니 컴퓨터로 돌아갔다.

적절한 시점에 터져나온 이 음울한 유머에 1득점. 나는 몇 달동안이나 죽음을 긍정적으로 보는 강심장이라고 마이크에게 깊은 인상을 남기려 그렇게 노력해왔건만, 이제야 비로소 그는 이런 농담을 하는 나를 믿기 시작한 것이다.

사이언스 서포트에서 온 이 상자 속에 든 머리들은 각각 80세 남자와 78세 여자의 것이다. 머리에는 각기 신분을 증명하는 긴 목록이 적힌 종이가 달려 있다. 이걸로 그들의 이름이나 출신 지역을 알 수는 없지만 "1번 머리의 주인공은 갑각류, 토마토, 모르핀, 딸기에 알레르기가 있음."과 "2번 머리의 주인공은 뇌암이 있으며 꽃가루 알레르기가 있음." 같이, 몰라도 되는 흥미로운 사실들의 전체 목록은 알 수 있다.

두 머리의 주인공들이 실생활에서 서로 알았을 가능성은 거의 없지만, 나는 이 둘이 전쟁으로 헤어진 연인이라고 상상하고 싶었다. 어쩌면 십자군 전쟁이었을 수도 있다. 십자군 전쟁은 이런 종류의 일에 낭만적이면서도 폭력에 물든 배경으로 쓰이기에 제격이다. 어쩌면 프랑스혁명 기간 동안 기요틴에 목이 잘린 희생자들이었을지도 모른다. 아니면 초기 미국 개척자들이었을지도 모른다. 둘 다 인디언에게 잡혀 머리 가죽이 벗겨졌던가? 나는 젤이 들어간 얼음 팩을 제치고 상자 안을 살짝 들여다보았다. 아니다, 아니야. 이 머리들은 가죽이 멀쩡했다. 어쨌든 그들은 여기에 함께 머물며 영원한 장작불을 향해가는 중이었다.

망설이면서 나는 머리가 담긴 상자 속을 살짝 들여다보았다. 그 머리를 둘러싼 포장을 벗기지 말고 그대로 두면 어떨까 하는 생각을 속으로 하고 있었다. 저것들을 바로 화장로에 집어넣을 수 있을까? 마이크가 언제나 그렇듯이 지켜보고 있다가 내 어깨 뒤에서 벌떡 일어섰다. "저 젤 포장들을 벗겨내야 돼. 포장은 레토르트에 넣을 수 없어."

"그러려면 제가 랩을 벗기고 머리들을 꺼내야 하지 않을까요?" 내가 물었다.

"그럼, 그럼. 당신이 어떤 류의 여자인지 한번 보자고." 그가

잘해봐야 시체가 되겠지만

팔짱을 낀 채 대답했다.

크리스는 시신 담는 상자에 테이프를 붙이며 조립하다 말고 나를 올려다보았다. 모든 눈동자들이 내게로 쏠렸다. 웨스트윈드에선 정말이지 머리 상자로 사람들이 단합되는 모양이었다.

나는 조심조심 남자 머리(갑각류, 토마토, 모르핀, 딸기에 알레르기가 있는 1번 머리)를 꺼냈다. 머리는 질척질척하고 생각보다 무거웠다. 대충 무게를 따진다면 볼링공 하나 정도였지만, 그의 뇌 속 덩어리들이 고르지 않게 분포되어 있어, 공보다는 훨씬 다루기가 힘들었다. 정말이지 한 사람이 두 손으로 들어야 할 정도였다.

"아아, 가엾은 요릭!"[◎] 하고 나는 내 손에 들어온 머리를 향해 영탄조로 말했다.

"에구구, 퀴퀘그."[◎◎] 하고 크리스가 내 말을 받았다. 몸에서 떨어져나온 머리들에게 갖다 붙일 우리의 문학적 출처는 언제나 준비되어 있었다. 말하자면 장의업계에서 벌어지는 즉흥극이라고나 할까.

멕시코의 시체 보관소에서 가져온 머리를 정교하게 꾸며서, 신화적 의상을 입힌 자웅동체의 사람과 난장이들을 옆에 나란히 눕혀놓고 사진을 찍은 전위 예술가 조엘 피터 위트킨에 대해 마이크는 두서없는 이야기를 늘어놓으며 듣는 사람의 진을 빼놓았다. 위트킨은 이 어두운 이미지를 만들고 싶다는 욕망이 어렸을

[◎]   셰익스피어의 희곡 「햄릿」에 나오는 해골.
[◎◎] 허먼 멜빌의 소설 『모비딕』에 나오는 인물로, 작살잡이로 일하며 종종 해골을 판다.

때 끔찍한 차 사고를 목격한 데서 생긴 것이라고 말했다. 그 사고로 어린 소녀의 몸은 동강 나고, 생명이 사라진 그 아이의 머리가 발치까지 또르르 굴러와서 멎었다고 했다. 마이크는 항상 이런 비밀스러운 이야기에 관해서는 타의 추종을 불허했다.

나는 1번과 2번 머리처럼 연구를 위해 전통적 장례와 사후의 '존엄성'을 포기한 사람들이 존경스러웠다. 그건 '아주 현대적인' 일이었다.

그렇다면 나 자신도 그런 결말을 생각하고 있었느냐고? '정반대'였다. 나중에 이런 식으로 몸이 토막 난다고 생각하니 격한 반발심이 들었다. 내 머리가 상자에 담긴 채 이름도 없이 오직 번호와 갑각류 알레르기로 구분되어, 어딘가에 덩그러니 놓여 있다는 것은 심각한 통제력 상실로 보였다. 어머니는 늘 내게 말씀하셨다. 당신의 사체를 우리가 어떻게 하든 상관없다고. "그저 나를 큼직한 가방에 넣어 도로 연석에 놓아두렴. 쓰레기 줍는 사람이 가져가도 내 알 바 아니다." 아뇨, 어머니. 당신의 시신을 과학계에 기증하는 것은 분명히 고귀한 일이지만, 익명의 부위들, 부분들, 조각조각들이 도시 주변에 흩어진다는 생각을 하면 울컥하네요.

자기 통제가 늘 내겐 중요했다. 성탄절 아침에 알츠하이머병으로 인해 폭주 운전을 나간 우리 할아버지는 미합중국의 대령이셨다. 그분은 한국전쟁 때 탱크 폭파 부대를 지휘하셨고, 페르시아어를 배우셨고, 이란 왕과도 친하게 지내셨다. 그리고 말년은 하와이에서 군사 기지를 운영하면서 보내셨다. 할아버지는 성인 남녀들과 아이들(나 말이다)이 어떻게 행동해야 하는지에 대해 뚜렷한 생각을 가진 엄격한 남자셨다. 말년에 이르러 알츠하이머병으로 정신이 흐려지고 서글퍼지고 사회적으로 부적절해지자, 이 모든 생각들은 그만 아무것도 아닌 것이 되고 말았다.

할아버지의 병에서 최악인 부분은, 그 병이 자기 통제력을 차츰 잃게 만드는 방식이다. 알츠하이머병은 부분적으로 유전이니 언젠가 나 역시 그렇게 될지도 모른다는 걸 매일 떠올리게 되었다. 다시금 말하지만 죽으면 어쩔 수 없이 통제력을 잃게 된다. 내가 지금은 제대로 옷을 챙겨 입고 올바른 말만 하지만 결국은 죽고 무력해진다는 사실을 확인하는 데 일생이 걸린다는 것은 불공평해 보인다. 차갑고 하얀 탁자 위에 벌거숭이로 누워 가슴은 한쪽으로 젖혀진 채로 입가에서 피가 줄줄 흘러내리면, 아무렇게나 정한 장의사 직원이 호스로 내 피를 빨아내 흘려보내겠지.

나는 그 누구보다도 과학적 기증, 시체를 토막 내는 것에 반대할 합리적 이유가 없다. 두려움은 일부분 문화적인 것이기도 하다. 합리적으로 따져보면 화장도 토막 내는 일의 일종이긴 하지만, 티베트의 천장(天葬)을 알기 전에는 몸을 토막 낸다는 것을 받아들이기 어려웠다.

내 한 친구의 사촌이 아프가니스탄에서 죽은 일이 있다. 그의 어머니는 도로변에 설치된 폭탄 때문에 아들의 사지가 사방팔방으로 날아갔다는 내용의 보고서를 받았다. 비록 그의 시체가 비행기에 실려 집까지 날아와 바로 화장로에 들어가서 불에 타 이름 없는 수천수만 조각의 무기질인 뼈로 변하기는 했을망정,

아들의 몸통만은 온전히 부지된 것을 보고 어머니는 안심했다.

좋든 싫든, 그 뼈의 일부는 화장로 바닥과 벽 사이의 틈새에 스며들 듯 끼어, 되찾을 수 없을 것이다. 캘리포니아주 화장허가법은 공식적으로 이 현상을 다음과 같이 인정하고 있다.

화장로는 세라믹과 그밖의 재료들로 이루어져 있는데, 화장을 할 때마다 이 성분들이 미세하게 떨어져나간다. 그리고 그 분해의 산물은 화장된 유해와 혼합된다 …… 일부 찌꺼기는 화장로의 틈새나 울퉁불퉁한 장소들에 남게 된다.

쉬운 말로 하자면 이렇다. 유해가 화장로에서 쓸려나갈 때, 기계의 일부도 따라나가고 뼈의 일부는 뒤에 남는다. 이것이 이른바 '혼합'이다.

아무리 내가 여러 번 레토르트용 작은 빗자루로 세라믹 표면의 틈새 부분까지 싹싹 쓸어낸다 해도, 시체 하나하나를 태운 부스러기는 흩어진다. 노력을 하지 않아서가 아니다. 나는 은색 가루를 하나하나 모으려고 시도해보았다. 화장로 속으로 너무 깊이 들어갔다 싶을 정도로 몸을 밀어 넣고, 작은 빗자루로 그 사이에 낀 뼈들을 빼내다가 빗자루 털이 녹아 몽땅해지는 동안, 그 뜨거운 공기에 얼굴이 익어버린 적도 있다.

한번은 화장로를 쓸어내는 동안 뜨거운 뼛조각 하나가 튀어올랐다. 나는 우연히 그걸 밟았는데, 신고 있던 장화의 고무바닥의 깊숙한 곳까지 타서 구멍이 났다. "이런 제길!" 난 소리쳤고,

잘해봐야 시체가 되겠지만 ────

나도 모르게 무릎을 홱 움직여 그 뼈를 화장로 저편까지 포물선 모양으로 높이 차 보내버렸다. 뼈는 시체 운반용 들것이 줄 지어 있는 곳 어딘가에 착지했다. 5분 뒤 두 손과 양 무릎으로 기어 다니면서 나는 그 숯덩이를 찾아 장화에 뼈 모양으로 난 구멍과 맞는지 그 조각을 맞춰보았다. 당신도 언젠가는 산산조각 날 것이다.

물론, 산산조각 난다는 것을 다르게 보는 여러 시각들이 있다. 한 달 뒤, 나는 내쉬빌에서 열리는 사촌의 결혼식에 가기 위해 마이크에게 이틀 동안 휴가(무급 휴가, 이를 유념해야 한다.)를 받았다. 전형적인 결혼 전 준비 과정에서는, 예식 전날 오후에 여자 손님들이 온천욕 하는 일정을 잡아둔다. 나는 마사지하는 방으로 떠밀려 들어갔다. 창문이 없는 그 방에는 향이 피워져 있고 배경으로 명상 음악이 흐르고 있었다. 마사지하는 금발 여성은 목소리가 부드럽고 아주 남부 여성다웠는데, 내 등 여기저기를 천상의 선녀 같은 손길로 만지기 시작했다. 그녀는 마사지를 하면서 이것저것 잡담을 했다.

"그러니까 평소 하시는 일이 뭐죠, 자기는?" 그녀는 스피커에서 흘러나오는 찬송가를 배경 삼아, 남부 특유의 말씨로 느릿느릿 말했다.

이 여자에게 내가 평소 무슨 일을 하는지 말할까 말까, 나는 망설였다. 그 마법 같은 손길로 지금 주무르고 있는 것이 시신을 운반하고 또 거대한 화장로에서 뼈를 긁어내느라 근육이 뭉친 부위라는 말을 할까 말까?

나는 말하기로 했다.

정말이지 그녀는 한마디도 놓치지 않고 내 말을 끝까지 다 들었다. "저어…… 웨스트버지니아주에 친척들이 많이 사는데요, 그분들은 그 모든 화장 도구가 악마의 도구라고 생각들을 한답니다."

"그럼, 당신은 화장을 어떻게 생각하세요?" 나는 마사지사에게 물었다.

그녀는 내 등을 만지던 두 손을 가만 놔두고 잠시 생각하더니 말했다.

"있죠, 전 다시 태어났어요."

다행히도 나는 마사지 탁자 위에 대고 고개를 숙이고 있어서 그녀는 내 두 눈이 앞뒤로 흔들리는 것을 볼 수 없었다. 뒤따른 질문을 내가 할 거라고 그녀가 짐작하고 있었는지는 불확실하다. 긴 침묵이 이어지다가 그녀가 계속 말을 이어나갔다. "난 황홀경에 빠지면 예수님이 오시어 축복받은 이들을 하늘나라로 올려주실 거라고 정말 믿어요. 하지만 문제는 이거예요. 그때 우리에겐 몸이 필요할 텐데, 내가 혹시 큰 바다에서 헤엄치고 있다가 몸이 상어에게 물어 뜯겨 산산이 찢기면 어쩌죠? 내 몸이 물에서 떴다 가라앉았다 하고 상어 배 속에도 있다면, 우리 구세주께서 나를 다시 온전하게 만들어주시지 못할까요? 만약 예수님의 힘으로 상어의 공격을 받은 몸도 치유해주실 수 있다면, 그분은 화장된 몸도 치유해주실 수 있겠죠."

"화장된 몸을 치유해주신다고요?" 나는 그 말을 되풀이했다.

잘해봐야 시체가 되겠지만

그건 미처 못 해본 생각이었다. "글쎄요, 하느님이 구더기의 소화관을 통과해 부패한 시체들을 다시 제 모양으로 만드실 수 있다면, 아마 화장된 몸도 치유해주실 수 있겠죠."

마사지사는 내 대답에 만족한 것 같았고 우리는 나머지 시간을 각자 조용히, 우리 몸이 나중에 어느 정도까지 산산조각 날지 곰곰이 생각하며 보냈다. 그녀의 시체는 황홀경에 빠질 순간을 기다릴 것이다. 유감스럽지만 내 시체는 그런 식의 초월을 일체 즐기지 않을 것 같다.

내게 와 닿았던 것은 단지 산산조각 나는 것을 피할 수 없다는 사실뿐 아니라 죽음의 불가피성, 그러니까 죽음이 지나는 길에 있는 모든 것을 휩쓸어간다는 그 방식이었다. 기원후 1세기에 푸블리우스 시루스가 글에도 썼듯이 "인간으로서 우리는 모두 죽음 앞에 평등하다."

중세 말기에는 '죽음의 무도', 또는 망자의 무도가 예술의 인기 있는 주제였다. 부패하는 시신이 아무것도 모르는 산 사람들을 잡아가려고 곁에 와서 씩 웃음 짓고 있는 장면을 그림들은 묘사했다. 웃고 있는 시신은 썩어서 익명의 몸이 되고, 두 손을 흔들며 교황이나 극빈자나 왕이나 대장장이나 할 것 없이 빙빙 돌아가는 원무 속으로 다 잡아 끌어들이며 발을 쿵쿵 구른다. 이 그림을 보는 사람들은 누구나 죽음이 확실하다는 것을 떠올리게 된다. 아무도 빠져나갈 수 없다. 익명성이 기다리고 있다.

골든게이트 브리지는 골든게이트 사운드에서 마린 카운티까지 샌프란시스코를 가로질러 북쪽으로 뻗어 있다. 붉은색과 주황색으로 윤이 반짝반짝 나는 이 걸작 건축물은 전 세계에서 가장 많이 사진에 찍힌 다리다. 연중 어느 날 어느 시간이든 차를 타고 다리를 건널 수 있는데, 건너다보면 다리 위에서 서로 껴안고 사진을 찍고 있는 행복한 커플들을 볼 수 있다. 이 다리는 또한 어떤 여행사도 특별히 이기고 싶어 하지 않는 경쟁에서 중국 난징의 양쯔강 대교와 일본 아오키가하라 숲과 선두를 다투며, 세계에서 가장 인기 있는 자살 장소 중 하나로 악명을 떨치고 있다.

골든게이트 브리지 옆쪽으로 떨어지는 사람은 물과 부딪칠 때 속도가 시속 120킬로미터라는 것을 예상해야 하고, 또한 98퍼센트의 확률로 확실하게 죽는다는 것을 각오해야 한다. 대부분 떨어지는 사람들은 이 트라우마만으로도 사망에 이른다. 갈비뼈가 부러지고 연약한 내장 기관이 파열된다. 설사 추락하는 과정에서 살아남는다 해도, 익사하든가, 누군가가 발견해서 구해주지 않으면 저체온증이 심해진다. 시체는 종종 상어가 뜯어 먹거나 게들이 오염시킨 다음에야 발견되기 일쑤다. 끝까지 찾지 못하는 시체도 있다. 사망률이 높은데도 불구하고 (아니면 비극적으로, 바로 그렇기에) 골든게이트에서 투신하기 위해 전 세계에서 사람들이 온다. 베이만 위로 내려앉는 노을을 감상하기 위해 다리를 건너는 관광객들은 다음과 같이 적힌 표지판을 만나게 된다.

위기에 처한 사람을 위한 상담
희망은 있습니다.
전화를 거십시오.

이 다리에서 투신하면 그 결과는
치명적이고 비극적입니다.

골든게이트 브리지에서는 이런 식으로 약 2주에 한 구씩 시체가 생겨난다. 뛰어내린 시체 한 구 없이 일곱 달 동안 일하던 어느 날, 우리는 두 구의 시신을 받았다. 죽으면 사람이 평등해진다는 걸 잘 보여주는 예로 웨스트윈드 화장장에 온 두 시신만 한 경우도 없을 것이다. 스물한 살 먹은 노숙자와 마흔다섯 살 먹은 우주항공 엔지니어링 회사 간부였다.

골든게이트에서 투신한 사람들의 시체가 만에 빠진 다음 어디로 가는지는, 강물의 흐름이 이들을 어느 방향으로 실어가느냐에 달려 있다. 시체가 강물을 타고 남쪽으로 실려 가면, 샌프란시스코 카운티에서 시체를 인수해 항상 만원인 그곳의 법의관 사무소로 보낸다. 강물에 실려 북쪽으로 떠내려가면, 돈 많은 마린 카운티로 보내지는데 이 지역에는 독립된 검시관 사무소가 있다. 우주항공 엔지니어는 로켓 과학자로, 마음만 먹으면 쉽게 마린 카운티의 맨션 한 채를 살 수 있는 부자였겠지만, 남쪽으로 떠내려갔다. 그의 여동생 말에 따르면, 한 번도 직업을 가져본 적 없는 노숙자는 북쪽으로 떠내려가 돈 많은 마린 카운티 교외로 갔다. 다리 밑 강물의 흐름은 그들 각각의 지위를 몰랐다. 그들이 어떤 무력감으로 다리까지 오게 되었는지도 개의치 않았다. 만의 흐름은 페미니스트 카미유 팔리아가 다음과 같이 개탄한 그대로이다.

"인간은 자연이 선호하는 종(種)이 아니다. 우리는 그저 자연이 무차별적으로 그 힘을 행사하는 수많은 종의 하나일 뿐이다."

어느 날 오후, 크리스와 나는 화장장을 출발하여 그의 흰색 밴을 타고 버클리까지 테레즈 본의 시체를 찾으러 갔다. 테레즈 할머니는 102세로 자기 침대에서 죽었다. 테레즈는 1차 세계대전(1차 대전!)이 일어나기도 전에 태어났다. 웨스트윈드로 돌아와 테레즈의 시체를 냉장실에 넣고 나서, 나는 겨우 세 시간 육 분 동안 이 세상에 살았던 아기의 시체를 화장했다. 화장이 끝나자 테레즈와 그 아기의 재는 양으로는 몰라도 겉보기에는 똑같았다.

과학계에 기증된 머리나 아기들이나 어떤 여자의 못 쓰게 된 다리나 모두 불타고 나면 마지막에는 똑같은 모습으로 나온다. 유해가 납골함에 담겨 나오면 누가 성공했는지, 실패했는지, 손자 손녀가 있었는지, 대역죄인이었는지 말할 수 없다. "너는 먼지였으니, 먼지로 돌아갈지어다." 한 명의 성인으로서 당신의 재와 나의 재는 같고, 남는 것은 1.8~3.2킬로그램의 회색 재와 뼈뿐이다.

현대의 장의업에서 죽음을 '개별화'한답시고 만들어진 것은 매우 많다. 이런 마케팅 서사는 베이비부머들의 주머니를 노린 것이며, 적당한 가격에 특별한 물건들, 이를테면 볼티모어산 까마귀색 관, 골프 클럽 모양의 납골함, 오리 사냥 장면이 그려진 시신 이불 등과 함께 모든 죽음이 찾아올 수 있음을 보증한다. 《장의 관리》라는 장의업계의 주요 잡지에서는, 토머스 킨케이드의 출현으로 죽음의 납골당이 마치 그리스도의 재림처럼 무지갯빛 전원 풍경 같은 색을 띠게 되었다고 주장했다. 이러한 물품들에는 특

잘해봐야 시체가 되겠지만

별한 마무리가 더해지는데, 그것은 이렇게 말하고 있다. "나는 내 옆 사람과 다르다. 나는 옆에 누워 있는 망자가 아니다. 나는 나다. 나는 누구와도 다르다. 나는 기억되고 있다!" 내 입장에서는 장의사가 제공하는 이런 감상적인 장식 소품들이, 죽음의 무도로 원무를 추는 시신들조차 부끄러워할 만큼 끔찍하게 다가온다.

개별화를 하고 싶은 충동은 이해가 간다. 사실, 언젠가 개별화된 죽음의 일종인 장의사 라벨모르를 열겠다는 순진한 생각을 갖고 웨스트윈드에 왔을 때, 내가 바로 그 충동에 빠져 있었다. 하지만 우리에게 필요한 것은 끝도 없이 긴 선택 상품 목록에 또 다른 것을 추가하는 것이 아니다. 참된 의미를 지닌 의례, 즉 시신과 가족, 감정을 포함하는 의례를 잃어버린 상황에서 그런 상품들은 의미가 없다. 의례는 구매력으로 대치할 수 없다.

웨스트윈드에서 몇 달간 일하다보니, 화장한 유해가 담긴 자루들이 각종 도구가 매달린 금속 선반 위에 첩첩이 쌓여갔다. 그것들은 아기 유해, 어른 유해, 사이언스 서포트에서 온 인체의 일부분, 화장로에서 나온 '잉여' 잔해들(우리 화장장을 거쳐간 모든 이들이 남긴 잔해가 섞인 것들)이었다. 멀리 보내야 할 만큼 자루가 쌓인 어느 날, 우리는 작은 회색 전사(戰士)들을 참관자 없이 바다에 흩뿌릴 준비를 했다. 유리 히라카와, 글렌도라 존스, 티모시 라키노비츠 같은 이름을 가진 고인들의 뼈가 든 자루들이 작게 매듭지어진 채 인내하는 자세로 버티며 상자 속에 차곡차곡 포개져 있었다. 가족들, 친인척들, 사이언스 서포트는 우리 장의사에 소정의 비용을 내고서 사랑하는 사람들의 재를 샌프란시스코만으로 나가 바람에 흩날려 보내게 한다.

준비하는 데 시간이 좀 걸렸다. 캘리포니아주에는 남은 유해를 바다에 뿌리는 행위에 관한 법률과 절차가 있다. 재를 뿌릴 사람은 고인 한 분 한 분과 안치 허가조항 하나하나, 웨스트윈드와의 계약 조항 하나하나를 이런저런 형식의 작은 숫자까지 비교해가며 확인하고 또 확인해야 한다. 최종적으로 내게는 성인 서른여덟 구, 영아 열두 구, 해부 표본으로 쓰였던 시체 아홉 구로 된, 서로 구분할 수 없는 유골이 꽉 들어찬 상자 세 개가 있었다. 나는 나만의 죽음의 무도를 이끄는 사람이었던 것이다.

상자들은 다음 날 아침 웨스트윈드의 재 뿌리는 보트에 실려 밖으로 나가기로 되어 있었다. 나는 내가 가야 한다고 마이크에게 넌지시 말했다. 그들을 죽은 곳에 가서 찾아오고 불 속에 눕힌 것도 나였으니, 그들의 재를 바다에 흩뿌리는 것도 내가 맡아서 그 모든 길에서 그들과 내내 함께하는 사람이 되고 싶었다. 아, 그러나 어쩌랴, 마이크가 이 일을 맡았다. 마이크는 이른 아침 해변에서 이루어지는 이 모험을 기다려왔다. 누군가 한 사람은 웨스트윈드에 남아 전화도 받고 화장도 해야 했다. 그 누군가는 화장로를 운전하는 사람, 죽음이라는 토템 폴◉에 걸터앉은 작달막한 여자, 바로 나였다.

◉　　　토템 상을 그려넣은 기둥으로, 여기서는 화장로를 뜻한다.

에로스와
타나토스

푸날레이가에 있는, 내가 자라난 집에는 어렸을 때 헤아릴 수 없이 많은 시간을 보낸 수영장이 있었다. 10대 때 수영장 청소 펌프가 부러져서 유년 시절 내 아지트였던 이곳이 점점 녹색으로 변하며 식물층이 두터워지더니 그 지역의 개구리와 오리들이 사는 야생 서식지가 되었다. 이 식물군과 동물군은 평범한 교외의 길가 한가운데 잘 발달된 늪을 찾게 되어 좋아했다.

도티 영감네 사유지에서 일어난 이 자연 친화적 결과에 우리 이웃들이 그리 깊은 감명을 받지는 않았으리라고 나는 확신한다. 늪에 사는 개구리들은 밤새도록 더할 나위 없이 시끄럽게 꽥꽥 울어댔으며, 길 건너 이웃 키타사키 씨네가 가끔 우리 집 수영장에서 그 집 잔디밭으로 건너가 똥을 싸는 들오리 한 쌍을 무척 싫어했다는 것은 비밀이 아니다. 오리 두 마리가 나란히 길거리에 누워버려(아마 쥐약을 먹었던 것 같다. 사실 확인은 안 된, 나의 가설이다.), 나는 그 오리들의 죽은 모습을 그리고, 키타사키 가족에게 소리 없는 저주를 걸었다. 그들은 이듬해에 이사 갔다. 아마 자신들의 죄를 느낀 데다 내 마법이 통해서 미쳐버렸던 것이리라.

우리 부모님이 거의 15년이 지나 마침내 수영장을 보수했을 때, 수영장 물을 빼낸 인부들은 바닥에서 얇은 층을 이룬 뼈들을 발견했다. 새, 두꺼비, 쥐들의 뼈였다. 그러나 인간의 뼈는 없었다. 이는 아버지가 나와의 내기에서 이겼다는 뜻이다. 운이 좋으면 최소한 이전 이웃들의 뼈 두세 개 정도는 찾을 가능성이 있다고 나는 생각했던 것이다.

처음에 우리 집 수영장이 아직 여느 집 수영장과 같은 모습이었을 때, 함께 몰려다니던 일곱 살짜리 동네 여자아이들이 좋아했던 게임은 「인어공주」에 기반하고 있었다. 디즈니가 1989년에 내놓은 그 영화는 정말 우리의 모든 것이라 할 수 있었다. 역할 놀이를 제대로 하려면 엄격한 제한이 꼭 필요하다.

한 명이 이렇게 선언한다.

"난 빛나는 보라색 브라를 하고, 녹색 긴 머리에 반짝이는 분홍색 지느러미가 있는 인어공주야. 제일 친한 친구는 노래하는 문어고."

누군가 녹색 머리에 분홍 꼬리를 찜했다면, 다른 누구도 이와 똑같은 색의 조합은 시도하지 않는 편이 낫다. 혹 그랬다가는

잘해봐야 시체가 되겠지만

끝내 그 집단에서 쫓겨나 바나나 나무 뒤에 가서 울게 될 테니 말이다.

디즈니 작품 전체, 특히 「인어공주」는 사랑에 대해 지나치게 비뚤어진 관점을 내게 심어주었다. 독자 여러분 중 그 영화를 보지 않은 사람들을 위해, 줄거리를 요약해보자면 이렇다.(영화 줄거리는 한스 크리스티안 안데르센의 원작 소설과는 엄청나게 다르고, 후반부로 갈수록 더 다르다.)

애리얼은 아름다운 인어공주로, 목소리는 외모보다 한층 더 아름답다. 에릭 왕자와 인간 문명의 잔재(그녀가 물밑의 동굴에 잔뜩 모아 놓은)를 너무도 사랑하기에, 오매불망 사람이 되고 싶어 한다.(그런데 사람은 딱 한 번 보았을 뿐이다.) 사악한 바다의 할머니 마녀가 인어공주 애리얼에게, 만약 목소리를 단념하고 벙어리가 되면 사람으로 변신시켜줄 수 있다고 한다. 애리얼이 이 거래에 동의하자, 바다의 마녀는 인어공주의 꼬리를 쪼개 사람의 두 다리로 만들어준다. 목소리가 없어도, 다행히 에릭 왕자는 애리얼과 사랑에 빠진다. 왜냐하면 인어공주의 외모가 귀여웠고, 귀여운 여인에게 목소리 따위는 필요 없으니까. 사악한 바다 마녀는 두 사람을 떼어놓으려고 하지만, 사랑이 승리하여 애리얼은 왕자와 결혼하고 영원히 인간이 된다. 끝.

난 내 연애도 이렇게 진행될 줄 알았다. 여기서 사악한 바다 마녀와, 현명하지만 냉소적인 음악하는 게만 빼고 말이다. 그런데 실제로 10대를 지나고 보니 이런 생각에서 벗어나게 되었다.

죽음에 대해 병적으로 집착하는 10대 소녀였던 내가 하와이에서 찾은 실질적인 사회적 배출구는 오직 고스족⁰이 되어 '플레시(flesh, 살)'나 '던전(dungeon, 지하 감옥)' 같은 이름이 붙은 S&M 페티시 클럽⁰⁰을 방문하는 것이었다. 이런 클럽들은 공항 쪽 저지대에 있는 창고에서 토요일 밤이면 문을 열었다. 당시 모두 낮 시간에는 교복 차림의 사립학교 학생이었던 친구들과 나는, 부모들에게 밤새 파자마 파티를 할 거라고 말하고는, 파자마 대신 인터넷으로 주문한 고스족 스타일의 검은 비닐 드레스로 갈아입었다. 그러고는 클럽에 가서 철 십자가에 매인 다음, 연무기가 뿜어내는 안개 속에서 공개적으로 채찍질을 당하곤 했다. 클럽이 새벽 2시에 닫고 나면 "지피"라 불리는(밤늦게 근무하는 주인들 중에 몇몇은 정신이 헷갈려 한결같이 "위치(witch, 마녀)"라 부르는) 24시간 내내 문을 여는 식당에 들어가 그곳 화장실에서 화장을 지우고 부모님 자동차 안에서 몇 시간 눈을 붙이곤 했다. 학교에서는 시합에 나가는 카누 팀에 속해 있기도 했으므로 다음 날 아침이면 나는 검은 비닐 드레스를 벗고, 보트 바로 옆에서 돌고래들이 장엄하게 도약하는 가운데 두 시간 동안 대양에 나가 노 젓는 연습도 해야 했다. 하와이는 어린 시절 자라날 환경으로는 좋은 장소이다.

20세기 후반의 미국 아동, 즉 미국적인 아동으로서 내가 사랑하던 디즈니 영화의 바탕이 된 이야기들이 그림 형제와 한스

⁰　　죽음과 어둠으로 대표되는 고딕 문화에 심취한 집단. 주로 검은 옷과 해골 모양 장신구를 즐겨 한다.

⁰⁰　가학적, 피학적 성욕을 가진 사람들을 위한 클럽.

크리스티안 안데르센 같은 사람이 쓴, 잔인하고 섬뜩한 유럽 동화에서 가져온 이야기인지 난 전혀 몰랐다. 여기서 유럽 동화란 뻔하게 "그리고 그들은 그 후 영원히 행복하게 잘 살았습니다."로 끝나지 않는다. 그림 형제의 『거위 소녀』처럼 "그녀의 운명은 안에 뾰족한 손톱들이 박혀 있는 양동이에 홀딱 벗고 들어가 …… 여기에 매여진 백마 두 필에 거리마다 질질 끌려 다니다가 죽었다."라는 식의 결말로 끝났던 동화들이다.

덴마크의 저자 한스 크리스티안 안데르센이 1836년에 쓴 『인어공주』 원작에는 사실 바다에 사는 노래 잘하는 동물들이 없다. 원래 이야기에서 젊은 인어공주는 왕자와 사랑에 빠져, 마녀를 찾아가 도움을 요청한다.(여기까지는 디즈니 영화 내용과 같다.) 인어공주는 사람의 두 다리를 받지만, 한 걸음 한 걸음 걸을 때마다 발이 칼로 에이는 듯 아프다. 바다의 마녀는 이렇게 해주고 대가를 요구하면서 "인어공주의 혀를 잘라버려 그녀는 벙어리가 되어 다시는 말도 노래도 못하게 된다." 거래 조건인즉, 인어공주가 왕자를 설득해 그녀를 사랑하게 만들 수 없으면, 공주는 죽어서 바다의 물거품이 되고 영원불멸의 영혼을 가질 기회도 잃게 된다는 것이다. 다행히 왕자는 그녀와 사랑에 빠진 듯하고 "인어공주는 왕자의 집 문 앞, 벨벳 쿠션에서 자도 된다는 허가를 받았다." 누구네 집 문간의 개집에서 자도 된다는 허락을 받는 것만큼 사랑을 말해주는 건 없기 때문이다.

집 문 밖에서 잠을 자는 벙어리 여인과 결혼할 만큼 마음이 동하지 않은 왕자는 다른 왕국에서 온 공주와 결혼한다. 인간인 왕자의 사랑을 얻는 데 실패한 인어공주는 결혼식 다음 날 아침 자기가 죽으리라는 걸 알고 있다. 마지막 순간 공주의 자매들이 몰래 들어와서, 자신들의 머리칼을 다 잘라 바치고 그 대가로 바다의 마녀에게 칼을 얻었다. 그들은 인어공주에게 그 칼을 주면서 이렇게 말한다. "해가 뜨기 전에 이걸로 왕자의 심장을 찌르렴. 뜨뜻한 피가 네 두 다리에 뚝뚝 떨어지면 두 다리는 다시 함께 자라서 지느러미 모양이 될 거야. 그러면 너는 다시 인어공주가 되는 거야." 인어공주는 사랑하는 왕자를 차마 자기 손으로 찔러 죽일 수는 없어, 뱃전에서 바다로 뛰어내려 죽는다. 끝. 이 이야기를 어린이용 애니메이션으로 만들어 판다고 한번 해보라.

이것이야말로 내가 어린 시절에 알고 싶었던 버전의 이야기다. 어린 아이를 사랑과 죽음의 실상 앞에 노출시키는 것은 그를 해피 엔딩이라는 거짓말에 노출시키는 것보다는 훨씬 덜 위험하다. 디즈니 공주 시대의 아이들은 동물들이 조연으로 나오고 비현실적 기대로 가득 찬, 눈가림 버전을 보며 자라났다. 신화학자 조지프 캠벨은 현명하게도, 해피 엔딩을 경계하라고 말한다. "왜냐하면 우리가 알고 보는 세계는 오직 한 가지 결말만을 낳기 때문이다. 우리가 사랑했던 모습들이 멸하고 우리 심장이 죽고, 해체되고, 절단되고, 처절한 고통을 겪는다."

일반 대중에게 가장 인기 있는 결말은 해체와 죽음이 아니다. 이보다는 구식 연애담을 받아들이게 하는 것이 훨씬 쉽다. 그래서 나 자신의 연애담을 독자 여러분들에게 그대로 밝히기가 두려운데, 그 이야기는 언젠가 시체 방부처리를 준비하고 있는 브루스를 만나러 내가 처음 걸어 들어가던 날에 시작된 것이다.

"이봐요, 브루스. 가족들이 어제 구티에레즈 부인에게 입히라고 가져온 옷들 입혔나요?" 나는 물었다.

"오 맙소사, 그 속옷 봤어?" 그가 한숨지으며 말했다. "자, 저좀 보세요, 가족 분들, 당신네 할머니는 베티 페이지◎가 아니랍니다. 지스트링 팬티(티 팬티) 같은 건 여기 가져오지 마세요."

"왜들 그러죠? 너무 이상하잖아요."

"항상들 그런 짓을 한단 말이야. 지스트링(G-string) 할 때 'G'가 그랜드마더(grandmother)를 위한 'G'는 아닌데."

브루스는 탁자 위에 누워 있는 젊은이 시체를 가리켰다.

"이 사람은 크리스가 오늘 검시관 사무소에 가서 찾아온 사람이야. 마약 과용이라나 뭐라나."

그때 난 알아챘다. 탁자 위에 누운 이 사람은 얼굴이 없다는 것을. 머리가 잘려나간 것이 아니라, '얼굴'이 아예 없었다. 정수리부터 턱 밑까지 피부가 전부 과일 껍질 벗기듯 도르르 벗겨져 있어서 그 밑의 혈관과 근육들이 다 드러나 보였다.

"브루스, 이 사람 왜 이래요? 무슨 일이에요?" 나는 브루스가 살을 파고드는, 얼굴 피부를 벗겨내야 하는 질병에 관해 일장연설을 할 거라 생각하며 물었다.

그가 말하길, 실은 정어리 캔 뚜껑을 열듯이 얼굴 피부를 도르르 말아 벗겨내는 것은 아주 흔한 일이라는 것이다. 법의관은

◎　1950년대 미국에서 핀업 걸로 유명했던 사진 모델.

해부를 할 때 종종 뇌를 들어낸다. 두피선을 따라 절개하고, 피부는 아래쪽으로 죽 당겨서 검시관이 진동 톱으로 두개골을 열 수 있게 한다. 이때 머리 가죽 벗기는 기술은 놀랍게도 옛 스키타이 전사들이 쓰던 기술과 같다. 그들은 승리를 증명하기 위해 적들의 머리를 왕에게 가져와서 바친 다음, 머리 가죽을 벗긴다. 좋은 전사(혹은 법의관)라면 허리띠에 이렇게 벗겨낸 머리 가죽 모음을 대롱대롱 차고 다녔을지도 모른다.

뇌를 들어낸 다음, 검시관은 머리 덮개뼈를 고인의 머리에 약간 삐뚤게, 마치 빵모자처럼 얹어놓고, 얼굴 가죽을 그 자리에 돌려놓는다. 손상된 시신을 다시 원상 복구하는 것은 장의사 측에서 할 일이다. 브루스는 그날 힘들여 이 일을 하고 있던 중이었다.

"봐봐, 케이틀린. 난 유가족들에게 내가 '장의사(mortician)' 직원이지 '마법사(magician)'가 아니라고 말했다고, 알겠어?" 브루스는 자기가 좋아하는 언어유희를 하면서 웅얼거렸다.

브루스는 두개골을 원래대로 제자리에 맞추려고 무던히도 애쓰며, 고인의 이마를 받치던 수건을 벗겨 잘라냈다. 그가 좌절한 것은 웨스트윈드의 준비실에 있는 용품함 속에 이마를 원상 복구하는 데에 쓸 만한 적절한 재료들이 없었기 때문이었다.

"그래, 뭐가 필요한데요, 브루스?" 내가 물었다.

"땅콩버터 좀."

그에게 필요한 것은 진짜 땅콩버터가 아니었다. 그에게 필요한 것은 옛날 장의업계 사람들이 땅콩버터라 부르던, 일종의 보수용 접착제이다. 나는 이 구분을 몰랐기에, 다음 몇 주 동안 내

잘해봐야 시체가 되겠지만

얘기를 듣는 모든 사람들에게 장의업자들은 사후의 미용 제재로 고인의 머리 속에 땅콩버터를 바른다고 얘기해주었다. 사실 시체 방부처리사는 지프표 접착제를 쓴다.

젊은이의 얼굴을 들어내니 두개골 특유의 위협적이면서 히죽 웃는 듯한 미소가 드러났다. 찡그리고 울고 심지어 죽어가는 누구나의 얼굴 바로 밑에 이와 똑같은, 정신 나간 듯 히죽 웃는 웃음이 숨어 있다는 생각을 하니 적이 안심이 되었다. 두개골은 브루스에게 필요한 것이 그 '땅콩버터(여러분도 아는 그 진짜 땅콩버터)'가 아닌 줄 아는 것 같았다. 두개골은 내 얼굴이 혼란에 빠져 엉망이 되는 것을 지켜보고, 나의 무지를 비웃었다.

브루스가 조심스럽게 할로윈 가면 같은 두개골 위에 그 피부를 올려 얹었다. 이럴 수가, 거기에 그가 있었다. 나는 위가 양 무릎 사이로 툭 떨어지는 것 같았다. 얼굴이 원상 복구되자 나는 그를 알아볼 수 있었다. 시체는 나의 가장 친한 친구 중 하나인 루크의 것이었고 그의 짙은 갈색 머리칼은 피에 물들어 있었다.

내가 웨스트윈드에 취직되었다는 것을 알게 된 날, 죽음과 나의 관계가 이상하다고 한 번도 생각해본 적 없던 루크는 내가 취직을 알린 첫 번째 상대가 되었다. 그와 있으면 나는 삶과 죽음에 대한 불안을 마음 놓고 나눌 수 있었다. 우리의 대화는 좀 더 큰 실존적 문제로부터 온라인으로 다운로드 받아본(으흠, 불법 다운로드) 영국 코미디에 나오는 막 쓰러지면서 하는 농담으로 쉽게 빠져들곤 했다. 루크는 좀 히스테릭하긴 했지만 남의 말을 잘 들어주고, 적절한 질문을 하는 데 도가 튼 사람이기도 했다. 웨스트윈드에 몸담은 지 몇 달이 지나고 죽음에 대해 알던 모든 것이 달라졌을 때, 나는 가장 중요한 것을 알게 되었다. 그것은 바로 루크가 나의 회의와 너무나 잦은 실패들을 이해하면서도 그런 것들로 나를 재단한 적이 단 한 번도 없었다는 사실이었다.

몹시 괴로운 순간이 지나고서야 나는 이 시체가 진짜 루크가 아니라는 것을 깨달았다. 마치 그 '땅콩버터'가 진짜 땅콩버터가 아니었던 것처럼, 고인이 된 이 약물중독자는 로스앤젤레스 남쪽에서 수백 킬로미터 떨어진 곳에 살고 있던 진짜 루크가 아니었던 것이다. 하지만 이 사람은 충격적이게도 정말 루크처럼 생겼고, 한 번 본 이미지는 안 본 것으로 할 수가 없게 되었다. 브루스가 이 가짜 루크를 방부처리하고 그날 일과를 끝내고 퇴근한 후, 마이크가 내게 시체를 좀 닦아달라고 부탁했다. 그 시체는 하얀 시트에 덮여 준비실에 누워 있었다. 마치 조각조각 자투리 천을 이어 붙인 퀼트 작품처럼 덕지덕지 꿰맨 상태로 말이다. 나는 시트를 벗겨 시체를 꺼내고 따뜻한 천으로 그의 머리칼과 속눈썹과 섬세한 두 손등에서 피를 닦아냈다. 진짜 루크는 죽지 않았지만, 이제 난 그도 죽을 수 있다는 것, 그리고 사랑하는 내 친구가 내게 얼마나 중요한 존재였는지 모르고 죽는다면 그게 마음속 깊이 한이 되리라는 사실을 알게 되었다.

정신분석가 오토 랭크는 현대의 사랑이 종교적인 문제라고 선언했다. 우리가 점점 더 세속적이 되고 태어난 도시에서 멀리 떨어진 곳으로 이사하기 때문에, 더 이상 종교나 공동체를 이용해서 이 세상에 사는 의미를 확인할 수 없게 되었고, 그래서 그 대신 사랑의 대상을 붙드는 것이다. 우리가 짐승과 같은 존재로 산다는 사실을 잊고 다른 생각을 하게 해줄 누군가를 말이다. 프랑스의 실존주의자 알베르 카뮈는 이를 가장 잘 표현했다. "아, 이 사람아, 신도 주인도 없이 혼자 있는 사람에게, 나날의 무게는 두려운 거라네."

내가 화장장에서 루크와 닮은 시체를 보았던 날, 나는 아무도 모르는 상태로 샌프란시스코에 이사 와서 혼자였다. 스물네 번째 생일날 아침, 걸어서 내 차에 가니 꽃 한 송이가 앞유리창 와이퍼에 끼워져 있는 것이 보였다. 나는 순간 기분이 좋아졌다. 누군가 내 생일을 기억해주었구나 싶었던 것이다. 이어 그것이 불가능한 일임을 깨닫자, 깊은 슬픔이 밀려왔다. 샌프란시스코에서 이날이 내 생일이라는 것을 알아줄 사람이 하나도 없었던 것이다. 아마 바람에 날려 꽃이 거기 와 있게 된 것 같았다.

그날 밤 퇴근하고, 나는 피자 한 판을 사서 혼자 먹었다. 어머니가 전화로 생일을 축하해주셨다.

마이크, 크리스, 브루스 외에 내가 정기적으로 만나는 유일한 타인은 10대 집단뿐이었다. 오전 9시부터 오후 5시까지 장의사에 출퇴근하는 일과 시간 이외에 나는 마린 카운티(최근 《뉴욕 타임스》가 '세상에서 가장 아름답고 전원적이고 빼어나며 자유주의적이고 히피적인 곳'이라고 묘사한 장소)의 부잣집 고등학생들에게 영어와 역사 과외를 했다. 내가 가르치는 학생들은 집에 깔끔하게 손질된 잔디밭이 있고, 내가 매일 하는 일의 상세한 부분까지 듣는 것을 피하기 위해 뒤로 공중제비를 넘는 선의의 헬리콥터 부모들을 둔, 순진무구한 아이들이었다. 나는 오클랜드에 있는 웨스트윈드에서 리치먼드 산 라파엘 다리를 건너 샌프란시스코만이 내려다보이는 그 다양한 고급 아파트들까지 직접 가곤 하는 일이 많았다. 그것이 내가 샌프란시스코에 거주하면서 시체 태워서 받는 월급으로 생활을 지탱할 수 있는 유일한 길이었다.

그러니까 나는 산 자와 죽은 자의 세상을 왔다 갔다 하면서 이중생활을 한 셈이었다. 두 세상 사이의 전환이 너무 급작스러워서, 언젠가는 이 아이들이 내 눈에 담긴 세상을 볼 수 있을지 궁금했다. "안녕하세요. 전 여기, 사람 먼지를 뒤집어쓰고 어딘지 모르게 부패하는 냄새를 풍기면서 당신의 수백만 달러짜리 저택에 와 있어요. 저에게 돈을 후하게 지불해주세요. 당신의 10대 자녀의 말랑말랑한 마음을 내 맘대로 빚어낼 수 있게 말이에요." 부모들은 설사 내가 먼지를 덮어 쓰고 있는 것을 눈치채더라도, 그들은 친절하게도 그 사실을 언급하지 않았다. 사람들! 그렇다, 그건 사람들로 이뤄진 먼지였다.

죽음이 다가오고 있음을 안다면, 야망을 갖고 옛날에 적대시했던 사람을 용서하고 조부모님에게 전화를 하고, 일을 덜 하고 여행을 더 하고 러시아어를 배우고 뜨개질을 하고 사랑에 빠지고 싶어질 것이다. 루크와 똑같이 생긴 사람이 탁자에 누워 있는 것을 본 순간, 내가 루크에게 느낀 것은 사랑이라고 나는 마음속으로 결정했다. 내 느낌은 선명했고, 그것은 내가 이전에 경험했던 것보다 더 강렬했다. 상투적인 표현으로, 하늘에서 번개를 맞은 듯한 느낌이었다. 루크는 나의 이상형이 되었고, 지난 몇 달간 나

잘해봐야 시체가 되겠지만

를 괴롭혀온 감정으로부터 벗어나 그가 내게 안정감과 안도감을 가져다주기를 나는 필사적으로 바라고 있었다. 만약 그와 함께 있을 수만 있다면, 나 혼자 죽지는 않을 것이다. 누군가 내 장례식을 준비할 것이고, 누군가 내 손을 잡고 죽어가는 내 입에서 나오는 각혈을 닦아줄 것이다. 나는 적어도 이베트 비커처럼은 되지 않을 것이다. 영화 「50피트짜리 여인」에 나온 B급 여배우였던 그녀는 죽은 지 1년도 넘어 로스앤젤레스에 있는 집에서 완전한 미라 상태로 발견되었다. 그녀는 생전에 집에만 파묻혀 살았다. 누구도 감히 그녀의 근황을 확인할 생각을 하지 못했다. 내가 기르던 고양이가 살아남으려고 내 시체를 먹으면 어쩌나 하고 걱정하는 대신, 나는 내 외로움을 루크에게 투사했다.

모린을 화장할 때도 난 여전히 루크 생각을 하고 있었다. 모린은 50대 중반이었고, 번개처럼 급작스레 암 진단을 받고서 1년 뒤 세상을 떠났다. 모린은 남편 매슈를 남겼다. 어느 모로 보나, 남편 매슈가 먼저 세상을 떠나야 했다. 매슈는 휠체어에 매여 있는 몸이라 혼자 집을 떠날 수 없었다. 크리스는 모린의 화장 계약을 하기 위해 아파트로 운전해서 가야 했다. 그 집의 벽걸이 달력에는 커다랗고 비극적인 글씨로 "9월 17일, 모린 사망."이라고 쓰여 있었다. 모린의 유골을 매슈의 아파트까지 갖다준 사람이 바로 나였다. 머리가 길고 희끗희끗하며 목소리는 작고 이상한 남자, 그가 휠체어를 타고 아파트 입구까지 내려왔다. 모린의 재를 건네주자 그는 움직이지 않았고 날 올려다보지도 않았다. 다만 가느다란 목소리로 내게 감사하다는 말만 했고, 아이처럼 무릎에 놓인 갈색 상자를 양옆으로 가만가만 흔들었다.

　지난 월요일 아침으로 돌아가보자. 화장장에 딸린 우리 냉장실에 누가 나타났을까? 바로 매슈였다. 죽은 것이다. 생을 포기한 것이다. 그의 여동생이 매슈가 같이 넣어 화장해주기를 원했던 개인 물품이 담긴 작은 가방을 들고 장의사에 들렀다.

　고인의 친척들은 나에게 항상 이걸 해달라고 부탁했다. 물건 중에 폭발하는 것이 없는 한, 우리는 그것들을 기꺼이 같이 태우기 위해 집어넣는다. 물건들은 시신과 함께 그저 불에 들어가 탈 뿐이다. 매슈를 화장로에 안치하기 위해 기계적으로 돌아가는 컨베이어 벨트 위에 올려놓은 다음, 나는 그 가방을 열고 그 내용물들을 꺼내 그와 나란히 놓았다. 가방 속에는 모린의 머리카락 한 줌, 부부의 결혼반지, 그리고 사진 열다섯 장 정도가 들어 있었다. 내가 만난, 불안정하고 휠체어에 매인 남자의 사진이 아니라 건강한 청년과 잔뜩 부끄럼 타던 그의 신부의 사진이었다. 모린과 매슈였다. 행복하고 젊고 아름답고, 20여 년간 결혼해서 같이 살아온 부부. 둘에겐 친구들과 개들이 있었고 믿을 수 없을 만큼 재미있어 보였다. 그리고 서로에겐 상대방이 있었다.

　한 가지 물건이 더 가방에서 나왔다. 모린을 화장할 때 그녀의 시신에서 나온 식별용 태그였다. 그것은 내가 불과 몇 주 전 그녀와 함께 넣었던 것이다. 이 태그는 화장하는 동안 내내 시체에 붙어 있다가 재와 함께 뼈에 들러붙어 남은 것이다. 이 덕분에 오래된 창고나 다락방에서 발견된 유골 자루가 몇 년이 지나도 여전히 누구의 것인지 알아볼 수 있는 것이다. 내가 발견한 꼬리표는 지금 매슈의 시신에 함께 넣는 태그와 똑같았다.(확인 번호만 달랐고 모양은 같았다.) 나는 그의 양손이 모린의 뼈를 모아놓은 회색 잿더미 속으로 쑥 들어가 이 태그를 찾는 장면을 상상했다. 그가 이 태그를 꺼내고 뺨에 문질러 먼지를 털어내는 모습을 상상해보았다. 이 부부의 사적인 마지막 순간, 그들의 사랑 이야기의 마지막 장면에 함께했다는 것은 기이한 영예였다.

매슈의 시체가 화장로에 얹히기 직전, 그의 시체를 굽어보며 나는 울었다.(흐느꼈다는 게 정직한 말이겠다.) 우리가 사랑하는 모두가 언젠가는 죽겠지만, 그래도 그들과 같은 사랑에는 여전히 가슴이 아프다. 이 두 사람은 완벽하게 사랑받았다. 디즈니는 우리 모두에게 이런 결말을 보장하지 않았던가?

14세기에 포르투갈 왕위 계승자였던 돔 페드로는 귀족 여인 이네스 페레즈 데 카스트로와 사랑에 빠졌다. 불행히도, 그때 돔 페드로에겐 이미 정실 아내가 있었다. 즉 이네스와의 불륜은 은밀하게 진행되었던 것이다. 몇 년 후, 돔 페드로의 첫 부인이 죽어서 그는 마침내 이네스와 함께하게 되었다. 돔 페드로와 이네스는 함께 아이를 낳고 살았다. 이 아이들은 페드로의 부친인 왕의 통치를 위협하는 존재로 여겨졌다. 페드로가 멀리 가 있을 때 왕은 이네스와 그 자녀들을 처형시켰다.

페드로는 분노해서 부친에게 반기를 들었고 결국은 왕위를 빼앗았다. 그는 이네스를 처형한 자들을 카스티야 지방에서 불러들이라고 명령하고, 자신이 지켜보는 가운데 그 가슴에서 심장을 도려내게 했다. 그는 이네스가 자기 본처라고 선언하고 그녀가 죽은 지 약 6년 만에 시신을 도로 무덤에서 파내도록 했다. 여기서부터 전설과 현실이 뒤섞인다. 이네스는 왕좌에 앉혀지고 그 두개골에는 왕관이 씌워졌는데, 궁정의 구성원들은 이 적법한 왕비의 뼈만 남은 손에 입 맞추어야 했다고 한다.

돔 페드로 왕은 이네스를 그리워했고, 나는 루크를 그리워했다. 포르투갈어에는 영어에 딱히 해당하는 말이 없는 단어가 하나 있다. '사우다지(saudade)'이다. 이는 향수와 광기, 잃어버린 무언가에 대한 아픔이 섞인 그리움을 말한다. 그의 두개골 윤곽에 그려진 루크 얼굴의 섬뜩한 이미지에서 나는 루크의 죽음을 미리 내다본 것이다. 언제든 그는 사라질 수 있다. 나에겐 지금 그가 필요했다. 내일은 약속되어 있지 않으니까. 하지만 나는 기꺼이 기나긴 게임을 할 마음이었다. 아무리 오래 걸리더라도, 나는 그와 함께 있을 수 있는 방법을 알아내야 했다.

부패

그날은 별일 없이 시작되었다. "케이틀린!" 마이크가 준비실에서 불렀다. "여기 들어와서 이 덩치 큰 사내를 탁자에 눕히는 걸 좀 도와줘."

실제로는 그가 "여기 들어와서 이 덩치 큰 '멕시코 사람'을 탁자에 눕히는 걸 좀 도와줘."라고 말한 기억이 난다. 하지만 그 말은 올바른 표현이 아니다. 마이크는 언제나 정치적으로 올바른 표현만 썼다.(한번은 그가 오클랜드 갱에게 폭력을 당한 사람들을 가리켜 '도시에 사는 젊은 유색인들'이라고 한 적도 있다.) 나는 '이 덩치 큰 멕시코 사람'이라는 말이 내 기억에서 지어낸 것이 아니라고 믿기 힘들다. 아무려나, 우리가 시신 이송용 침대에서 탁자로 옮긴 남자는 그냥 덩치가 큰 편도 아니었고, 멕시코 사람도 아니었다. 그는 엄청나게 커다란 엘살바도르 사람이었고, 몸무게가 200킬로그램 이상은 족히 나가는 보험회사 영업 사원이었다. 무시무시하게 비대한 시체를 위태롭고 엉성한 들것에서 들어 옮기면서, '자체 중량(dead weight)'이라는 말을 중력 그 자체의 의미로 해석할 수 있기를 나는 바랐다.

후안 산토스는 코카인 과용으로 죽었다. 그의 시체는 이틀 동안이나 이스트베이에 있는 그의 아파트에, 덮인 것도 한 장 없이 방치되어 있었다. 검시관들이 그를 해부했고 그의 가슴은 쇄골부터 위까지 뻗은, 극적인 Y자 모양의 바늘 자국을 남긴 채 다시 바늘로 봉합되었다. "트럭 뒤 칸에 있던, 이 사람 내장이 담긴 가방 가져왔어요?" 마이크가 물었다.

"내장요? 모든 장기와 그 밖의 것들요?"

"그래, 검시관이 내장들을 꺼내 붉은 방호 가방에 차곡차곡 넣더라니까. 그게 장의사에 시체와 함께 들어왔어."

마이크는 히죽 웃었다. "아니, 크리스가 산타클로스처럼 그걸 어깨에 둘러메고 오더라니까."

"정말요?"

"아니, 산타클로스는 개뿔, 그건 너무 역겹잖아!" 마이크가 말했다.

아, 마이크는 기분이 좋구나. 나는 이 크리스마스에 대한 내장 유머에 장단을 맞추려고 노력했다.

"그러니까 '크리스'표 크링글®이라는 전설이 거기서 왔단 말

이죠? 크리스마스 선물로 내장은 착한 아이가 갖게 될까요, 나쁜
아이가 갖게 될까요?"

"그건 얼마나 음울한 아이냐에 달려 있지."

"그 내장은 도로 다 몸에 집어넣나요?"

"결국은 집어넣지. 브루스가 오후에 방부처리를 하러 올 거
야. 내일 장례식이 있으니 브루스가 내장들을 방부처리 폐기물
통에 넣었다가 끄집어내 도로 제자리에 넣겠지." 그가 설명했다.

극적으로 들어 올린 후안을 탁자 위에 놓은 다음 마이크는
줄자를 꺼냈다. "가족들이 이 관도 샀다고. 이제 시체 치수를 재
야겠어. 다시 이 가족들에게 전화해서 대형 관이 필요하다고 말
하기는 정말 싫거든. 아마 치수는 당신이 재야 할 것 같아." 마이
크는 이 생각을 하고 미소 지으며 말했다.

세계 보건 기구에서 말하기를(마흔다섯 개나 되는, 과체중을 빼는
것에 관한 텔레비전 프로그램 중 하나와 함께), 미국에는 과체중 성인이
세상 다른 어떤 나라보다도 많다고 한다. 대형 관 시장이 붐이라
는 것도 놀랍지 않다.

골리앗 관 회사 웹사이트에서는 이것이 어디서 비롯된 것인
지, 그 매력적인 이야기를 들려준다.

70년대와 80년대에 대형 관은 구하기도 어렵고 만듦새도 조잡했

◎　　　북유럽에서 만든 프레첼 과자로, 밀가루를 길게 꼬아 만든 모양이 내
　　　장과 닮았다.

다. 1985년에 케이트의 아버지 포레스트 데이비스(일명 피 위)는 관 만드는 공장에서 용접 기사로 일하다가 직장을 그만뒀다. "이보게, 난 집에 가서 자네들이 자랑스럽게 어머니를 집어넣을 수 있도록 대형 관이나 만들어야겠어." 이 회사는 공장으로 개축한 낡은 돼지 우리에서 한 가지 색상으로 두 가지 크기의 관을 만들어 출시하면서 시작되었다.

우리는 피 위의 진심을 우리에게 좋은 쪽으로 이용할 수도 있었을 것이다. 왜냐하면 후안이 표준적인 크기의 관에 맞을 리 없었으니까. 이 남자(떠나버린 그의 영혼에 축복이 있기를)는 키도 컸지만 몸 너비도 거의 키만큼이나 컸던 것이다. "자, 해봐. 팔짱을 끼게 해. 관 속에서 누워 있을 자세로 말이야." 마이크가 지시했다.

나는 시체의 저쪽 팔에 닿으려고 후안의 시체 너머로 몸을 죽 뻗었다. "안 돼. 좀 더 꽉 팔짱을 끼게 해. 꽉, 더 꽉." 마이크가 줄자로 시신의 어깨 너비를 재려고 자를 펼치면서 요구했다. 이때 나는 시체 위로 몸을 죽 뻗어 있는 상태였다. "계속해, 계속. 그렇지! 좋았어. 이젠 딱 맞겠네."

"오, 가만있어봐요. 혹시 안 맞을지도 몰라요!" 나는 말했다.

"안 맞으면, 맞게 하면 되지. 가족들은 이미 이 장례식에 자기들이 낼 수 있는 이상의 돈을 지불했어. 혹 대형 관을 만들 수 있대도, 그 비용으로 300달러를 더 내라고 할 수는 없어. 그저 당신네 아들에겐 대형 관이 필요하다고 말하는 것만으로도 힘들다고."

그날 느지막하게, 뼈를 갈아내는 기계가 윙윙거리며 밀린 일들을 처리하고 있을 때, 브루스가 후안의 시체 방부처리를 하러 왔다. 후안이 탁자에 놓여 있는 것을 보더니, 언제나 재치 있는 브루스가 화장장에 대고 소리쳤다. "케이틀린! 케이틀린, 엄청난 멕시코 사람이네. 몸에서 냄새가 날 것 같아. 덩치 큰 사람들은 늘 냄새가 나거든."

"왜 모두들 그를 멕시코 사람이라고 부르죠?" 나는 화장로가 돌아가는 웅웅 소리를 뚫고 소리쳐 대꾸했다.

브루스는 후안이 태어난 나라를 잘못 말했다. 그리고 몸이 뚱뚱한 사람들이 냄새가 난다는 말도 분명히 잘못이었다. 그런데 준비실에서 풍겨 나오는 냄새는 여지껏 내 콧구멍이 맡아본 중 가장 지독한 냄새였다. 내가 그 악취에 혐오감을 느꼈을 거라고 생각하겠지만, 어떤 이유에선지 그 냄새는 후각이라는 무지개 끝에 있는 황금 항아리를 찾고 싶다는 내 안의 욕망을 불러일으켰다.

그전에도 브루스가 방부처리하는 것을 보긴 했지만, 200킬로그램이나 되는 거구가 앞에 누워 있는 것을 볼 준비는 지적으로나 감정적으로나 전혀 안 되어 있었다. 방부처리사는 해부된 시체를 놓고 Y자 모양으로 꿰맨 바늘 자국을 잘라서 벌려야 하고, 마이크 말대로 '산타 크리스'가 가져온 빨간 방호 가방에서 나온 고인의 내장 기관들을 화학적으로 처리해야 한다. 내가 걸어 들어갔을 때, 브루스는 이 과정의 일부를 막 시작하고 있었다.

이 장면을 간단히 '질퍽한 수렁'이라고 묘사한다면, 그건 제대로 된 서술이 아닐 것이다. 인체 하나 속에는 우리가 들어 있으리라고 상상했던 것보다 더 많은 창자와 피, 내장 기관들과 지방이 있었다. 가방에서 내장들을 꺼내던 브루스는 곧바로 그걸 이야기로 풀어냈다. "냄새가 난다고 했지, 케이틀린. 덩치 큰 사람은 더 빨리 부패한다니까. 그게 과학이야, 이 사람아. 지방이 부패하는 거라고. 박테리아는 지방을 좋아해. 시체들이 해부를 마치고 여기 도착할 때쯤에는 이미…… 휴."

브루스 말이 맞는 것이, 이는 곧 진실로 드러났다. "덩치 큰 사람은 언제나 냄새가 난다."라는 말은 편견이 아니라, 사실에 근거한 것이었다.

"시체 속에 있는 모든 것들이 부글부글 끓어오르지. 나는 그걸 '부글부글 끓어오른다'고 표현해. 적어도 이 남자는 욕조 속에서 죽은 건 아니잖아. 욕조에서 나온 시체는 그야말로 최악이야, 최악. 시체를 가져오려고 욕조 밖으로 꺼내면 그 즉시 피부가 쓸려 나오거든. 조직에서 가스가 부글거리며 올라오는데, 전부 기름투성이고, 그 냄새란……." 브루스는 극적 효과를 더하기 위해 휘파람까지 불었다. "마음속에서는 그 냄새가 하루 끝까지, 때로는 인생 끝까지도 날 거야."

그는 계속 얘기를 했다. "이 사람 좀 봐. 코카인 과용이라고? 그보다는 심장마비가 온 것 같은데. 이걸 좀 봐."

브루스는 후안의 움푹 팬 가슴 부분에 손을 쑥 집어넣어 심장을 꺼내 보여주면서 말했다. "그의 심장을 좀 봐! 심장 주위의 이 지방을 좀 보라고. 이 사람은 바에서 친구들과 앉아 햄버거를 먹고 코카콜라를 따라 마시고 있었던 거야. 이 모든 것들을 봐봐." 그는 장갑 낀 두 손을 빼더니 거기 노랗게 낀 기름을 보여주었다. "이러니 살찌면 안 된다는 거야!"

이런 비난에 내가 모욕당한 것처럼 보였는지, 그는 재빨리 덧붙였다. "아니, 당신이 특별히 뚱뚱하다는 게 아니야. 당신이야 적당하지. 하지만 당신에겐 뚱뚱한 친구들이 있겠지. 뚱뚱한 친구들에게 이야기해줘."

나는 아무 대답도 하지 않았다.

예전에 방부처리를 가르쳤던 브루스 입장에서, 이런 걸 보여주는 것은 충격 효과를 위함이 아니라 나를 교육시키기 위한 것일 터였다. 비만한 사람들은 해부한 후 부패율이 높기 때문에 특별히 나쁜 냄새가 난다. 이건 사실이다. 이 사실을 우리가 유가족과 공유할 것은 아니다. 고객들이 후안의 어머니에게 아들이 왜 이렇게 냄새가 심한지 그 진실을 설명해달라고 우리에게 비용을 냈을 리가 없다. 냄새가 난다는 사실은, 오직 무대 뒤에서 이 일에 착수한 살인의 명수에게나 들려주기에 알맞은 것이다.

후안처럼 부패하는 시신에 대한 우리의 부정적 반응 중 많은 부분이 적나라한 본능에서 나온 것이다. 우리 인간은 먹으면 해가 될 것들, 그런 범주에서 상위권에 있는 상해가는 고기 같은 것에 자연스레 구역질을 느끼도록 진화해왔다. 독수리 같은 일부 동물들은 위산의 산도가 높기 때문에 썩어가는 고기를 먹어도 안전하다. 하지만 인간은 고기가 몸속에 들어온 뒤에 부작용과 싸우기보다는 아예 상한 음식을 피하는 편을 택할 것이다. 부패해가는 형제의 살을 먹은 다음, 그 의례에서 일어나 토하러 갔다가 다시 먹으러 돌아와야 하는 와리족을 떠올려 보라.

"브루스, 진지하게 내 말 좀 들어봐요." 내가 말했다. "이 냄새는 내가 여태껏 맡아본 중 최악의 냄새일 거예요."

부패액의 냄새를 맡아보는 특권을 가져보지 않은 독자 여러분을 위해 설명하자면, 인체가 썩어가는 첫 신호는 시디신 감귤 뒤에 감추어진 감초 냄새가 나는 것이다. 이때 감귤은 신선한 여름 감귤이 아님을 명심하라. 그보다는 공장에서 제조된 오렌지 향의 욕실용 스프레이를 코에 바로 쏜 것 같은 냄새다. 거기에 하루 묵어 파리가 꼬이기 시작한 시큼한 백포도주 한 잔을 부어보라. 그 꼭대기에다 햇볕에 놓아두었던 생선 한 양동이를 부어보라. 친구들이여, 이것이 인체의 부패라는 것이다.

브루스는 사과했다. "그래, 난 당신에게 냄새 맡지 말라고 말하려고 했는데 그러면 꼬마 아이에게 '얘야, 거기 커다란 빨간 단추일랑 누를 생각하지 마라.'라고 하는 것 같은 꼴이 될 것 같더라고."

후안 산토스처럼 예외적인, 드문 망자를 제외한다면, 부패나 해체는 우리의 죽음 방식에서 말끔히 사라졌다. 현대의 시신에는 두 가지 선택지가 있다. 방부제로 처리한 다음 매장하는 것, 그러면 부패는 영원불멸로 가는 도중에 (아니면 적어도 시체가 뻣뻣해지거나 미라처럼 오그라들기 시작할 때까지) 잠시 지나치는 과정이 되어버린다. 그리고 사체를 재와 먼지로 변하게 하는 화장이 있다. 화장이나 매장이나 둘 다 인간이 해체되는 과정은 눈으로 직접 볼

잘해봐야 시체가 되겠지만

수 없다.

부패하는 인체를 결코 만난 적이 없기에 그들이 우리에게 해를 가하려 한다고 추정하는 수밖에 없다. 우리가 좀비에 문화적으로 매혹되는 것도 이상한 일은 아니다. 좀비는 공공의 적 1호이고, 특별한 금기 사항이며 무엇보다도 섬뜩한 존재다. 부패하는 시체가 움직이는 셈이니까.

'매장'과 관련된 한 가지 오해는, 시체를 직접 땅속에 파묻는다는 것이다. 우리에게 좀비 아포칼립스가 닥치도록 말이다. 마이클 잭슨의 뮤직비디오 「스릴러」에서처럼, 무덤 속에서 부패한 손이 먼지를 뚫고 솟아오르고 시체들이 무덤에서 벌떡 일어난다. 예전에는 이런 식으로 매장하는 게 보통이었지만, 선진 세계에서는 이제 이 패러다임이 더 이상 들어맞지 않는다. 그 대신 시체는 화학적으로 방부처리되고, 꽉 닫힌 관에 안치되어 관은 땅 밑의 무거운 콘크리트나 금속으로 된 지하 납골함 속으로 들어가, 시체는 인공적으로 그것을 감싸는 여러 층으로 둘러싸여 위에 있는 세상과 분리된다. 이 모든 과정의 꼭대기에 죽음을 부정하는 화룡점정으로 묘비가 세워진다.

납골함과 관은 법으로 규정된 것이 아니다. 그것들은 개개 묘지의 정책이다. 납골함은 시체 주변이 오염되는 것을 방지하며, 조경을 더 단일하고 가격 대비 효율적으로 만들어준다. 여기에 추가로, 납골함은 주문 제작도 되고, 마진도 남는다. 인조 대리석? 구리? 자, 가족들 마음대로 골라보시지요!

작가이자 환경운동가인 에드워드 애비가 전통적 묘지에 매장되게 두지 않고, 그의 친구들은 시체를 훔쳐 슬리핑백에 싸서 그가 타고 다니던 픽업트럭 뒤에 실어 애리조나주 카베자에 있는 프리타 사막으로 갔다. 그들은 길고 먼지 나는 길을 운전해가서 그 끝에 이르자 구멍을 하나 파고 근처에 있는 돌에 애비의 이름을 새기고 무덤 위에 위스키를 부었다. 활동하던 내내 자기 자신을 자연과 분리하는 것의 해악에 대해 인류에게 경고했던 애비에게 딱 들어맞는 헌정 행위였다. "내 시체가 부패해서 노간주나무 뿌리나 독수리 날개에 영양을 공급하는 데 도움이 된다면, 그것이 나에겐 충분히 불멸이다. 그리고 누구든 자기 가치만큼의 불멸이 있다."라고 그는 생전에 말했다.

홀로 내버려두면 인체는 썩고 부패하고 분해되어 영광스럽게 원래 나왔던 흙으로 돌아간다. 이 과정을 막기 위해 시신을 방부처리하고, 무거운 보호용 관을 사용하는 관습은, 불가피한 것을 모면해보려는 필사적 시도이며 우리가 명백하게 해체에 대한 공포를 지니고 있음을 보여준다. 죽음 산업은 관과 시체가 '자연스러워' 보이는 데 도움을 준다는 명목하에 방부처리를 광고하지만, 미국의 현재 죽음 관습은 곰과 코끼리 같은 커다란 동물들에게 작고 귀여운 옷을 입혀 춤추게 하는 것, 또는 에펠탑 복사본을 세우는 것, 그리고 베네치아의 운하가 사람 살기 힘든 미국 사막 한가운데 있는 것만큼이나 부자연스러운 일이다.

서구 문화가 늘 이렇게 해체를 싫어했던 것은 아니다. 사실 부패와 우리의 관계는 옛날에는 전반적으로 친밀했다. 기독교라는 종교가 아직 살아남기 위해 투쟁하던, 유대교의 작은 종파였

잘해봐야 시체가 되겠지만

던 초기 기독교 시대에, 새로운 메시아를 숭배하던 사람들은 혹독한 박해에 부딪히고, 때로는 신앙 때문에 죽임을 당하기도 했다. 이런 순교자들은 소름끼치는 종말을 맞았다. 그들은 참수당하고 돌에 맞아죽고 가죽이 벗겨져 죽고 십자가에 못 박혀 죽고 목매달려 죽고 끓는 기름에 화형당하고, 사자에 먹혀 죽고 기타 등등의 방법으로 죽임을 당했다. 그 대가로 순교자들은 바로 천국에 간다고 여겨졌다. 생전의 죄를 보속하는 연옥도, 심판의 날도 없었다. 바로 하느님 왕국으로 직행하는 길만 있었을 뿐이다.

중세의 그리스도교 신자들에 대해 말하자면, 이 '성인 반열에 오른 순교자들'은 유명 인사들이었다. 콘스탄티누스 대제가 324년 그리스도교를 국교로 선포했을 때, 순교 성인들의 시체는 주요 관심사가 되었다. 유명한 순교자들의 시체나 심장, 뼈나 핏자국이 교회 안에 있다는 사실 때문에 숭배자들이 떼를 지어 몰려들었다. 성인들의 영혼이 그들에게 경의를 표하러 오는 사람들에게 기적과 보편적인 성스러움을 베푼다고 사람들은 믿었다.

병은 치유되었다! 가뭄은 끝났다! 적은 무찔렀다! 하지만 왜 순교자들이 있는 교회에 방문하기를 멈추겠는가, 죽으면 같은 교회에 묻힐 수 있는데? 성인들이 있는 곳에 영원토록 묻혀 있으면 내세에 성인들에게 환심을 사서, 불멸의 영혼이 확실히 보호받을 것이 당연한데 말이다.

그리스도교 신앙이 성장하면서, 점점 더 많은 신자들이 교회 내부와 주변에 묻혀 성인과 가까이 있는 덕을 보겠다고 주장했다. 이러한 매장 관습은 로마부터 비잔티움까지 제국 전역에, 그리고 지금의 영국과 프랑스 땅까지 퍼졌다. 이렇게 시신들이 매장된 교회를 중심으로 하여 도시들이 발달했다.

수요는 점점 많아졌고 교회는 이를 공급했다. 물론 유료였다. 가장 부유한 교회의 후원자들일수록 성인에 가장 가까운, 가장 좋은 자리를 원했다. 만약 교회 안에 시신을 묻을 만한 크기의 호젓한 땅이 있다면, 그 안에 시체가 묻혀 있을 게 확실했다. 과장이 아니라, 여기저기 어디에나 시체들이 있었다. 사람들이 특히 선호하는 위치는 애프스® 주위의 반원과 입구 현관이다. 그 핵심적인 위치 너머에 무한 경쟁이 있었다. 시신들은 복도의 판때기 밑이나 지붕 굴뚝, 처마 밑에 안치되거나, 심지어 벽 속에 차곡차곡 쌓이기도 했다. 교회의 출석자 수는 살아 있는 교구민 수를 넘어선, 벽 속의 시신들까지 의미했다.

냉장고도 없이, 여름 몇 달의 더위 속에서 이런 교회 안의 시체가 부패하는 지독한 냄새는 상상초월이었을 것이다. 이탈리아의 물리학자 베르나르디노 라마치니는 이렇게 불평했다. "교회에 수많은 무덤이 있는데, 그 무덤들이 종종 열려 있어 이 지독한 냄새가, 다른 냄새와 혼동할 수 없을 정도로 심하게 풍긴다고 한다. 향, 몰약, 그밖의 향기로운 냄새로 아무리 많이 훈증 소독을 해도 이는 교회에 있는 사람들에게 매우 해롭다는 것이 명백했다."

만약 당신이 교회 안에 자리를 미리 정할 만큼 부자거나 영향력이 큰 사람이 아니라면, 교회 뜰에 있는 여러 무덤들 중 하나

®   교회에서 가장 안쪽 동쪽에 위치한 반원.

         잘해봐야 시체가 되겠지만

에 들어가게 될 것이다. 이런 무덤은 깊이 9미터짜리 구덩이들로, 시신이 도합 1500구까지 들어간다. 이러한 관행은, 중세 이전의 로마와 유대에서는 시체는 불순한 것이며 도시에서 멀리 떨어진 교외에 묻는 것이 가장 좋다고 보았던 것으로부터 엄청난 변화가 있었음을 보여준다. 묘지가 되어버린 중세의 교회 뜰은 볼 만한 장소요, 남의 눈에 띄게 할 만한 장소였다. 그곳은 도시 생활의 중심이고, 사회화와 상업의 장소였다. 장사꾼들은 대중에게 맥주와 포도주를 팔았고 신선한 빵을 구울 수 있는 공동 오븐을 설치했다. 젊은 연인들은 밤늦게까지 묘지를 돌아다녔으며, 여기서는 모여든 군중에게 연설도 했다. 1231년의 루앙 공의회는 묘지에서나 교회에서 춤추는 것을 금했고 이를 어기면 교회에서 파문되었다. 이렇게 강력히 금한 것을 보면 이 당시 춤이 인기 오락이었던 것이 틀림없다. 묘지는 산 자와 죽은 자가 사회적 조화 속에 섞이는 장소였다.

『죽음 앞의 인간』이라는 제목으로 1000년간의 서양의 죽음에 대해 훌륭하고 광범위한 저서를 쓴 역사학자 필립 아리에스는 "죽은 자는 무서움을 자아내기를 완전히 중단했다. 앞으로도 오랫동안 그러할 것이다."라고 선언했다. 아리에스가 과장한 것일지도 모르지만, 중세의 유럽인들이 죽음을 두려워했다고 해도 그들은 죽음을 받아들였다. 성인들의 주변에 있음으로써 얻을 수 있는 숭고함 덕분이다. 이들의 존재는 부적절한 풍경과 냄새와 함께 살아가는 것의 결함을 압도할 만큼 컸다.

중세 시대의 죽음은 나의 학문적인 첫 번째 사랑이다. 나는 해골과의 춤에, 무덤을 장식하는 구더기에, 시체 안치소에, 교회 벽에서 부패하는 시신에 사로잡혔다. 중세 후기가 되어 인간의 부패를 뻔뻔하게 받아들이게 되었다고는 해도, 그것은 내가 자라난 환경과는 너무나 달랐다. 내가 아이로서 참석한 단 두 번의 장례식은 아키노 영감님의 장례식(심하게 방부처리되고, 곱게 화장한 얼굴을 보여준)과 어린 시절 친구 엄마의 장례식이었다. 친구 엄마의 시신은 장례식 내내 부재했다. 그리고 장례식을 집전하던 목사님은 고인의 죽음에 대해 직설적으로 말하는 대신, 좋은 표현으로만 돌려 말했다. "자매님의 영혼은 천막이었고, 잔혹한 생의 바람이 야자 잎새 사이로 불어닥쳐 자매님의 천막을 주저앉혔습니다!" 이런 식으로 말이다.

웨스트윈드에서 부패란 무대 뒤에서조차 드문 일이다. 현대의 세속적 죽음의 해묵은 창고에서 일어나는 일은 다음과 같다. 우리 고객 대부분은 요양원이나 병원처럼 의학적인 환경에서 죽는다. 그리고 냉동은 아니지만 섭씨 4.4도 이하의 일정 온도를 유지하는 장의사의 냉장고로 이송된다. 주에서 발급되는 적절한 허가서가 작성되는 동안 시체들이 냉장고 안에서 며칠간 머물러야 하기는 하지만, 대부분의 시신들은 부패해서 냄새를 풍기는 단계에 접어들기 한참 전에 화장된다. 어느 날 아침 내가 회사에 들어서서 냉장고 문을 열고 비닐 끈을 옆으로 치우니, 인간이 부패하는, 잘못 알 수도, 잊을 수도 없는 냄새가 훅 끼쳤다.

"크리스, 친애하는 하느님의 사람, 이거 뭐죠? 누가 이런 냄새를 풍기는 거죠?"

잘해봐야 시체가 되겠지만 ———

"로이스인 것 같아. 내가 어제 그의 시신을 찾아왔지. 거기에 있는 건 안 좋아, 케이트." 고맙게도 크리스가 머리를 흔들며 심각한 투로 대답했다. 이 지독하고 코를 찌르는 듯한 냄새는 정말이지 장난이 아니었다.

그러니까 당신이란 말이지, 로이스. 냉장고에서 풍겨오는 이 끔찍하고 지옥 같은 악취의 근원이. 나는 되도록 빨리 그를 화장할 수 있도록 내 손가락을 놀려 그의 사망확인서를 써서 시에 제출했다. 시체 박스를 열자, '늪'이라고 묘사하는 것이 가장 좋을 남자 하나가 누워 있었다. 로이스는 마치 1950년대식 캐딜락 빛깔처럼 생생한 녹색이었다. 물속에서 발견된 시체를 지칭하는 장의업계의 유감스러운 표현을 빌리자면, 그는 '떠도는 자'였다. 로이스는 샌프란시스코만에서 발견되었다. 나는 그를 불길 속으로 태워보냈고 이렇게 사람을 해체시키는 내 하루 일과가 끝난 것에 만족했다.

하지만 그 냄새는 없어지지 않았다. 로이스는 가버렸지만, 그럼에도 냄새는 끈질기게 남아 있었다. 이것은 정말 최악의 사례로서 연구 대상이었다. 시체들이 담긴 박스 사이를 요리조리 다니며 킁킁거리다가 그 냄새의 원인을 마침내 찾아냈다. 당신, 엘렌이었구먼! 법의관 사무소에서 온 여자였다. "여태까지 맡아본 최악의 냄새보다 더한 악취가 진동하는 건 사실 당신이었어. 당신 피부가 뜨고 있잖아. 무슨 일이야? 당신은 56세이고 사망확인서는 당신이 '패션 판매' 계통에서 일했다는 걸 말해주는데……."

샌프란시스코만에 며칠 동안 둥둥 떠다니던 로이스 아저씨

와는 달리, 엘렌에게 무슨 일이 일어났던 건지 나는 전혀 알아내지 못했다. 마침내 이 가여운 여인을 화장할 수 있게 되자, 나는 앉아서 옥타브 미르보의 『고문의 정원』(퇴폐적인 시절, 불문학에 심취하던 때 내가 처음 만난 책) 한 장(章)을 읽었다. 이 장에 들어가 채 석 줄도 읽지 못했는데, 등장인물 한 사람이 "부패하는 악취를 즐기는 건장한 딜레탕트"로 묘사되어 있었다. 내 첫 반응은 "옳지, 나 같군!"이었다. 하지만 정말 그런가? 아니다. 그는 나 같지만은 않았고, 웨스트윈드에서 일했던 그 누구와도 달랐다. 내게 학술적인 관심은 있었지만, 그 때문에 내가 부패에 대해 좀 변태적이고 광적인 기쁨을 느낀다는 것은 아니었다. 나는 매일 냉장고 문을 열고 걸어 들어가 깊이 냄새를 들이마시고 기꺼이 수다를 떨고 차가운 악취 속에 벌거벗고 빙글빙글 돌며 춤을 춤으로써 외설적인 쾌락으로 규칙을 위반하지는 않았다. 그 대신 나는 코를 감싸쥐며 몸서리를 쳤고 그날 스무 번쯤 손을 씻었다. 부패는 단지 우리 몸의 또 다른 실체, 우리 몸이 일시적인 것일 수도 있으며 광활한 우주의 레이더로 본다면 미약하게 깜박이는 신호에 지나지 않다는 사실을 시각적으로(또 후각적으로) 불가피하게 환기시킨다.

불완전함을 환기하는 것은 우리에게 이로우며, 부패를 확실히 드러내며 상기시키면 얻어지는 것이 많다. 역사적으로 보자. 감각적 욕망에서 초탈하여 영원한 삶에 대한 욕망을 억제하기를 바라는 불교 승려들은 썩어가는 시신의 모습을 명상하곤 했다. 구상관(九想觀)으로 알려진 이 명상은 부패의 여러 단계에 초

잘해봐야 시체가 되겠지만 ⎯⎯⎯⎯

점을 맞춘다. (1)부풂(창상) (2)파열(괴상) (3)피가 빠져나감(혈도상) (4)부패(농란상) (5)색깔이 빠지고 건조하게 됨(청어상) (6) 짐승과 새들이 먹음(담상) (7)팔다리가 떨어져나감(산상) (8)뼈만 남음(골상)과 (9)먼지가 되어 흩어짐(소상).

이 명상은 머릿속으로 할 수도 있지만, 승려들은 해체 단계들의 이미지를 사용하거나 시체들이 여럿 있는 공동묘지 같은 곳으로 가서 실제로 해체되는 시신을 보며 명상하는 경우가 많다. 시체에 집착하는 두려움을 없애려면 시체가 있는 곳에 꾸준히 가는 일만 한 것이 없다.

부패하는 시체들이 문화(그들이 누리는 문화)에서는 사라졌지만, 이런 시체들이 죽음에 대한 두려움(그들이 바로 그 두려움이다.)을 완화하는 데에 필요했다. 일체의 해체가 제거된 문화에 무슨 일이 일어나겠는가? 우리가 이에 대한 가설을 세울 필요는 없다. 우리는 그저 그런 문화 속에 살고 있을 뿐이다. 죽음을 부정하는 문화 말이다.

이러한 부정은 여러 형태를 띤다. 젊음에 대한 집착, 몸이 자연스레 노화하는 것이 괴상한 것이라는 생각을 파는 사람들이 굳이 쓰라고 강요하는 크림과 화학물질과 각종 해독 식이요법 같은 것들이 그것이다. 어린이 500만 명 중에 310만 명이 굶주려 죽는데, 우리는 노화방지 상품을 만드느라 1년에 1000억 달러 이상을 쓰고 있다. 죽음에 대한 부정은 우리의 기술과 건축에서도 나타난다. 이는 우리가 도로에 치여 죽는 동물들보다는 맥북의 매끈한 선과 더 비슷한 점이 많다는 환상을 만들어낸다.

이 악순환을 끊고 방부처리, 관, 무거운 납골함 등을 피하는 길은 이른바 '녹색 매장' 혹은 '자연 매장'이다. 그런 매장은 일부 묘지에서만 가능하지만, 사회적 수요가 계속 늘어나면서 그 인기가 점점 높아지고 있다. 자연 매장이란 에드워드 애비의 유해를 묻었던 그 방식을 말한다. 시체 탈취 행위와 급히 사막에 묻었다는 것만 빼곤 말이다. 시체는 바로 유기적으로 분해되는 간단한 수의를 입은 채 땅속으로 들어가고, 남은 사람들은 그 자리를 표시할 돌 하나만 달랑 세운다. 그러면 분해를 통해 그 원자가 다시 우주로 되돌아가 새 생명을 창조하는 과정이 매우 빠르게 진행된다.

자연 매장은 환경보호적으로 사멸하는 가장 건전한 방법일 뿐만 아니라, 우리가 산산조각 나고 통제 불능 상태가 된다는 두려움을 갑절은 감소시킨다. 자연 매장을 택한 사람들은 말한다. "내가 유기물질로 이뤄진, 무력하고 조각조각 모인 덩어리라는 것을 알아차릴 뿐만 아니라 그 사실을 경축하노라. 해체 만세!"

웨스트윈드에서 시간을 보내면서 나는 이미 내 몸을 녹색 매장하기로 마음먹었다. 나는 일종의 우주의 대출 프로그램에서 내 심장이며 발톱, 간과 뇌를 이루는 원자들을 부여받은 것으로 이해했다. 언젠가는 내가 이 원자들을 돌려줘야 할 때가 올 것이며, 내 미래의 시신을 화학적으로 보존함으로써 그 원자에 매달리려는 시도를 하고 싶지 않다. 마린에는 그런 자연 매장을 하는 묘지가 하나 있다. 웨스트윈드에서 다리 하나만 건너면 된다. 그곳에서 나는 묘지의 올록볼록한 구릉들 사이에 앉아 흙더미로

　　　　　　　　　　　　잘해봐야 시체가 되겠지만　　　───

이뤄진 무덤들을 내려다보며 해체와의 데이트를 가만히 명상한다. 승려들이 이 불편한 죽음과의 대면을 통해 자유를 찾았듯이, 나도 그 같은 일을 하고 있었다. 어렸을 때 내가 들여다보지 못한 두려움의 심층부를 직접 응시하며, 차츰차츰 그 두려움을 없애기 시작한 것이다.

씻김

붓다는 지금의 네팔에서 태어났고, 태어날 때 이름이 싯다르타 가우타마였다. 싯다르타가 태어날 때부터 깨우친 존재는 아니었다. 그는 생의 29년을 왕궁의 사치 속에 파묻혀 보냈다. 싯다르타의 아버지인 슈도다나 왕은 아들이 자라서 죽음의 고통을 접하면 위대한 사상가가 되리라는 경고를 받았다. 당연히, 부왕은 싯다르타가 그 잘난 사상가보다는 자기처럼 왕이 되는 편을 선호했다. 그래서 왕궁 담 안에서 일어나는 어떤 종류의 죽음도 왕자에게 보이는 것을 엄금했다.

싯다르타는 29세가 되자 주변 도시들을 돌아보고 싶다는 뜻을 전했다. 부왕은 이에 동의했지만 자기 아들이 오로지 젊고 건

잘해봐야 시체가 되겠지만

강한 사람들만 활동하는 곳에서 일하는, 젊고 건강한 사람들만 보도록 동선을 짰다. 그러나 천신들은 그것을 용인하지 않았다. 그들은 머리가 희끗희끗하고 이빨이 빠지고 다리를 절룩대는 노인을 보내 싯다르타를 깜짝 놀라게 했다. 싯다르타는 그때까지 한 번도 노년이라는 것을 본 적이 없었던 것이다. 싯다르타는 이어 전염병에 걸린 사람을 보았고 마지막으로 가장 중요한 것, 즉 널빤지 위에서 타고 있는 시신을 보았다. 한 번의 여행으로 생로병사와 무상을 전부 대면한 싯다르타는 왕궁 생활을 그만두고 승려가 되었다. 그 나머지는 사람들이 말하는 바와 같이, 종교적인 이야기이다.

싯다르타의 이야기에서, 불타오르는 시신의 생생한 물질성은 부정적인 힘이 아니라 긍정적인 힘이다. 이는 그가 변모하는 데 촉매가 되었다. 시신을 마주치고 나자 장차 붓다가 될 이 사람은 삶이라는 것을 예측 불가능하고 끊임없이 변하는 과정으로 보지 않을 수 없었다. 그가 깨달음에 이르지 못하게 막아온 것은 왕궁의 담에 갇힌 시신 '없는' 삶이었다.

웨스트윈드 화장·매장 회사는 죽음에 대한 나의 이해를 바꿔놓았다. 거기서 시체 빛깔의 안경을 쓰고 일하기 시작한 지 1년이 안 되어, 시체가 더 이상 우리 눈에 띄지 않는 것이 이상하다는 생각에서, 시체가 없다는 것이 바로 현대 사회의 주요 문제의 뿌리 깊은 원인이라고 믿는 쪽으로 바뀐 것이다.

시신들은 산 사람으로 하여금 현실에 매여 있게 한다. 웨스트윈드에서 일하기 전까지, 나는 상대적으로 시신을 못 본 삶을 살아왔다. 이제 나는 화장장 냉장고에 쌓인 시신들을 수십 구씩 다룬다. 시신들을 대하다 보면, 나 자신의 죽음과 내가 사랑하는 사람들의 죽음을 대면하지 않을 수 없다. 아무리 기술이 우리의 선장이 되었다 해도, 그 배 밖으로 닻을 내려 우리를 끌어내리는 데는 단 한 구의 시신이면 충분하다. 아무리 영광스럽게 포장해도 시체는 우리가 먹고 싸고 끝내 죽을 수밖에 없는 동물이라는 사실을 확실하게 알려준다. 우리는 모두 앞으로 시신이 될 사람들인 것이다.

오늘 준비실에 누워 있는 시체인 제러미는 문신투성이의 53세 남자였다. 그는 인생의 절반을 감옥에서 보냈다. 수많은 문신들은 그가 손수 먹물을 주입하여 새긴 것인데, 그 색깔이 바래 흐릿한 녹색이 되어가고 있었다. 숫자와 글자들이 그의 양팔, 몸통, 등판에 온통 점으로 새겨져 있었다. 제러미의 몸에는 또 감옥에서 나온 후 새긴 아주 새로운 문신도 있었다. 그런 문신들은 새와 파도, 그 밖의 자유에 대한 은유가 그려진 색색의 그림이었다. 그는 감옥에서 나와 새롭고 색다른 삶에서 자유를 찾았다. 그 문신들은 굉장히 아름다웠다. 몸이 캔버스라는 개념은, 그 캔버스가 시체일 경우에는 더욱 강력해졌다.

내가 제러미를 씻기기 시작했을 때 회사 정문에서 초인종이 울렸다. 나는 고무장갑을 벗고 마당으로 나갔다. 내가 미처 "안녕하세요, 들어오시죠."라고 하기도 전에, 나중에 자신을 제러미의 여동생이라고 소개한 그 여자가 소리 지르듯 말했다. "헤이, 거기서 있는 육척 장신 여자!"

"오 그래요. 하긴, 제 키가 꽤나 크긴 하죠. 그 말씀이 맞······."

"이런, 이런, 이런. 당신은 참 덩치도 크고 인물도 좋군요!" 그녀가 나를 덮치듯 와락 껴안으며 악을 쓰듯 말했다. 비록 "덩치도 크고 인물도 좋은 여자"라는 말이, 심장 둘레에 쌓인 물질들이 내가 살이 쪄선 안 되는 이유라던 브루스의 설명을 연상시키긴 했지만, 어쨌든 고맙다고 했다.

나는 제러미의 여동생을 계약실로 안내했다. 그 방에서 그녀는 막대 사탕 하나를 꺼내더니 정신 나간 사람처럼 두 발을 바닥에 부딪쳐 딱딱 소리를 내면서 이빨로 그걸 씹어 먹기 시작했다. 함부로 추측하고 싶지는 않지만, 굳이 하라고 한다면 그녀가 암페타민◎류를 먹어서 흥분된 상태일 것이라고 추측하겠다. 나는 그전에도 비슷한 상태의 유가족을 만나봤다. 오클랜드에서 염가로 장례 서비스를 판매하는 부담을 지고 있었으니 말이다.

"자기, 우린 이렇게 하려고 해요." 그녀가 말했다. "제러미 오빠의 장례식을 샌프란시스코에서 멋지게 거행하고, 그다음에는 새크라멘토 밸리에 있는 참전 군인 묘지에다 오빠를 묻는 거죠. 내가 내내 당신들 뒤에 운전해서 내 차로 따라가고 말이죠." 연설의 박자는 발을 바닥에 딱딱 부딪침과 함께 점점 빨라졌다.

"묘지가 여기서 두 시간 거리라는 거 아세요?" 내가 말했다.

"내가 지켜보고 있지 않으면 당신들 모두 오빠를 화장할 거야. 이미 했는지도 모를 일이고요."

◎　각성제의 일종.

"부인, 참전 군인 묘지에서는 시체가 관에 담겨 도착하면 매장하려고 기다리고 있는데요. 우린 시신을 그곳으로 목요일에 운구하려고 해요." 내가 설명했다.

"당신들은 통 남의 말을 안 듣는군요. 내 말이 바로 그 말이에요. 오빠의 시신은 어느 관에도 들어 있지 않아요. 당신들은 내 허락도 없이 오빠를 화장한 거예요."

나는 가능한 한 친절하게, 웨스트윈드에서 제러미를 화장하고 나서 빈 관을 새크라멘토 밸리에 있는 국립묘지로 가져가는 것은 운반상으로 보나 재정상으로 보나 말이 안 된다고 설명하려 했지만, 그녀는 우리가 제러미를 화장하지 않았다는 사실을 믿지 않았다.

우리 같은 장의업계 종사자는 아무짝에도 쓸모없다고 예단하는 사람이 제러미의 여동생만은 아니었다. 사람들에겐 장의업계 직원들이 시체를 어떻게 처리하는가에 대한 터무니없는 이론들이 있다. 할머니들이 화장장에 전화를 할 때, 그 음성은 떨리고 조금 혼란스럽다.

"웨스트윈드 화장·매장 회사의 케이틀린입니다." 내가 전화를 받았다.

"여보세요, 난 에스텔이라고 해요." 한 할머니가 말했다. "내가 죽으면 당신들은 날 화장하게 될 거예요. 당신네 회사하고 서류를 작성해야 하고 돈도 벌써 다 냈어요. 그런데 오늘 아침 뉴스에서 봤는데, 당신들은 시체를 모두 함께 섞어놓고 태운다면서요? 정말 그런가요?"

"아뇨, 아닙니다. 여기서는 누구나 단독으로 화장됩니다." 나는 확실히 말했다.

"모닥불 위에 시체를 차곡차곡 쌓아놓고, 화장한 뒤에는 남은 재가 수북이 쌓인다던데요, 그리고 그 잿더미에서 당신들은 그냥 퍼내기만 한다죠." 에스텔이 말했다.

"부인, 그런 말을 누가 하던가요?"

"뉴스에 나온 사람들이요." 그녀가 말했다.

"자, 그럼 약속드리죠. 뉴스에 나온 것은 여기 웨스트윈드에 대한 얘기가 아니에요. 여기에서는 누구나 자기만의 고유 번호가 있고, 한 사람씩 한 사람씩 화장합니다."

나는 그 할머니를 안심시켰다.

할머니는 한숨을 내쉬었다. "그렇다면 괜찮아요. 난 너무 오래 살았고, 죽어서 시체 더미 속에 하나로 내팽개쳐지는 게 정말 두려울 뿐이에요."

에스텔 할머니만 이런 두려움을 가진 것은 아니다. 어떤 여자는 전화해서 혹시 시체들이 쇠고기 한쪽 면처럼 갈고리에 매달려 냉장고 안에 있느냐고 물었다. 화가 난 신사 분이 전화를 해서, 바다에 유해를 뿌리는 것은 "화장실에서 약간의 소금과 함께 재를 변기에 쏟아붓고 물을 내리는 셈이니, 따로 요금을 받아선 안 된다."라고 하기도 했다.

그들의 말을 듣고 있자니 가슴이 찢어질 듯 아팠다. 심지어 나를 상대로 소리를 질러대는 사람들의 말에도 그러했다. 이럴 수가, 여태까지 그렇게 생각했다고? 나도 생각했다. 당신이 죽어서 고기 거는 갈고리에 매달려 데룽데룽 걸려 있다가 모닥불에 던져지고, 화장실 물 내리듯 쑥 버려진다고?

그런 말들을 듣고 있으면, 내가 여덟 살 때 셔츠에 침을 뱉으면 어머니가 언제까지나 살아 있을 거라고 믿던 때가 생각난다. 나는 툭 까놓고 실험을 시작했다. 이런 류의 질문을 한 사람들에게 적나라할 정도로 명확한 답변을 들려준 것이다. 뼈가 어떻게 재가 되느냐고 물으면, 나는 이렇게 대답하곤 했다. "음, 화장로라고 불리는 기계가 있지요……" 화장 전에 몸이 썩느냐고 물으면 이렇게 말했다. "사람이 죽자마자 박테리아가 안에서 밖으로 시신을 먹어 들어가기 시작하지만, 냉장하면 그 과정이 정말로 중단된답니다." 이상한 일은, 내가 솔직하게 말할수록 사람들이 더 만족하고 고마워한다는 점이다.

참관 화장을 하는 것(비록 참관 화장이 내겐 떨리는 일이지만)은 이런 문제를 상당 부분 해결해준다. 거기 참가한 사람들은 실제로 무슨 일이 일어나고 있는지를 보았다. 그들은 시체를 보았고, 불길을 타오르게 하는 단추를 눌러 화장 과정에 상징적으로 참여하면서 시체가 화장로로 미끄러져 들어가는 것을 눈으로 보았다. 화장로는 돌아가신 어머니를 집어삼키려고 입을 벌리고 있는 커다란 기계였지만, 그럼에도 불구하고 단추를 누른다는 것은 화장에 참여하는 의례가 되었다.

나는 대중이 죽음과 죽음 산업을 이해하는 방식을 바꾸기 위해 뭔가 더 하고 싶은 충동이 커지는 것을 느꼈다. 베이 지역에 이런 변화를 위해 노력하는 놀라운 여성 집단이 하나 있었다. 그

잘해봐야 시체가 되겠지만

들은 고인의 집에 가서 장례식을 해주며, 자신들을 '죽음의 산파' 또는 '죽음의 조언자'라고 부른다. 그들은 장의업계에서 따로 수련을 받거나 자격증을 가진 것은 아니지만, 시체를 유가족이 돌볼 때 곁에서 마치 지난 세기 뉴에이지 영성가와 같은 역할을 한다.

앞에서도 말했듯이 남북전쟁 전에는 죽음과 죽는다는 것이 집과 강하게 연결되어 있었다. "시신이 있을 곳은 집이다."라고 사람들은 말하곤 했다.('그들'이 그렇게 말하지는 않았다. 내가 만들어낸 것이다. 하지만 그들 역시 그렇게 말했을 것이다.) 시신은 집에서 처리할 문제였기에, 시신을 돌봐야 할 의무는 여자들에게 떨어졌다. 여자들은 고기 파이를 구웠고, 빨래를 했고, 시신을 씻겼다.

여러모로 여자들은 죽음의 자연스러운 벗이었다. 여자가 아기를 낳을 때마다 그 여자는 한 생을 창조하는 것일 뿐만 아니라 한 죽음을 만들어내는 것이기도 했다. 사뮈엘 베케트는, 여자들은 "무덤에 걸터앉아 아이를 낳는다."라고 썼다. 우리의 어머니 자연은 창조도, 파괴도 끊임없는 고리 속에서 행하는, 실로 진정한 어머니라 할 만하다.

만일 집안에서 가장 서열이 높은 여성이 손수 시체를 씻기고 수의를 입히기를 원치 않는다면, 가족은 '고인에게 옷 입히는 사람'을 따로 쓸 수도 있다. 19세기 초반에는 이 일을 하는 사람이 대부분 여성이었다. 이는 영국에서 오랫동안 널리 받아들여진 관행이었는데, 영국인들이 미국으로 이민 오면서 이 전통을 들여왔다. 임신부에게 아기 받는 산파가 있듯이, 시신에게는 옷 입히는 사람이 있었다. 세상에 나와 처음 사람을 받아주는 여성과 마지막으로 세상 밖으로 사람을 끌어내는 여성.

웨스트윈드의 고객 대부분은, 고인의 시신이 그들이 원하는 대로 돌봐야 할 그들의 몫이라는 걸 깨닫지 못한다. 그들은 아빠를 장의사에 건네줄 필요도, 죽음의 산파를 고용할 필요도 없다. 그 시체는, 좋건 싫건 그들의 것이다. 자기만의 고인을 돌보는 것이 캘리포니아주에서 합법적인 일일 뿐 아니라, 고인의 시체는 현대의 죽음 산업에서 말하는 것처럼 '흉악한 피조물'과는 거리가 멀다. 무슬림 공동체에는 '구슬(ghusl)'로 알려진 씻김 의례가 있다. 이 의례에서 고인을 씻기고 수의를 입히는 것은 '칭찬할 만한 행동'으로 간주된다. 구슬 의례를 행할 사람은 죽어가는 사람이 직접 고른다. 남자는 남자가, 여자는 여자가 씻긴다. 이를 행할 사람으로 뽑히면 영광이고, 이는 수행해야 할 거룩한 의무이다.

지난 몇 세기, 아직 사회가 박테리아와 균을 완전히 이해하기 전, 콜레라부터 흑사병까지 질병은 시신에서 안개처럼 뿜어져 나와 떠돌아다니는 '나쁜 공기'가 원인이 되어 일어난다고 사람들은 믿었다. 대도시에서는 시계(市界) 밖 멀리 떨어진 곳에 고인을 묻었다. 시체가 눈으로 보거나 냄새 맡기에 꺼려지는 것은 사실이지만, 시체는 산 자에게 거의 위협이 되지 않는다. 즉 인체의 해체에 관여하는 박테리아는 질병을 일으키는 그 박테리아가 아닌 것이다.

문신한 제러미와 그 여동생을 만나기 몇 주 전에, 웨스트윈드를 찾아온 나카자와라는 사람이 있었다. 이 사람은 젊은 여자였는데 어머니가 집에서 돌아가셨다. 그녀는 자기 어머니의 시체를 죽은 뒤 몇 시간 동안 더 집에 두고 작별 인사를 하고 싶었지만, 이렇게 말했다. "형사가 그러더군요. 장의사에 바로 연락해야 한다고요. 왜냐하면 엄마가 당뇨병이 있었는데 시체를 더 이상 집에 두면 남은 가족에게 해롭기 때문이라고 했어요."

"죄송합니다만, 형사가 뭐라고 했다고요?" 나는 깜짝 놀라 물었다.

"장의사에 연락해 당장 시체를 찾으러 오게 해야 한다고요. 안 그러면 시체 때문에 우리가 병이 날 거라고요."

요약해보자. 형사는 이 가족이 고인의 시체로부터 당뇨병이 옮아 해를 입게 될 것이라고 생각했다. 이보다는 차라리 변기 덮개 때문에 에이즈에 걸릴 거라고 하는 편이 낫다. 누군가가 다른 사람에게서(시신으로부터는 더더욱) 당뇨병이 '옮을' 수 있다는 잘못된 생각은 차치하고라도, 바이러스와 박테리아의 대부분은, 심지어 혹시 병의 원인이 될 수 있는 바이러스와 박테리아조차도 시체 속에서는 몇 시간밖에 살지 못한다. 이 이상 살아남는 희소한 바이러스(예를 들면 HIV 바이러스는 16일까지 살아남는다.)도 생체에서보다 해롭지는 않다. 비행기를 타는 것이 시신과 같은 방에 있는 것보다 건강에 더 위험하다.

나카자와 씨는 웨스트윈드를 찾아오기 전에 다른 장의사에 연락했지만, 어머니를 다시 보길 가족들이 원한다면 시신이 반드시 방부처리되어야 한다는 말만 들었다. "우리는 엄마를 방부처리하고 싶지 않아요. 엄마는 불교 신자였고 방부처리를 원치 않으셨어요. 하지만 장의사 대표 말이, 건강상의 이유로 시신을 방부처리해야만 한다는 거예요."

좋아. 하루에 두 명의 '전문가'가 이 여자에게, 돌아가신 어머니가 온 가족을 오염시키려 하는 위험천만한 주검 상태의 시한폭탄이라고 했단 말이지. 방부처리사들은 그렇게 하면 시신이 더좋아 보인다고 생각하기 때문에, 그것이 '옳고' '마땅히 해야 할'일이라고 들어왔기 때문에, 또 그렇게 하면 가족과 친지들이 와서 고인과 대면하는 상황을 더 잘 관리할 수 있기 때문에 방부처리를 한다. 또한 그들은 방부처리가 돈이 되기 때문에 하는 것이지, 방부처리되지 않은 시체에 있는 미생물이 가족에게 위협을가하기 때문에 하는 것이 아니다. 균 이론과 죽음의 과학을 모두가 옛날보다 더 잘 이해하는 지금, 형사와 장례 전문가들이 죽은자와 가까이 하면 산 자에게 해로울 거라는 말을 하는 건 용서할수 없는 일이다.

남들보다 더 잘 알아야 할 사람들 사이에서조차 의심 없이받아들여지는 이런 미신 때문에, 이 여자에게는 어머니와 같이앉아 있을 기회가 주어지지 않았던 것이다. 내 친구의 표현대로그녀의 슬픔이 "느껴지고…… 어떻게든 잦아들 때까지" 말이다.그녀는 마무리할 기회를 놓쳤다. 시신에게는 누가 기억해주는 게필요하지 않다. 사실 시신에겐 더 이상 아무것도 필요치 않다. 거기 누워 부패해가는 것은 행복 그 이상이다. 시신을 필요로 하는것은 '유족 당사자'이다. 시체를 바라보면서, 그 사람이 떠났으며이제 더 이상 삶이라는 경기에서 활동하는 선수가 아님을 안다.

잘해봐야 시체가 되겠지만

시체를 바라보면서 자신을 보고, 자기 자신도 언젠가는 죽을 것임을 안다. 눈으로 보는 것은 스스로 알아차림을 부르는 것이다. 그것은 지혜의 시작이다.

인도네시아 자바 섬에서는 누가 죽으면 동네 사람 모두가 반드시 장례식에 참석해야 한다. 시체의 옷을 벗기고 얼굴을 따라 천을 묶어서 턱을 다물리고, 양팔은 가슴 위에 겹쳐 팔짱을 끼게 한다. 고인의 가까운 친척들이 시체를 무릎에 놓고, 산 자도 물에 몸을 담근 채 씻긴다. 인류학자 클리퍼드 기어츠에 따르면 고인을 아기처럼 살살 흔들어주는 이러한 개념은 "'테겔(tegel)'하다고 불리는데, 속으로는 두렵고 역겨워도 그런 티를 내지 않고 뭔가 더럽고 끔찍하고 궂은일을 해낼 수 있는 능력을 의미한다." 조문하러 온 사람들은 '이클라스(iklas)'해지기 위해, 즉 고통으로부터 초탈하기 위해 이 의례를 행한다. 시신을 껴안고 씻기는 행위는 그들로 하여금 자신의 불편함을 고개를 들어 마주하게 하고, "그들의 마음은 이미 자유로워진" 곳으로 향하게 한다.

비록 본인은 깨닫지 못했지만 제러미의 여동생이 원했던 것도 이런 식의 마무리였을 것이다. 그녀가 마침내 제러미의 시체가 몰래 화장되지 않았음을 확신하고 웨스트윈드를 떠난 후, 나는 준비실에서 가만히 제러미를 내려다보았다. 나는 그의 문신들이 들려주는 이야기를 읽으며, 내가 웨스트윈드에서 신입으로 보낸 몇 달간 들려온 목소리, 아마도 그의 손이 번쩍 들려 내 손을 와락 움켜잡을 거라고 말하며 나를 영원히 안절부절못하게 하는 그 불편한 목소리를 머릿속에서 몰아냈다. 내가 어떤 방식으로든 시체를 잘못 다루거나 부술 거라고 걱정하지도 않았다. 그 대신 나는 제러미의 문신이 무슨 의미일지, 그리고 어떻게 이 사람을 보고 더러운 범죄자라고 판단하는 사람들이 있는지에 대해 생각했다.

그는 범죄자였지만 또한 아름답기도 했다. 나는 그 자리에 그를 판단하려고 있는 것이 아니었다. 오직 그를 깨끗이 씻기고, 주름 잡힌 턱시도 셔츠와 하늘색 폴리에스터 정장을 입히려고 있는 것일 뿐이었다. 그의 한쪽 팔을 씻기려고 쳐들다가 잠깐 멈추었다. 편안한 느낌이 들었다. 다른 사람들도 이 일을 스스로 할 수 있다는 걸 알았으면 한다. 씻김, 편안함, 이 내밀한 느낌, 이 안정감은 만약 사회가 미신의 짐만 벗는다면 누구든 얻을 수 있는 것이다.

웨스트윈드에서 열 달 동안 일하면서 죽음이 내겐 일상이라는 것을 알았다. 사람들에게 그들이 소유한 시체를 보살피라고 가르치고 싶었다. 조상들이 그러했던 것처럼 시신을 손수 씻겨보고, 자신의 공포를 단단히 통제하라고 말이다. 내게는 여러 선택지가 있었다. 첫 번째는 가방을 싸서 밤중에 살짝 이곳에서 도망쳐, 웨스트윈드 화장장을 내버려두고 죽음의 산파와 합류하는 것이다. 이는 장의업계와 그것이 제공하는 안전성과 적법성(가치가 있든 없든 간에)을 버리고 떠난다는 의미가 될 것이다. 상업주의와 업 셀링®을 두고 가는 것은 아깝지 않았다. 문제는 일반적으로 산파들이 하는 역할이 내가 했던 일에 비해, 말하자면 훨씬 더 '영적'이라는 점이다. 나는 성유나 향, 죽음 차크라 같은 것에

도덕적인 반감은 없다. 하지만 이러한 여성들을 존경하는 만큼이나, 나는 죽음이 그저 '죽음'이라고 생각하기에, 그것이 하나의 '이행 과정'이라고 나 자신을 속이고 싶지 않았다. 끝났다. 다 살고 마친 것이다. 이는 대단히 세속적인 죽음관이다.

두 번째 선택지는 장의학교에 입학하는 것이었다. 그러나 그건 이 업계와 그 모든 지독히 싫은 관행 속으로 더욱 깊숙이 들어간다는 뜻이었다.

"케이틀린, 당신은 장의학교에 갈 필요가 없다는 거 알지?" 마이크가 내게 말했다. "무엇 때문에 그런 학교에 다니면서 애를 쓰려고 해?"

마이크 자신도 장의학교에 다니지 않았다. 학교에서 수업을 듣지 않아도 자격 있는 장례지도사가 될 수 있는 캘리포니아 주법의 운 좋은 수혜자가 그인 것이다. 어느 분야에서나 학위(바구니 짜는 분야의 학사도 있는 걸 보라.)란 것은 대단한 죄를 짓지 않고서 시험에서 통과될 만한 점수를 얻은 다음, 클럽에 간다는 걸 의미한다.

하지만 이제 장의사로서의 소명을 받아들이고 보니, 나는 모든 것을 알고, 모든 것을 이해하고 싶었다. 나는 죽음의 산파들이 자리한 극단으로 달려가거나, 다른 학위를 하나 더 받기 위해 학교로 돌아가 방부처리를 배우고 그들이 가르치는 것을 직접 볼 수도 있었다. 죽음의 산파들이 하는 일이 내게 와 닿는 동시에,

◎   더 비싼 제품을 사게끔 유도하는 마케팅 전략.

나는 계란으로 바위치기를 하고 싶지는 않았다. 나는 내부 사정에 훤하고 싶었다. 나는 장의학교에 지원하기로 마음먹었다. 혹시 모르지 않는가.

잘해봐야 시체가 되겠지만 ————

혼자 치른
참관 화장

11월에 마이크는 2주간 낚시 휴가를 내어 부인과 아이와 함께 떠나면서 나에게 화장장 업무를 전적으로 맡기고 갔다. 나는 공황 상태나 마찬가지였다. 설상가상으로, 마이크는 월요일 아침에 해야 할 첫 번째 일로 참관 화장을 잡아놓았다. 마이크가 가고 나니, 나는 그렇게 두려워하던 참관 화장을 혼자서 해내야 했다.

"제발, 마이크, 전 과정을 반복하고 당장 인원을 확실히 보충해줘요!" 나는 애원했다.

마이크는 다른 접근법을 취했다. "걱정 말아요, 유가족은 좋은 사람들이야. 뉴질랜드 출신이라던가. 아니면 오스트레일리아

라던가? 어쨌든, 고인의 아들은 쿨하고, 이성애자인 것 같아. 드라마 「식스 피트 언더」를 좋아한대. 당신도 그 드라마 좋아하잖아. 월요일에 단정하게 보이도록 노력하라고. 그 사람이 들어올 때는 건물 스무 채가 한꺼번에 들어오는 것 같다니까. 난 그에게 당신을 그럴 듯하게 보이게 하려 노력 중이야."

그건 마치 제인 오스틴 소설의 도입부 같았다. 만약 그 소설에 나오는 다시 씨가 어머니의 죽음을 슬퍼하는 아들이자 퍼스[◎] 출신의, 「식스 피트 언더」를 방영한 방송사 HBO의 광팬이고 엘리자베스가 초보 수준의 화장사라면 말이다.

참관 화장 중에는 구석구석 재앙이 도사리고 있었다. 바로 몇 주 전에, 시체를 화장로에 굴려 넣던 컨베이어벨트의 전기 시스템에 문제가 생긴 것이다. 전기가 끊어지면서 벨트는 가다 서다 했다. 나 혼자 있다면 이건 그리 큰 문제가 아니었다. 달려가서 시체가 든 박스를 화장로에 손으로 쑥 밀어 넣으면 되니까. 그렇지만 만약 가족들이 참관하고 있는데 컨베이어벨트가 멈춘다면, 그런 선택은 실행 가능한 것과는 거리가 멀어진다.

나는 최악의 사태가 일어난다면 무슨 말을 할지 미리 연습했다. "오 그래요, 저 컨베이어는 항상 저기서 멈춘다니까요. 이렇게 되면 나는 화장로로 재빨리 달려가서 댁의 어머니가 든 박스로 돌진해서는 그것을 얼른 불길 속으로 밀어 넣지요. 이건 보통 있는 일입니다. 걱정 마세요."

[◎]   오스트레일리아 서부에 있는 도시.

참관 전날 밤, 나는 컨베이어벨트가 부러지거나, 내가 기계에 시체를 올려놓기만 하면 기계가 꺼지는 악몽을 꾸었다. 전에 없던 일이었지만, 이론적으로는 그날 일어날 수도 있는(내 운에 따라) 일이었다.

　또 다른 측면에서 내 악몽에 보탬이 된 것은 (내게 고인의 아들 앞에서 멋지게 보였으면 좋겠다고 말해주는 것 말고) 마이크가 내게 준 유일한 다른 정보가 "참고로, 고인의 시신이 그리 좋은 상태 같지는 않아."라는 것이었다. 온 가족이 뉴질랜드(어쩌면 오스트레일리아)에서 비행기를 타고 여기까지 고인을 보러 왔는데, 고인이 '그렇게 좋은 상태 같지는 않다'니? 이게 대체 무슨 뜻일까?

　그 말은 내가 월요일 아침에 발견한 바에 따르면, 고인인 어머니의 두 뺨이 밝은 주황색으로 조금 부패되어 이상한 부분들이 생겨났고, 코에 딱딱한 갈색 껍질 같은 것이 씌워져 있다는 뜻이었다. 얼굴은 농익은 복숭아처럼 부풀고 부들부들했다. 사람이 살아 있을 때는 피부가 크림색, 베이지색, 회갈색, 갈색이 섞인 칙칙한 색깔이지만, 일단 죽으면 모든 것이 원점으로 돌아간다. 피부가 부패되면 생생한 파스텔색과 네온색으로 환히 피어난다. 이 할머니의 경우는 주황색이었다.

　출근하자마자 나는 그녀의 얼굴에 화장을 해주기 시작했다. 웨스트윈드에 있는 화장 도구 세트에서 쓸 수 있는 것은 아무것이나 갖다 썼다. 절반은 장례에만 특수하게 쓰이는 화장품을 썼고, 절반은 길거리의 화장품 가게에서 파는 병에 담긴 것을 썼다. 나는 부패를 막기 위해 고인의 머리를 치장하려고 노력했다. 돋보이게 하려고 하얀 시트를 야구공만 한 크기로 둘둘 말아(색깔도 야구공 같다.) 고인의 얼굴 주위에 깔았다. 참관실의 분홍빛 등잔 불 아래 고인을 눕혀놓으니 그리 나쁘게 보이지 않았다.

"그리 추레해 보이지 않아, 캣. 나쁘지 않다고." 크리스가 나를 안심시켰다.

"이 할머니가 돌아가셨을 때는…… 안 좋아 보였거든."

"고마워요, 크리스."

"이봐, 난 클레몬스 씨의 시체를 샤턱에 있는 양로원에 가서 가져와야 해. 거기는 절대로 시체를 그냥 두는 법이 없다니까. 간호사가 벌써 세 번이나 큰소리로 전화했어."

"크리스, 지금 참관 화장이 있어요. 여긴 나 혼자라고요!"

"알아, 알아. 난 동의하지 않아. 마이크는 이렇게 당신을 내버려두면 안 되는 거였어. 그야 모든 일이 다 쉽다고 생각했겠지. 당신은 누가 도와줘야 하는데."

이 말이 맞는 말일지는 모르지만, 나의 오래된 "아니, 나 혼자 할 수 있어요." 하는 말이 반사적으로 튀어나왔다. 혹시 약하거나 무능하게 보일지도 모른다는 두려움은 멈춰버린 컨베이어 벨트나 주황색 피부 등 어떤 가공의 재앙보다도 더 나빴다.

"됐어요, 크리스. 가요. 나 혼자서도 할 수 있으니까."

크리스가 떠난 직후, 고인의 아들(참견쟁이 마이크가 점지해준 백마 탄 왕자님)이 가족 열 사람과 더불어 나타났다. 나는 그들을 데리고 참관실로 들어가 시체를 내려다보게 했다. "여기 고인과 함께 오래 계셔요. 필요하신 만큼." 나는 공손한 태도로 그 방을 나서며 말했다.

문이 닫히자마자 나무 문에 귀를 대고 그들의 반응을 듣고 있자니, 걱정이 되었다. 아들이 꽤나 힘주어 한 첫 말은 "어머니가 전에는 이보다 나아 보이셨어요. 얼굴에 이렇게 화장하기 전에는 훨씬 나아 보이셨다고요."였다.

나의 즉각적인 본능대로 하자면, 문을 활짝 열어젖히고 이렇게 소리치고 싶었다. "이봐요, 누가 봐도 고인의 시체가 부패하고 있는데, 그럼 시체에 화장을 하지 말란 말입니까?" 하지만 난 그것이 손님을 응대하는 최선의 태도가 아니라는 걸 알고 있었다. 마음을 가라앉히고 내 손으로 한 작업에 대한 모욕을 극복하고 나자, 다시 그 아들과 얘기하고 싶은 마음이 생겼다. 나는 그에게 장의업계에서 하는 시체 메이크업에도 동의하지 않고, 자연스러운 것이 물론 더 좋지만, 아마도 그가 시체 상태의 어머니를 보았다면 이 화장이 나름 타당하다는 데 동의했으리라고 본다고 말하고 싶었다. 그러고 나는 "어머니가 전에는 더 나아 보였다."는 게 무슨 뜻인지 명확히 밝혀달라고 그에게 부탁할 것이다. "전"이라는 것이 그녀의 생전을 말하는 것인가? 그건 말이 된다. 아니면 그가 어머니를 마지막으로 만나고, 고인이 아직 원뿔형 도로 표지 색깔처럼 노랗게 변하기 전 말인가? 가장 불안한 것은, 그가 이미 부패 단계에 들어간 시체들 옆에 있으면서도 아주 태연할 수 있는 드문 사람들 중 하나일지도 모른다는 가능성이다. 그 경우라면 마이크 말이 맞다. 아마 이 사람은 내가 꿈에 그리던 사람일지도 모른다. 어쨌거나 대화는 이뤄지지 않았다. 낭만적인 영화의 한 장면 같은 첫 만남이 일어날 만한 상황이었음에도, 로맨틱코미디 같은 우리의 관계는 파탄 날 운명이었다고 나는 거의 확신한다.

　그 가족들은 시간을 충분히 갖고 어머니를 보았고 이어 화장하러 내가 있는 곳으로 왔다. 예배당으로 돌아갔을 때 시신의 양 옆구리에서 연기가 뭉글뭉글 피어오르기에 나는 깜짝 놀랐다. 가족들이 하얀 시트 사이에 세이지 몇 다발을 불에 태워 놓아두었던 것이다. 우리는 보통 참관실에서 뭘 태우는 것을 허용하지 않지만, 마이크는 갔고 고인이 된 그 집 엄마는 무슨 운동 기구처럼 보였기 때문에 눈감아주었다.

　향과 나란히, 가족들은 커피와 아몬드가 섞인 하겐다스 아이스크림 바를 바이킹 전사의 무기처럼 고인의 양손 사이에 놓았다. 그건 내가 좋아하는 아이스크림이었다. 그래서 나도 모르게 소리를 질렀다. "저건 내가 좋아하는 아이스크림이에요!"

　나는 그 순간까지는(심지어 시신 화장하는 내 기술에 대한 모욕을 듣고도) 성공적으로 입을 닥치고 있었다. 하지만 아이스크림에 이르자 도저히 가만히 있을 수가 없었다. 고맙게도 그들은 웃기만 했다. 커피 아이스크림은 고인이 된 어머니께서도 즐겨 드시던 것이었다.

　크리스가 클레몬스 씨 시체를 찾으러 갔으니, 고인이 되신 그 집안의 어머니를 화장장으로 운반하는 일은 나 혼자 할 일이었다. 내가 처음 한 일은 이송용 침대를 문틀에 확실하게 갖다 박으며, 세이지 연기를 사방에 흩뿌린 것이었다. 이때 내가 무슨 말을 했는지 정확히 기억은 안 나지만(굴욕을 당한지라 기억도 흐릿한가보다.) 아마도 "아이쿠!"나 "첫 번째 문이 언제나 특별해!" 뭐 그런 것이었던 것 같다.

나는 그 엄마를 별일 없이 컨베이어벨트 위에 올려놓았고 다행히도 벨트는 윙윙 잘 돌아가 그녀를 곧바로 화장로 속으로 들여보냈다. 나는 고인의 아들에게 점화 단추를 누르라고 했다. 향과 아이스크림을 보면 이 가족이 이런 의례에 전혀 낯설지 않다는 것을 알 수 있었다. 점화 단추를 누를 때만큼은 아까 문을 들이받은 일과 연극배우 같은 화장을 잊어버린 것 같았다.(비록 아직 데이트 신청을 할 만큼 내게 매력을 느낀 건 아니었지만 말이다.)

마이크가 휴가 가 있는 동안 나는 성인 스물일곱 구와 아기 시신 여섯 구와 해부하고 남은 몸통 둘을 화장했다. 그 화장 중 세 번은 참관 화장이었고, 이 화장들은 아무 문제없이 진행되었다.

휴가가 끝나고 일터로 돌아온 첫날 아침, 마이크는 서류를 훑어보다 흘끗 고개를 들더니 내게 말했다. "당신이 겁나 자랑스럽군."

나는 바로 그 자리에서 거의 눈물을 터뜨릴 뻔했다. 뭔가 엄청난 일을 해낸 것 같은 느낌, 이제는 더 이상 이 일에서 분장 놀이나 하는 여자애가 아니라는 느낌이 들었다. 나는 딜레탕트가 아니었다. 나는 화장장을 움직이는 직원이었다. 그건 내가 잘할 줄 아는 일이고, 하나의 기술이었다. 나는 맡은 일을 잘해내고 있는 것이다.

만약 비로 뜰을 깨끗이 잘 쓸었다거나 저녁 5시 퇴근 전에 아기 시체를 다섯 구나 화장했다고 칭찬하는 등, 내가 바라던 방식으로 허영심을 부추기는 습관이 마이크에게 있었더라면, 나는 훨씬 덜 유능한 직원이 되었을 것이다. 나는 그에게 내 능력을 입증해야 했기에 성공했던 것이다.

　　"당신은 우리가 고용했던 사람들 중 95퍼센트보다도 많은 일을 해냈어, 이 사람아." 마이크가 말을 계속했다.

　　"잠깐, 나보다 더 열심히 일한 5퍼센트는 그럼 누구죠?" 내 눈이 가느스름해졌다. "그냥, 말하자면 그렇다는 거죠?"

　　"우리는 보통 무경험자를 뽑아야만 해. 그렇지 않고 경험이 조금이라도 있는 사람이라 하면, 시체 치우는 용역 깡패 출신들이야. 무슨 소리냐 하면, 이 직업이 말하자면 역겨운 일이라는 거지."

　　"그렇다고 급여가 아주 많은 것도 아니고요." 내가 덧붙였다.

　　"그렇지." 그가 웃으며 말했다. "월급도 적지. 우리가 속여서 당신을 이 바닥에 끌어들인 거야."

　　마침내 마이크로부터 합법적인 찬사를 끌어냈다는 흥분된 마음은 오래가지 못하고, 재빨리 죄의식으로 바뀌었다. 사실 나는 장의학교에 지원해 입학허가를 받았던 것이다.

　　입학허가를 받았다 해서 학교에 출석을 해야 한다는 뜻은 아니었다. 때는 2008년 말, 경제위기가 시작되던 시기에 화장로를 돌리는 이상한 직업일망정 안정된 직장을 그만두는 것은 어리석은 짓이었다. 하지만 나의 샌프란시스코 생활은 여전히 무미건

잘해봐야 시체가 되겠지만

조하고 외로웠으며, 장의학을 전문으로 가르치는 사이프러스 대학(캘리포니아주에 두 개 있는 장의학교 중 하나)은 오렌지 카운티에 있었다. 오렌지 카운티는 로스앤젤레스 바로 남쪽에 있는 대도시 근교의 동화 속 나라이자 리얼리티 쇼 「진짜 주부들」과 디즈니랜드의 고향이기도 했다. 난 사이프러스 같은 장의학교에서 기술을 배워 시체 방부처리를 하는 사람이 되고 싶지는 않았지만, 우리 미국 전역에서 죽음을 파는 장사치들이 미래의 구성원들을 어떻게 훈련시키고 있는지 직접 보고는 싶었다. 정확히, 어디서부터 일이 이다지 잘못된 건지 말이다. 그 업계를 운영해온 사람들, 장의학을 가르치는 사람들, 아니면 업계 그 자체?

그리고 남부 캘리포니아에 몇 년간 살아온 루크가 있었다. 그렇게까지 인정하고 싶지는 않았지만, 그때는 루크가 커다란 고려 요소였다. 대학을 졸업할 무렵, 우리는 함께 로스앤젤레스로 이사해서 아파트를 구해 무일푼이지만 성취감은 있는 예술가로 살자는 계획을 세웠다. 나는 그 대신 북쪽으로 갑자기 방향을 바꿔 이곳 샌프란시스코로 와서 죽음에 대한 강박관념이라는 미친 토끼를 따라다닌 것이다. 당시로선 그것이 이기적인 결정이었지만, 지금은 사정이 달랐다. 이제 난 내가 누구인지 알았으며, 내 삶의 목적이 생겼고, 나는 루크와 함께할 준비가 되어 있었다.

"그러니까 너 로스앤젤레스로 이사 오려고, 도티? 이번엔 진짜야?" 루크는 반신반의하면서 물었다.

"이봐, 너무 우쭐하지 마. 난 꼭 로스앤젤레스로 이사 가고 싶은 게 아니라, 이 시신들에게서 벗어나고 싶을 뿐이야. 너『대

성당에서의 폭발(*Explosion in a Cathedral*)』이라는 책 읽어봤어? '나
는 죽은 자들 틈에서 머무는 게 지겨웠다. …… 여기는 모든 것에
서 시체 냄새가 난다. 나는 사람들이 뭔가를 믿는, 산 자들의 세
계로 돌아가고 싶다.'"

그는 웃었다. "모든 것에서 시체 냄새가 나, 응? 그 은유는 어
디서 나온 거지? 화장장이 시체로 지어졌나?"

"응, 하지만 시체로 뭘 짓기란 믿을 수 없을 만큼 힘들어." 내
가 설명했다.

"시체들은 상당히 뻣뻣할 것 같은데."

"맞아. 초기에는 버팀대로 참 좋지. 하지만 계속 부패하기 때
문에 건물의 안전에 지장이 있거든. 예측할 수가 없다고. 알겠어?

"케이틀린, 그 시체들이 모두 네 주위로 와르르 무너져 내리
기 전에 너 거기서 나와야겠다……."

루크가 내 운명을 바꿨다. 나는 겨울 동안 남쪽에 가 있기로
했다.

나는 마침내 마이크에게 일주일 후 말했다. 그는 속을 알 수
없는 덤덤한 얼굴을 유지하며 말했다. "그래, 떠나는 게 당신 결
정이라면야."

내가 떠나는 것을 크리스가 원치 않았다는 것은 너무도 명백
한 사실이었다. 우리는 함께 공유한 기억이 많았다. 피를 흥건히
쏟은 채 부엌 바닥에 퍼질러져 있던 나이 많은 수집가의 부엌 카
운터에는 뚜껑 열린 땅콩버터와 누텔라 병이 잔뜩 어질러진 사이
로 바퀴벌레가 득실댔다. 기억 중에는 이렇게 역겨운 것도 많았지

잘해봐야 시체가 되겠지만   ⎯⎯

만, 그래도 우리의 기억은 기억이었다.

떠날 날이 다가오자 내가 하던 일을 할 사람을 찾는다는 공고를 인터넷에 올렸고, 사람들은 떼를 지어 지원했다. 아마 구직 시장 사정이 최악인 모양이었다. 사람들이 장의사에 직장을 잡겠다고 혈안인 걸 보니 말이다.

구직 명단에 오른 지원자들은 많았지만, 그게 '괜찮은' 사람들이 많이 지원했다는 뜻은 아니었다. 동봉된 이력서에 적힌 내용은 이랬다. "저는 무슬림이니 저를 믿으셔도 됩니다. 저는 나쁜 짓을 하지 않습니다. 100달러짜리 지폐가 바닥에 떨어져 있대도 줍지 않을 겁니다. 저에게 동기부여가 되는 딱 한 가지는 인센티브입니다. 제가 하루에 약 4.8킬로미터를 운전한다면, 얼마를 받게 될까요?"

그다음으로는 철자법과 표현과 문법이 틀린 수많은 이력서들이 있었다. "목적: 경험을 '쌓고' 장의 분야에서 일할 '기훼'를 얻는 것" 이런 식이었다.

그중 백미는, 우리가 몇 명을 뽑아 추가 설문지를 작성하라고 할 때 들어온 답변이었다. "만약 당신이 나무라면, 어떤 종류의 나무가 되고 싶나요?" 같은 문항은 내가 읽어도 좀 너무하다는 생각이 들었지만, 어쨌든 옥석은 가려야 했다.

문 : 약 300단어로 당신이 장의사에서 일하는 데 관심이 있는 이유를 설명하시오.

답 : 전 죽음이 좋습니다.

문 : 당신은 죽음을 둘러싼 종교적·정신적 의례에 참가해본 적이 있습니까? 있다면 그 사건을 서술하시오.

답 : 한번 위지 보드®를 갖고 놀아봤어요.

문 : 사람들에게 개인적으로 연관되지 않고도 감정이입을 할 수 있습니까? 이렇게 할 수 있었던 상황을 서술하시오.

답 : 나는 한 번에 사람 여럿을 죽입니다.

문 : 직무상 책임과 직무기술서에 대해 융통성 있게 대처할 수 있나요?

답 : 오, 그럼요.

이런 지원자들의 면면은 차치하고, 마이크는 제리를 고용할 작정이었다. 제리는 키가 크고 매력적인 아프리카계 미국인 남자였다. 아이러니하게도 제리는 이전에 시체 치우는 용역 회사에서 일했다. 그러니까 시체 치우는 '깡패' 중 한 사람이었던 것이다. 마이크는 몇 주 전만 하더라도 절대 이 사람은 고용 안 했을 거라고, 될 수 있는 한 힘주어 말했다. 내 추측으로는, 다른 후보자의 경험이라는 것이 '위지 보드를 한번 갖고' 놀아본 정도라면 그의 시각이 달라질 만도 할 것이다.

내가 떠나기 전 주에 보니, 크리스의 흰색 밴이 회사에 와 있었다. 나는 그가 애지중지하는 이 밴을 고물차라고 언급하는 실

® 영혼과의 대화를 위한 일종의 점술판. 공식 명칭은 'Ouija Board'인데 여기서는 발음 나는 대로 'Wigy Board'라고 씀.

잘해봐야 시체가 되겠지만

수를 저질렀다. "고물차라니? 이 젊은 숙녀 분아, 그 차의 존엄성을 모독하지 말라고. 이 차는 나랑 20년을 함께한 차야." 그가 말했다. "그 차는 내 위대한 모비딕이라니까, 조심성 없는 사람들을 배에서 끌어당겨내리는 그 큰 고래 말이야."

나는 집에 오는 길에 크리스를 그의 부모님 집 앞에서 내려주었다. 집은 베벌리힐스 언덕 꼭대기에 있었다. 그의 가족이 1950년대부터 살아온 집이었다. "캣, 뭐 하나 보여줄게." 그는 말하더니 나를 앞뜰 한가운데 있는 나무 밑동으로 끌고갔다. 해변에서 자라는 삼나무였다. 아마 나무 높이는 15미터, 아름드리는 6미터쯤 되는 것 같았다.

"어머니는 내가 아주 어렸을 때 돌아가셨지. 그래서 난 할머니랑 시간을 많이 보냈어. 엄마가 돌아가신 다음 할머니가 나뭇잎 하나를 주시면서 말씀하시길, 이걸 땅에 심으면 나무가 되어 자라날 거라고 하시는 거야. 그 말씀이 우스꽝스럽게 들렸지만, 나는 그걸 맥스웰하우스 커피 통에 넣어 매일 아침 세 컵씩 물을 주었어. 그랬더니 커서 이 나무가 된 거야." 그가 나무 밑동을 사랑스럽게 토닥이며 말했다. "이건 내 나무야. 이 세상에 태어나 내가 가장 큰 성취를 한 일이 뭐냐고 물으면 음, 여기 와서 보라고 해."

그는 계속했다. "물론 나무는 지금 너무 커버려서 그 뿌리가 옆집 사람이 운전하는 길까지 뻗어오르기 시작했어. 언제든 옆집 여사가 시에 전화를 걸어서 와달라고, 와서 자기 소유지에 있는 것을 전부 뽑아달라고 하면 저 나무는 다 죽어. 썩어서 털썩 무너지는 거지, 난 그 모습이 나오는 악몽을 꾼다니까."

크리스는 잔뜩 감상적이 되어 이런 말을 하는 것이었다.

놀랍게도, 웨스트윈드의 직원들은 나의 이직을 기념하여 파티를 열어주었다. 모두가 다 거기 와 있었다. 파티를 그리 좋아하지 않던 크리스는 일찍 자리를 떴다. 하지만 그전에 내게 파스텔색 풍선들로 덮인 비닐 가방을 주었다. 그 안에는 오직 말린 코코넛만 들어 있었다.

"이거…… 코코넛이에요? 고마워요, 크리스."

"1974년 내가 하와이에 살 때, 친구 한 녀석이 저 코코넛을 내가 타고 다니던 주황색 핀토 자동차 뒷좌석에 던져놓았지. 그러면서 말했어. '이건 중요한 코코넛이야. 간직해둬. 그리고 어딜 가든 갖고 다녀.' 그래서 그렇게 했지. 이제 당신에게 그걸 주겠어."

35년 묵은 코코넛에 깊이를 불어넣으려면, 그걸 파티 가방에 넣어 건네주라. 나는 이 선물에 감동받았다. 나는 크리스에게 어정쩡한 포옹을 해주었다.

"잘 가, 캣." 그가 말하더니 걸어 나갔다.

그날 저녁 늦게 내가 막 알딸딸하게 취하려 할 때, 마이크와 브루스는 일에 대한 대화에 나를 끌어들였다.(우리 중 누구도 사실 일을 떠나서는 할 얘기가 그리 많지 않았다.) 하지만 이 대화는 평소처럼 경쟁사인 화장장 직원들에 대한 잡담이 아니라 실존적인 것, 내가 오랫동안 얘기하고 싶었던 것들이었다.

브루스는 10년 전 어떤 임신부와 했던 계약 얘기를 했다. 그 여자 말로는, 이 계약이 죽은 아기를 위한 것이라고 했다. "그 여자가 들어왔을 때 내가 말했지. "죽은 아이는 참 안됐지만요, 지금 갖고 계신 아이를 낳으실 테니 다행입니다." 하지만 그녀가 화장 계약을 하고 있는 아기는 바로 배 속의 아기였어. 이미 죽었는데 아직 태아를 꺼낼 수 없었던 거지. 그 아기는 8개월이었어. 기가 막히더군. 그 여자는 배 속에 죽은 아기가 든 채로 내 앞에 앉아 있었던 거야. 난 혼란스러웠어. 요 근래 들어 그때 기억이 나. 최근 들어서 그래. 그래서 장의업계에 알코올 중독자와 약물중독자들이 그렇게 많은가 봐. 지금 일어나고 있는 일들을 잊을 수 있도록 말이야."

마이크는 벽에 머리를 기대고, 나를 똑바로 보지 못하고 있었다. 그러다가 진심으로, 마치 정말 대답을 원하는 듯이 물었다. "슬픈 마음이 들 때도 있지 않나?"

"음, 저는……."

"유가족들이 너무 슬퍼하고 황망해서, 당신이 그 어떤 도움도 되지 않을 때는?"

나는 그의 눈에서 눈물을 본 것 같았다. 어두운 눈물이었다. 확실히는 모르겠다. 결국 마이크도 사람이었던 것이다. 죽음이라는 이상하고도 감추어진 세계와 투쟁하며, 자기 일을 하려고 노력하고 이 모든 것의 의미를 밝혀내려 하는 사람.

바로 이 일에 대해 얘기하고 싶어 말을 걸 사람을 필사적으로 찾고 있었으면서도, 그 순간 내가 할 수 있는 일은 "그런 것 같아요. 그래요, 됐나요?"라고 웅얼대는 것뿐이었다.

"그럼. 로스앤젤레스에서 행운을 빌어." 그가 말했다.

그것으로 웨스트윈드 화장·매장 회사에서 보낸 내 경력은 끝났다.

잘해봐야 시체가 되겠지만

길을
잃다

론델 광장에서 보낸 마지막 밤, 위층에 살던 우리 집주인(게이이고 가톨릭 신자이자 채식주의자에 필리핀 출신 활동가이자 천사 피규어 수집가)은 꼭두새벽에 술집 에스타 노체에서 술 취해 비틀거리며 나오던 두 남자를 잡아가라고 경찰을 불렀다. 그 둘은 담벼락에 오줌을 눈 다음, 우리 현관 계단에 걸터앉아 담배를 피우더니 서로의 몸을 더듬으며 열띤 스페인어로 아무 말이나 속삭였다.

그들의 속삭임은 어느새 괴성으로 바뀌었다. "왜 날 사랑하지 않는 거야?" 이 말은 악랄한 구타로 바뀌었다. 이젠 법이 개입해야 했다.

다음 날 아침 일찍, 생중계되는 이 연속극을 보며 밤을 꼬박

지새운 나는 빌린 이삿짐 트럭에 내 모든 짐을 싣고 론델 광장에서 차를 몰고 떠났다. 내가 기르던 고양이, 비단뱀과 함께 이 오합지졸은 여섯 시간 동안 샌프란시스코에서 로스앤젤레스까지 남쪽으로 달렸다.

루크는 아파트를 찾을 동안 자기 집에 와 있으라고 했다. 그에 대한 나의 느낌이 어떤지 말해버리고 싶은 욕망이 너무 커서 그가 있는 곳에 같이 있기가 고통스러웠다. 이런 느낌 때문에 우리 관계의 미묘한 균형이 깨질까 봐 두려워, 나는 그의 제안을 거절하고 재빨리 코리아타운에 집을 얻었다. 코리아타운은 "좋은 동네가 아니라"고 여러 명이 경고했지만, 론델 광장에 살아보니 코리아타운은 천국 같기만 했다. 거리를 걸어내려 가도 내 차 뒤에 숨어서 똥을 싸는 나체의 남자나, 은하계에 통용되는 우주의 어릿광대 같은 의상으로 위아래를 좍 빼입고 흡입용 코카인을 피우는 여자를 한 번도 마주치지 않았다. 카탈리나 거리에서 몇 건의 가벼운 마약 거래와 갱들의 폭력이 있을 수야 있지만, 론델 광장에 비하면 이곳은 푸른 잔디가 돋아난 오아시스 같았다.

로스앤젤레스에 오자, 나는 앞뒤 안 가리고 우선 죽음과 문화에 관한 탐구에 뛰어들었다. 죽음이 우리 행동에 어떤 영향을 미치는지뿐만 아니라 그 이유도 알고자 했다. 죽음을 다루는 일은 내 소명이었고, 나는 열성적으로 그것을 좇았다. 냉소적인 본성을 타고난 나로서는 예전 같았으면 절대 상상도 못할 일이었다. 목적을 가진다는 게 이렇게 신날 수가 없었다.

하지만 신이 나면 나는 대로, 내 감정은 또한 정반대쪽으로 널을 뛰곤 했다. 나는 죽음 의례가 중요하다고 열렬히 믿었기에, 그것이 혹시나 병적이거나 병리적으로 보이지 않을까 걱정했다. 더 나쁜 것은 고립에 대한 두려움이었다. 나는 시신을 숭배하는 교단의 우두머리였지만 여태까지 신도는 단 한 명도 없었던 것이다. 혼자 믿는 신앙의 우두머리란 그저 턱수염 난 미친놈일 뿐이다.

하지만 내겐 루크가 있었다. 그는 내가 죽음의 굴레를 벗어나 사랑이라는 더없이 행복한 일상으로 건너갈 편안한 장소를 의미했다. 적어도 나는 그렇게 생각했다.

나는 마침내 루크와 같은 도시에 살게 되었지만, 아직도 그에게 직접 그 말을 건넬 수는 없었다. 그 말에는 너무 큰 무게가 실려 있었다. 그 무게를 더 이상 버틸 수 없게 되었을 때, 나는 그에게 얼마나 내게 그가 필요한지, 쉽게 절망에 빠질 수 있는 이 세상에서 그의 지지가 얼마나 나를 지탱해주는 유일한 힘인지를 고백하는 편지를 썼다. 편지는 감상적이면서도 허무주의적이었다. 루크도 나도 둘 다 감상적이고 허무주의적이니 이런 편지가 딱 맞겠지 하고 나는 생각했다. 나는 그가 이런 걸 기대하고 있으리라는, 또 그의 답장은 내 고백만큼이나 열렬한 것이리라는 느낌이 확실히 들었다.

그런데 그다음에는 침묵뿐이었다.

며칠이 지나, 나는 루크로부터 딱 한 줄짜리 이메일을 받았다.

나한테 그런 걸 바라지 마. 난 널 다시 못 보겠어.

이 세상 어딘가에, 루크는 생생하게 살아 있다. 하지만 내가
알던 관계는, 내가 아끼던 우리 사이의 우정은 눈앞에서 폭삭 무
너져버렸다. 그것은 일종의 죽음이었으며, 그 고통은 날카로웠다.
오래전부터 해온 내적 독백을 다시 시작하는 데는 그리 긴 시간
이 걸리지 않았다. 이중 어떤 부분은 내 유년 시절의 목소리와도
같았다. '세상 저 멀리에 사는 사람들은 진실을 위해 죽기도 하고
굶기도 하는데, 이 남자 한 사람이 너를 원치 않는다. 뭐 할 수 없
지, 이 터무니없는 마녀야.' 그리고 이 독백에 새로운 요소들도 추
가되었다. '넌 네가 도망칠 수 있을 거라고 생각했겠지, 안 그래?
근데, 못할 걸. 넌 이제 죽음에 속해 있고 누구도 그만큼 사랑할
수 없어. 여긴 모든 것에서 시체 냄새가 나는 걸.'

웨스트윈드에서 내가 맡은 일은 11월 말로 끝났고, 장의학교
는 1월에나 개학이었다. 그 사이에 나는 목표를 잃은 느낌이었다.
나는 멀리 북부 캘리포니아까지 운전해 올라가서 커다란 삼나무
들 사이로 등산하면서 루크와의 일을 마음에서 털어내보려 했
다. 나는 친구들(과 어머니)에게 가벼운 마음으로 이메일을 써서,
만일 내가 이 구불구불한 산길에서 죽는다면 내 몸을(그리고 기르
던 고양이를) 이렇게 저렇게 해달라고 자세히 말했다.

나는 삼나무 호스텔로, 숙소를 정했다. 그 호스텔은 들쭉날
쭉한 북부 캘리포니아 해안을 따라 서 있는 오래된 집이었다. 다
음 날 나는 캐서드럴 트리즈 등산로를 찾기 위해 출발했다. 몇 년

전에 왔을 때 어떤 이유에선지 찾지 못한 길이었다. 나는 도로를 오르내리며 차를 운전했지만, 그 입구가 어디 있는지 찾을 수 없었다. 갑자기 좌절감 대신 분노가 치밀었다. 내려가는 동안 내내 한 발로 액셀을 콱 밟고 전속력으로 절벽 끝을 향해 운전하다가, 마지막 순간에 핸들을 홱 꺾어 추락을 면했다. 숨을 돌리려고 차를 갓길에 세우면서 이런 나 자신의 분노에 깜짝 놀랐다. 원래 나는 욱하는 성격이 아니었다. 예전에는 확실히 절벽에서 떨어지려는 시도를 한 적이 한번도 없었다.

마음을 가라앉힌 다음, 나는 캐서드릴 트리즈 등산로로 가는 샛길로 나를 안내해줄 공원 경비원에게 방향을 묻기 위해 멈춰 섰다. 1000년 이상 된 하늘을 찌를 듯한 성스러운 나무들이 덮개처럼 우거진 그 밑으로 내려가는데, 그 등산로에는 나와 같이 내려가는 사람이 하나도 없었다. 그 언덕을 내려가는 동안 나는 나무들의 오래된 지혜를 느낄 수 있었다. 끝까지 내려와서야 비로소 내가 거기에 죽으려고 갔었다는 것을 깨달았다. 의식적으로 그러려고 계획한 것은 아니지만, 마지막 이메일에 내 시체를 어떻게 해달라고 써놓고 나서, 배낭 속에 내 종말의 대리자를 담아 넣어 가지고 갔던 것이다. 20분 전만 해도 나는 절벽 끝을 향해 곧장 가속해서 올라가고 있었다. 왜냐하면 애처롭게도 길을 잃는 바람에 내 마지막 날의 신성함을 훼손한 것에 대해 나 자신에게 화가 잔뜩 나 있었기 때문이다.

나는 완전히 배신당한 느낌이었다. 문화는 인간의 커다란 질문인 사랑과 죽음에 대해 답해주기 위해 존재한다. 내가 아직 어린아이였을 때, 내가 몸담은 문화는 내게 두 가지 약속을 했다. 첫 번째 약속은 우리에게 무엇이 가장 좋은지를 이 사회가 알고 있다는 것, 그리고 죽음이 감춰진 채 있어야 우리에게 가장 좋다는 것이다. 그 약속은 웨스트윈드에 와서 깨지고 말았다. 그곳은 죽음을 은폐하는 방대한 체계의 한 부분을 담당하고 있다는 사실을 발견했던 것이다. 우리 사회가 구조적으로 죽음을 부정하는 것을 보았으니, 내가 그 생각을 그만두기란 어려운 일이었다. 나는 마치 무추쿤다가 된 기분이었다. 무추쿤다는 옛 인도 신화에 나오는 왕인데, 악마와 몇 년간 (글자 그대로) 투쟁을 한 대가로 무엇을 바라느냐고 신이 묻자, 오직 끝없는 잠만을 원한다고 했다. 죽음이 내게는 끝없는 잠과 같았다. 그리고 나는 죽음을 고대하고 있었다.

두 번째 약속은 대중문화가 내건 것이다. 대중문화는 한 소녀가 참사랑이라는 보상을 받을 만하다는 이야기를 펼친다. 나는 나 자신이 대중문화 줄거리의 노예가 되었다는 걸 믿을 수 없었다.(스포일러: 그런데 실은 내가 그 노예였다.) 그 대신 나는 내가 루크와 공유했던 것이 또 다른 인간과의 이성적이고 열정적인 이어짐이라고 믿었다. 그러나 어떻든 나는 모든 면에서 틀렸던 것이다. 내 문화가 내걸었던 두 가지 약속은 모두 깨졌고, 내 의미망에는 구멍이 숭숭 뚫렸다. 세상에 대한 내 나름의 특별한 가정은 이제 더 이상 그 어떤 것도 남아 있지 않았다.

몇 시간처럼 보였던 그 동안, 아무도 오지 않았다. 이 길은 많은 사람들이 잘 밟고 지나간 등산로이건만, 그날따라 아무도 없

잘해봐야 시체가 되겠지만

었다. 그래서 난 자리에 앉은 채, 숲속으로 걸어 들어갈지 말지를 생각하고 있었다. 숲속으로 들어가면, 타히티 섬의 산속 깊이 들어가 비소를 삼키고 자살을 시도했던 화가 폴 고갱의 전례를 따르는 셈이었다. 고갱이 「우리는 어디에서 오는가? 우리는 무엇인가? 우리는 어디로 가는가?」라는 위대한 그림을 완성한 직후의 일이었다. 고갱은 인간들이 아무도 그의 시체를 발견하지 못하고 개미들이 그의 시신을 먹어치우기를 바랐다. 너무나 열렬히 자살을 원한 나머지, 그는 비소를 너무 많이 삼켰다. 그의 몸은 독약을 거부했고, 그는 삼킨 것을 도로 토해냈다. 그는 깨어나 산을 헤매다 나와서, 6년을 더 살았다.

고갱처럼 나도, 짐승들이 내 시체를 파먹었으면 했다. 결국 시체와 죽은 동물 사이에는 별다른 차이가 없다. 나도 기껏해야 다른 피조물처럼 삼나무 숲속의 동물일 뿐인 것이다. 사슴에겐 방부처리도, 잘 닫힌 관도, 비석도 필요 없다. 사슴은 죽은 곳에 자유롭게 누울 수 있다. 평생 다른 동물을 먹고 살았으니 이제는 내 몸을 그들에게 내어줘야지. 마침내 자연이 나를 먹을 기회가 온 것이다.

말파리는 약 16킬로미터 밖에서도 주검 냄새를 맡을 수 있다. 그것들이 제일 먼저 나를 먹으러 올 확률이 높다. 그들은 내 시신 바깥에 알을 슬어놓을 것이며, 그 알은 하루도 못 가서 부화해 구더기가 된다. 새로 나온 구더기들은 내 시체가 부패하든 말든 아랑곳하지 않고 내 몸속을 파고들 것이다. 놀라운 설계인데, 그 구더기들은 입 덕분에 호흡하면서 동시에 먹기도 할 수 있다.

당신이 좀 더 영예로운 다른 잔치 손님에도 흥미가 있다면, 미국의 상징인 흰머리수리에 대해 말해도 될까? 독수리는 본래 죽은 동물도 먹는지라, 죽은 고기를 취할 기회를 그냥 지나치는 법이 없다. 그들의 날카로운 부리에 내 살점은 찢겨나갈 것이며 독수리들은 그걸 잡아채 하늘로 날아오를 것이다.

숲속의 내 시체를 보고 흑곰도 올 것이다. 잡식성인 곰은 물고기도 잡아먹을 수 있고, 심지어 어린 사슴까지 사냥할 수 있는데, 죽은 몸을 먹는 데도 거리낌이 없다. 나는 그 죽은 몸 중 하나가 될 것이다.

동물들이 내 살을 먹고 나면 수시렁이가 마지막으로 올 것이다. 이 평범하고 눈에 띄지 않는 수시렁이들은 털, 가죽, 모피와 내 경우라면 마른 피부와 머리카락을 먹는다. 그들은 내 뼈만 빼고 다 먹어치울 것이고, 그러면 숲속 땅바닥에는 살이 다 떨어져 나간 나의 흰 해골만 이름 없이 누워 있을 것이다.

이런 식으로 내 몸의 해체는 하나의 잔치가 될 것이다. 내 시신은 역겨운 부패 덩어리가 아니라 삶의 원천으로서, 분자를 나눠주고 새로운 피조물을 창조할 것이다. 나는 생태계의 바퀴에서 작디작은 그물코 하나일 뿐이며 자연계의 거대한 작업에서 작은 깜박이 신호 하나일 뿐이라는 것은 무엇보다 훌륭하게 자연을 인정하는 일이 될 것이다.

이 이야기가 어떻게 될지는 우리 모두 다 알고 있다. 난 삶을 두려워하면서도 죽지 않는 편을 택했다.

나는 웨스트윈드에서 일하며 고독한 존재가 되었지만, 크리스가 35년 된 코코넛에 집착했듯이 친구들에게 집착했다. 이 친구들은 샌프란시스코나 로스앤젤레스에 사는 것이 아니라 그 너머에, 나를 몹시 사랑하는 부모님과 나란히 살고 있었다. 그 당시 내가 쌓아둔 삶의 가치가 그리 많지는 않았지만, 그들에게 내가 예전에 느꼈던 그 무력함과 모호함을 느끼게 하고 싶지 않다는 건 알고 있었다. 쇼핑몰에서 떨어진 그 여자아이는 어떻게 됐을지 혼자 생각해야 했을 때 느꼈던 그 감정들 말이다.

나는 숲에서 걸어 나와, 구석을 돌아 야생화가 멋지게 피어 있는 풀밭으로 접어들었다. 풀밭 색깔은 더할 나위 없이 환했다.

삼나무 숲에서 주차장으로 걸어 나오는데 어떤 여자와 부딪혀서 깜짝 놀랐다. 몇 시간 만에 처음 보는 사람이었다. 그 여자는 어느 쪽으로 가야 할지 물었다. "이런 일은 항상 남편이 했거든요." 그녀가 사과조로 말했다. "작년에 남편이 죽었어요. 제가 어찌할 바를 모를 때가 있네요."

우리는 얼마 동안 죽음과 화장 과정, 우리 문화가 죽음이라는 것과 맺는 부정적 관계에 대해 얘기했다. 그녀가 요청했기에, 나는 화장로에서 그녀 남편의 몸이 어떻게 되는지 이야기했다. "이 모든 걸 알고 나니 한결 마음이 낫네요." 그녀가 미소를 지으며 말했다. "왠지 모르겠지만, 그래요. 만나서 반가웠어요."

주차장에 있는 유일한 다른 차는 오래된 밴이었는데, 통조림 식품과 보관 식품으로 트렁크 뚜껑까지 꽉 차 있었다. 그 차의 소유주인 통통한 여자가 까만 포메라니안 강아지 한 마리를 근처 잔디밭에서 산책시키고 있었다.

"귀여운 강아지네요." 나는 내 차를 오르면서 말했다.

"그러니까, 애 귀엽다는 말이죠?" 그녀가 쉰 목소리로 말했다.

그녀는 자기 밴 쪽으로 걸어가서 포메라니안 강아지 두 마리를 데리고 돌아왔다. 황금색 강아지와 까만 강아지였다. 마치 동그란 보풀로 된 공 두 개 같았다. 그녀는 그 두 마리를 내 품에 안겨주었다.

이날 저녁, 나는 하루 만에 멍하고 진이 빠진 채 터덜거리며 삼나무 호스텔로 돌아왔다. 포메라니안 강아지들이 핥아대서 뺨에는 침이 줄줄 흘러내리는 상태였다. 호스텔 현관에 키 크고 잘생긴 케이지라는 이름의 열아홉 살 된 청년이 서 있었다. 그는 캐나다를 횡단하여 미국 서부 해안을 북에서 남으로, 남의 차를 얻어 타고 다니며 여행하는 중이었다.

이틀 후 그는 코리아타운에 있는 내 아파트에서, 내 머릿속의 고민을 해소해줄 만큼 충분히 젊고 단순한 모습으로 내 침대 옆자리에 누워 있었다.

"누나, 난 정말이지 파스타나 뭔가를 지금 당장 작살낼 수도 있을 것 같아요." 그가 곰곰이 생각하다 말했다.

"그래, 그럴 수도 있지."

"아니, 진짜, 이거 정말 미친 거 아니에요? 우연히 이런 멋진 누나를 만나게 될 줄은 전혀 기대도 못했다고요!"

그래, 케이지, 아무거나 기대하렴. 유일하게 확실한 한 가지는 세상에 확실한 것은 아무것도 없다는 거란다.

잘해봐야 시체가 되겠지만

장의학교

사이프러스 장의대학에서 수업을 시작하기 일주일 전에, 병원 사람들은 파상풍과 폐결핵 예방주사를 놓는다고, 신체 전반의 검진을 한다며 내 몸을 바늘로 쿡쿡 찌르고 주사를 놓았다. 나는 아팠지만, 병원 의사는 그것을 하나도 대수롭지 않은 일로 보았다. "음, 림프절은 붓지 않았네요." 의사가 말했다. '그래요, 의견 감사합니다, 의사 선생님.' 하고 난 생각했다. '당신은 귀신처럼 생긴 장의학교 입학용 사진을 찍을 처지는 아니니까요.'

온갖 질병 검사와 면역 검사가 방심 상태인 나에게 찾아왔다. 웨스트윈드 화장장에서는 내가 시신에게 매독을 옮긴다거나 역으로 시신이 내게 그런 병을 옮길 가능성에 대해 별로 생각해

보지 않았다. 딱 한 번 마이크가 내게, 고무장갑 위에 생물학적 위험으로부터 보호해주는 뭔가를 끼라고 한 적은 있는데, 그것도 내가 입은 멋진 드레스를 망칠 뻔했던 그때뿐이었다. 이건 마이크로서는 정말 드물게 감수성을 발휘한 영역이었다.

학교에 가는 첫날, 나는 코리아타운에 있는 내 아파트에서 일찌감치 출발해 남쪽으로 45분간 차를 몰아 오렌지 카운티로 갔다. 나는 학교 주차장의 교통 정체를 미리 생각하지 못해서 물론 5분 지각했다. 이 프로그램을 맡은 선생이 어떤 형태의 지각도 결석으로 간주한다고 설명하고 있을 때, 마침 내가 교실에 후다닥 들어갔다.

내가 허둥대며 자리를 찾아 강의실에 들어가고 있는데 선생이 물었다. "당신은 정확히 어디 있어야 하죠?"

"음, 여기 있어야 할 것 같은데요." 내가 뒷자리에 살그머니 앉으며 대답했다.

그 몇 주 전에 장의학교 학생들이 모이는 집단 오리엔테이션이 있었다. 나는 내 절망을 삼나무 숲에 가서 묻어버리고 오느라고 그때 빠졌다. 그것이 나에겐 앞으로 18개월을 같이 보내게 될 동급생들을 만날 수 있었던 첫 기회였다. 교실을 한 바퀴 둘러보니, 동급생 대부분이 여성, 그것도 유색인종 여성이라 깜짝 놀랐다. 내가 미국 장의업계 사람들이리라 생각하는, 어딘지 모르게 으스스한 기분이 드는 정장 차림의 백인 남성 수호자는 거의 없었다.

첫날 수업이 끝나고 우리는 2학기와 3학기 수업을 듣는 학생

잘해봐야 시체가 되겠지만 ───

들과 함께 좀 더 넓은 강의실에 다 같이 들어가서 자기소개를 하고 죽음 학교라는 이 걸출한 콘크리트 건물에 오게 된 이유를 그 집단에 발표하라는 지시를 받았다. 이러한 경험이 나의 동료인 죽음 혁명가들을 찾아내는 데 도움이 되기를 나는 바라고 있었다. 분명 그들은 "그저 정말 남들에게 도움이 되고 싶었어요."라는 식의 가식적이고도 정당의 강령처럼 판에 박힌 대답을 하는 것은 대담하게 거부할 터였다.

그런 행운은 없었다. 시체와 가까이 있다는 점에서 관습을 위반하는 쾌감을 즐긴다고 말할 것 같은 광기 어린 눈빛을 지닌 학생들조차도, 남들을 돕고 싶은 바람에 관해서 얘기해야만 하는 분위기였던 것이다. 빙 돌아가며 얘기를 나누다가, 마침내 내 순서가 되었다. 나는 내심 이렇게 부르짖는 걸 상상했다. "새로운 새벽이 우리 앞에 밝아옵니다. 바보들이여! 아직 할 수 있을 때 나와 함께합시다!" 그 대신 나는 화장장에서 일했다는 이야기, 그리고 알다시피 "죽음 산업에서 밝은 미래를 본다."는 이야기 같은 것을 했다. 그리고 모임은 끝났다. 다들 각자 「크리스마스의 악몽」이 그려진 크로스백을 들고 생각에 잠긴 듯한 얼굴로 자리를 떠났다.

이 프로그램이 시작할 때는 50명쯤 되는 학생들이 있었다. 나는 곧 파올라와 친구가 되었다. 파올라는 이민 1세대로 콜롬비아계 미국인이었다. 내가 친해지는 기쁨을 누리지 못한 한 여성이 있었으니, 그녀가 바로 미셸 맥기였다. '폭탄'이라는 별명을 지닌 그녀의 모습은 훗날, 미국의 연인 샌드라 불럭과 그녀의 문신투성이 남편 제시 제임스의 결혼을 깬 불륜 스캔들의 배역으로 타블로이드판 신문의 헤드라인을 장식하며 미디어 전체에 도배된다. 미셸은 이 프로그램에 등록했다가 딱 2주 듣고 취소를 했다. 얼굴까지 포함해 그녀의 전신이 문신으로 뒤덮여 있다는 것(이는 유가족이 돌아가신 어머니의 시신을 돌볼 사람을 고를 때 기대하는 전통적 외모는 아니다.)은 사실인 듯했다. 미셸은 첫 수업에서 나갔지만, 나머지 사람들은 놀랄 만한 출석률을 보이며 끝까지 수업을 들었다.

사이프러스 장의대학 교수들에게서 바로 눈에 띈 것 한 가지는 그들이 지금 하는 일에 정말 신념을 갖고 한다는 것이었다. 디아즈 교수는 키가 작은 금발 여성이었는데, 내 인생에서 만나본 사람들 중 가장 공격적으로 쾌활한 사람이었다. 시체 방부처리, 관, 그 밖의 모든 현대 장의업에서 얻을 수 있는 물품들에 대한 열정은 위협으로 느껴질 지경이었다. 강의에서 그녀는 방부처리를 고대의 기술이라고 설명하며 "시체를 꼭 방부처리 해야 하느냐고요? 아니죠. 하지만 우리는 합니다. 그게 우리가 누군지 말해주니까요."라고 했다.

한번은 어떤 수업에서 디아즈 교수가 여러 가지 관들이 담긴 긴 슬라이드쇼를 보여주며, 자신이 구입한 2만 5000달러 상당의, 베이츠빌 금박 장식에 내부는 숲처럼 녹색으로 칠해진 관이자, 가수 제임스 브라운을 매장할 때 썼던 것과 같은 모델의 관에 대해 신나게 설명했다. 그녀가 죽으면, 그 관은 미리 구입해놓은 지상 위의 납골함⊚ 속으로 들어갈 터였다. 그녀의 포효하는

잘해봐야 시체가 되겠지만

듯한 수사법은 내가 웨스트윈드에서 봤던 관들과는 전혀 다른 어떤 것을 가리키는 듯했다. 가령 크레이프 천으로 된 베개와 내 고양이가 상자를 갖고 놀다가 생긴 것처럼 갈가리 찢긴 사무실 용 종이로 채워진 푹신한 침대가 있는 관 같은 것 말이다.

관이 나오는 슬라이드쇼가 끝날 무렵, 디아즈 교수는 내가 본 중에 가장 더럽고 가장 검게 그을린 화장로 사진을 우리에 게 잠깐 보여주었다. 파올라가 미끄러지듯 내게 다가와 속삭였 다. "저 화장로는 왜 홀로코스트나 그런 곳에서 나온 것 같이 생겼지?"

"무언의 경고인가 봐." 나도 속삭이며 대답했다.

"맞아, '여기에 매장 대신 화장을 원하는 사람이 있다고? 그 래, 해봐, 그럼 결국 이렇게 될 테니까. 이히히히.' 하는 것 같아."

2학기가 되어 우리는 시체 방부처리 실습을 시작했다. 내가 가장 두려워하던 수업이었다. 방부처리 하는 것은 여러 번 보았지 만, 직접 그것을 하는 데는 별로 관심이 없었다. 방부처리 강사는 성경 책 무늬로 온통 뒤덮인 타이를 매고 있었다. 그는 수업을 마 치고 우리를 보내면서 학생들 모두에게 십자가를 그어 축복해줄 기세였다. 그에게는 곧 방부처리사가 될 우리가 하느님의 일을 하 게 되는 거라는 신념이 있었다.

'전통적'인 장례 서비스에 내가 설 자리가 없다는 것은 확실

◎　　　땅 위에 콘크리트로 지어진 개별 무덤.

했다. 나는 방부처리 실습과 머리끝에서 발끝까지 뒤집어써야만 하는 생물학적 위험 방지용 방호복이 싫었다. 개인 방호복은 보기 싫은 하늘색으로만 구할 수 있었다. 학생들이 이 옷을 입으면, 마치 치명적인 질병이 발생하는 재난 영화의 주인공과 살찐 스머프 사이에서 나온 잡종처럼 보였다. 외양보다도(외양에 신경 쓰는 것이 경박한 염려라는 것은 인정한다.), 우리 실습에 쓰이는 시체들이 로스앤젤레스 카운티에서 죽은 극빈자와 노숙인인 것도 싫었다.

로스앤젤레스 카운티 내에는 해에 따라서는 8만 명에 달하는 남녀 노숙인들이 살고 있다. 뉴욕, 시카고, 샌프란시스코의 노숙인 수를 합친 것보다 로스앤젤레스 길바닥에 사는 사람 수가 더 많다. 최근 개봉한 영화에도 나오듯이, 도심에서 10분만 변두리 쪽으로 나가면 '스키드 로우'라고 불리는 구역이 나오는데, 그곳은 노숙인 남녀가 사는 텐트촌이다. 그중 많은 사람들이 정신적인 문제가 있으며 마약에 의존해 살아간다. 로스앤젤레스에서는 가진 자와 못 가진 자 간의 차이가 협곡보다 더 깊다.

로스앤젤레스에서 유명 인사가 죽으면, 사람들은 그 소식을 엄청나게 호들갑을 떨며 받아들인다. 마이클 잭슨의 시체는 개인용 헬리콥터의 호위를 받으며 로스앤젤레스 카운티의 검시관에게 도착했고, 수많은 조문객들이 직접 찾아가거나 인터넷으로 그의 장례식을 지켜보았다. 그의 시체는 중세 때 성인의 시체처럼 하나의 유물이자 대중이 숭배할 대상이었다.

노숙인의 시체들은 그렇지 않다. 그들은 정부 돈으로 처리해야 하는, 썩어가는 짐이나 다름없다. 이런 시체들을 나는 잘 안다. 그들이 방부처리 실습 대상이었다.

매주 사이프러스 대학의 자원봉사자가 로스앤젤레스 카운티 시체 보관소에 시체들을 찾으러 간다. 우리는 신원 미상자로 가득 찬 특수 냉장고(실제로는 한 구씩 안치된 칸)에서 대상자들을 꺼내온다. 시체 보관소 근무자가 냉장실을 열어 똑같이 생긴 흰 시체 가방 수백 개쯤을 보여준다. 드라마 「식스 피트 언더」에서 장의사 토머스 린치가 병원과 검시관 사무소에서 가방 입구를 고인의 발 언저리에 꽉 묶는 걸 보고 '실물 크기의 고래보다 크다.'고 했던 게 바로 그들이다. 냉장고는 시체들로 이루어진 도시, 냉동 고래들의 공동묘지인 것이다.

이 냉장고 속에서 망자들은 기다린다. 카운티가 어느 시체 한 구를 요구하려고 아무개를 찾으려 하면 시간이 몇 주에서 몇 달까지 소요된다. 그 고역이 끝나면 비로소 카운티가 비용을 부담하는 화장이 행해진다. 젊은 신인 여배우가 취해서 할리우드의 클럽에서 비틀거리며 걸어 나올 이른 아침에, 시체들은 이미 불에 타고 있다. 재가 된 시체는 함에 담겨 딱지가 붙고 선반에 올려진다. 그 선반은 공동묘지 그 자체이며, 급성장하는 그 묘지에서 유골들은 더 오래 기다릴 것이다. 그들은 행정 절차가 다 끝나고 마침내 익명의 재가 담긴 깡통을 가져가는 연고자가 아무도 없다는 것을 정부가 확신할 때까지 기다릴 것이다.

경제가 나쁠 때는, 주요 도시에서 신원 미상의 시체들이 급증한다. 그들 모두가 노숙인이나 무연고자들은 아니더라도 그렇다. 아들이 어머니를 사랑할 순 있지만, 막상 집이 압류되고 타던

차가 압류되고 나면 어머니의 시신은 유물에서 짐으로 아주 빨리 변하고 마는 것이다.

에버그린 묘지는 1877년에 설립된, 로스앤젤레스에서 가장 오래된 묘지다. 거기에는 로스앤젤레스 시장이나 시의회 의원, 심지어 영화에 나온 인기 배우들도 묻혀 있다. 1년에 한 번, 잔디는 갈색으로 변하고 표지석도 거의 안 보이는 작은 구역에 로스앤젤레스 카운티 소속 노동자들이 커다란 구멍을 판다. 그 구멍 속에 그들은 화장한 무연고 시신 유골 약 2000개를, 굴착기 위로 진회색 먼지 구름을 일으키며 하나씩 하나씩 쏟아붓는다. 그 위에 다시 얇은 겉흙을 덮고, 그곳에 이들이 땅에 묻힌 연도가 표시된 팻말 하나를 세운다.

어떤 시체들은 이런 익명의 의식을 치르기 전에 사이프러스 장의대학에 찾아와 시체 방부처리 탁자에 눕혀지고, 방호복을 입은 스머프 군단 학생들에게 빙 둘러싸이는 '행운'을 누린다. 방부처리 실습 첫 학기는 동맥과 정맥이 어디 있는지 종종 시행착오를 거치며 배웠다. 어떤 사람은 허벅지 윗부분의 잘못된 부위를 잘라서 열어놓고는 이렇게만 말했다. "이런! 대퇴부 동맥이 실제로는 아래쪽 여기 있네요." 한 번에 성공하지 못하면, 자르고, 또 자르면 된다!

방부처리 실습실 바깥에는 닷지 사에서 나온(자동차와는 무관한) 업계 잡지가 수북히 쌓여 있었다. 방부처리에 쓰이는 보존용 화학제품을 판다는 내용이었다. 이 업계 잡지에는 제품을 사용할 때 필요한 정보 및 요령들이 가득 담겨 있다.

"얼굴을 통통하게 보이게 하는 것들! 팽팽하게 하는 것들!"

"드라이엔! 지지 크림! 꿈같이 보이죠!"

거기에는 피부를 봉합하고, 촉촉하게 하고, 물기를 없애주고, 팽팽하게 하고, 하얗게 표백하는 제품들이 있었다. 시체가 물이 새거나, 냄새가 나거나, 주황색으로 이상하게 변하지 않게(특히 이를 유념할 것) 하는 제품들, 머리카락을 굽슬굽슬하게 하고 두 뺨을 발그레하게 하고 입술을 촉촉하게 하는 제품들.

내가 개인적으로 특히 좋아하는 것은 팀 콜리슨이 쓴 기사 「영아의 죽음을 위한 배려」로, 이는 '죽은 아기들을 위한 메이크업 방법'을 듣기 좋게 표현한 것이었다. 기사에는 세 개의 사진이 실려 있었다. 하나는 살아 있는 사랑스러운 아기, 또 하나는 콜리슨 씨 자신의 아기 때 사진, 그리고 마지막은 닷지 사에서 특허를 받아 만든 '화장솔이 포함된 화장품 디럭스 키트' 사진이었다. 이 키트는 아마 죽은 영아들에게 사용하기에 더할 나위 없이 좋은 듯했다.

당신이 나와 같다면, 첫 대답은 "어유, 난 죽은 아기들에게 정말 메이크업이 필요하다고는 생각지 않아요."일 것이다. 콜리슨 씨는 생각이 다르다. 그는 장의업이라는 것이 "그 작은 몸을 관에 넣어 가능한 한 자연스럽게 보이도록" 안치하는 일을 확실히 하는 것이길 원한다.

장의학교에서는 학생들에게 더 이상 시체가 '살아 있는 것처럼' 보이게 하려고 방부처리를 한다고 가르치지 않는다. '살아 있는 것처럼'이란 말을 들으면 사람들은 실제로 고인이 다시 살아

날 수도 있다고 생각하기 때문이다. 업계에서 고른 말은 이제 '자연스럽게'이다. 방부처리사들은 '시체가 자연스럽게 보이도록 원상 복구시킨다.'

콜리슨 씨가 쓴 바에 따르면, '자연스러운' 아기 화장을 하는 첫 걸음은 문제의 아기를 최대한 보존하는 일이다. "플라스도페이크나 크로마테크같이 피부를 촉촉하게 하는 기초 물질이 들어 있는 화장용 인공 화학제품을 충분한 양의 다른 부수적 화학제품과 함께 사용하면 필요한 만큼 보존이 될 것이다."

플라스도페이크나 크로마테크는 화장품의 썩 좋은 기초 물질이 될 수는 있겠지만, 갓난아기 얼굴에 흘러내린 부드러운 머리카락은 커다란 장애물이 될 수 있다. 그냥 메이크업을 하던 대로 하고 머리는 밀어버리는 것이 가장 좋다. 하지만 조심하라. "아기 머리를 깎는 데는 각별한 주의가 요구된다."

마지막으로, 아기의 모공은 어른의 그것보다 훨씬 조그맣다는 것을 알아야 한다. 보통 어른의 경우처럼 오래된 기름이나 어른에게 쓰는 파라핀 베이스의 크림형 화장품을 쓰면 되는 줄 아는데, 안 된다. 그런 걸 쓰면 아기가 반질반질해 보이기는 하지만 자연스럽게 보이지는 않는다. 여기서 다시금 그 자연스러움이 등장한다.

우리가 써 내야 하는 리포트는 '장의업계 전문가들'과 상의와 대담을 거쳐서 하라고 요구받는 경우가 많다. 마이크와 브루스가 내겐 장의업계 전문가들이었다. 그들과 전화 통화를 하고 나면, 어쩌면 내가 웨스트윈드를 너무 일찍 떠난 게 아닌가 하는

잘해봐야 시체가 되겠지만

생각이 들었다. 거길 떠난 지 1년이 지났는데도, 나는 아직 그들에게서 너무 많이 배우고 있었다. 내가 성급히 떠난 것은 신중치 못한 일이었다.

무엇보다도 그들의 직설적인 화법이 그리웠다. 브루스에게 시신을 금방 방부처리하지 않으면 시체가 '부패하는지' 물으니, 오랜 세월 방부처리사로 일하며 방부처리를 가르치는 사람이었는데도 그는 비웃으며 말했다. "전반적으로 '시체가 부패한다'는 것은 사실 과장하는 소리야. 만약 아마존 열대우림 한복판 같은 데 가서 에어컨도 없이 기온이 섭씨 40도가 넘는 곳에 있다면, 시신을 수습하고 싶겠지. 그렇지 않다면야 그 시체는 몇 시간 더 두어도 부패하지 않아. 장의사가 정말 그런 생각을 한다면, 제정신이 아닌 거야."

장의학교를 다니느라 나는 병이 날 정도로 신경이 날카로워졌다. 스스로 믿지 않는 일을 오래 할수록 몸의 각종 체계는 더욱 반항했다. 몇 달을 이렇게 겉돌다 보니, 목이 아프고 근육에 경련이 일고, 입속에 염증이 생겼다. 괴물을 만들어내려고 곰곰이 생각하며 애쓰던 프랑켄슈타인 박사처럼 "내 심장은 종종 내 손이 하는 일 때문에 아파지곤 했다." 그건 내 입장에서는 스트레스 쌓이는 환경이었으며 금전적으로 봐도 어리석은 결정이었다. 하지만 방부처리 실습을 빼먹고도 낙제하지 않게 해줄 사람이 있다면, 평생 내가 모은 돈을 다 건네줄 수도 있었을 것이다.

인정하건대, 장의학교 때문에 잔뜩 긴장한 학생이 오직 나뿐인 것은 아니었다. 이 프로그램에는 건물 밖에서 줄담배를 피우며 손을 덜덜 떨고 서 있는 여자도 있었다. 그녀는 시험을 보다 말고 종종 울며 주저앉았고 특히 두 번은 실습시간에 그랬다. 한 번은 금속제 흡입 튜브를 고인의 발에 찔러 넣다가 그랬고, 한 번은 플라스틱 머리를 굽슬굽슬하게 만드는 연습을 하다가 그랬다. 나는 내게 주어진 플라스틱 머리에 '모드'라고 이름 붙였다. 내 동급생은 자기 몫의 머리에 이름을 지어 붙일 마음이 아니었다.

점점 더, 나는 장례는 집에서 치러야 한다는 생각을 하게 되었다. 처음에 내가 꾸었던 꿈, 장의사를 소유하겠다는 꿈을 잊은 적이 없다. 라벨모르를 세우겠다는 꿈은 로스앤젤레스에 장의사를 열겠다는 꿈으로 바뀌었다. 로스앤젤레스장의사에서는 가족들이 고인을 씻기고 옷을 입히고 수천 년간 사람들이 해왔던 것처럼 죽음의 과정을 옛날처럼 회복할 수 있을 것이다. 가족 구성원들은 시체 곁에 남아서 마음대로 추모할 수도 있고, 사랑하는 이를 지탱해주는 현실적 환경에서 돌볼 수도 있다. 방부처리로 시신이 '위생적'으로 보존된다는 주장을 상식으로 간주하는 장의학교에서 이런 생각은 금기였다. 장례지도사들이 가족들에게 '고인의 시체는 공중보건에 위협이 된다.'고 말한다는 브루스의 의견도 무리는 아니었다. 왜냐하면 장례지도사들은 고인의 시체가 공중보건에 위협이 된다고 배웠기 때문이다.

어느새 졸업이 가까워왔고, 캘리포니아주에서 자격을 갖춘 장례지도사가 되기 위한 시험도 통과했다. 당장이라도 로스앤젤레스에서 장의사를 시작하겠다는 나의 몽상은 재정적 상황으로

잘해봐야 시체가 되겠지만 ────

인해 꺾이고 말았다. 나는 죽음 학교에 등록하느라 빚을 졌고 그 래서 내 명의의 장의사를 열 만한 돈이 모자랐고, 아마 경험도 부족했을 것이다. 나는 장의업계에서 다른 일자리를 구해야만 했다.

한 가지 선택지는 일본으로 가는 것이었다. 일본 사람들은 미국과 캐나다 출신의 숙련된 방부처리사들을 구하지 못해 난리 였다. 방부처리가 근래 일본에서 점점 성행하게 되었고 그들은 이 를 "장의 의학"이라 불렀다. 일본에 간 한 캐나다인 방부처리사 는 시신에 방부처리를 하고 나서 의학적 절차를 거친 것처럼 보 이게 하려고 붕대를 감았다고 말했다. 외국에 가서 산다는 것이 상당히 솔깃하긴 했지만, 나는 무분별한 죽음의 방식을 마치 식 민주의 개척자처럼 전수하고 다닐 마음은 없었다.

디아즈 교수는 내게, 아마 남부 캘리포니아의 화장장에 채용 되기는 어려울 거라고 말했다. 그런 유형의 육체노동이라면 "이민 자들도 얼마든지 직원으로 구할 수 있다."고 했다. 그녀는 무신경 하긴 했어도 솔직한 사람이기는 했다. 이 말도 화장장 주인들이 그녀에게 했던 말이었을 것이다.

죽음 업계 스펙트럼의 정반대쪽에는 포리스트 론 같은 추모 공원이 있었다. 그곳은 제시카 미트포드가 그렇게도 싫어했던 곳, '죽음의 디즈니랜드'였다. 포리스트 론은 남부 캘리포니아 이 곳저곳에 자리를 잡고 확장되었다. 포리스트 론 하면 누구나 알 았다. 그곳을 알리는 광고판이 높이 서서 로스앤젤레스를 굽어보 고 있었다. 그 간판 속 사진에는 하얀 모시옷을 입은 키가 작달막

한 노부부가 얼굴을 뒤로 젖히고 웃으며, 손을 잡고 석양이 진 해변을 거닌다. 그들은 황금기에 서로를 환히 비춰주며, 자기 장례에 미리 적당한 돈만 지불할 뜻이 있다면 이 추모공원에 묻힐 수 있다는 것을 넌지시(간판 맨 밑에 작은 글씨로 인쇄된 글로써) 알려주고 있다.

포리스트 론을 대표해서 온 사람들이 사이프러스 대학 로비를 가득 채우고 있었다. 그 행사는 직업 박람회랍시고 입장료도 받았지만, 실상 '박람회'라고 하기에는 좀 밋밋했다. 외부에서 온 사람들은 포리스트 론 대표단뿐이었으니 말이다. 그 대표 중 한 사람이 우리 졸업반에서 강연을 했다.

"우리 창립자이신 휴버트 이턴 씨는 혁명가였습니다!" 그 여자가 갑자기 열변을 토했다. "물론 여러분은 그분이 장의업계에서 하신 놀라운 일들에 대해 들으셨을 겁니다. 그리고 우리 추모공원은 일하기에도 참 좋은 장소랍니다. 좋은 혜택도 많죠. 사람들은 우리 회사를 끝까지 다니다가 퇴직하지요."

사이프러스 대학에 와 있는, 전부 여자로 이뤄진 대표 군단은 작가 이블린 워가 묘사한 대로 미국 어느 곳에서나 만난 적 있는 "세련되고 사교성 좋고 유능한 젊은 숙녀들로 구성된 새로운 인종"같이 보였다. 그들은 잘 어울리는 회색 정장을 입고 맨슨 가족◉을 연상시키는 공허한 시선을 지니고 있었다. 말하자면 그

◉   1960년대 말 캘리포니아주에 살았던 가족으로, 가장인 찰스 맨슨의 지시로 가족 여럿이 살인 사건에 연루됨.

들은 이 아름다운 죽음 군단에 들어가겠다는 신참을 얻기 위해 여기 와 있는 이턴 가족이었다.

나는 그들이 내미는 두꺼운 입사지원서의 문항을 채운 다음, 그것을 꾸역꾸역 제출했다. 장례 절차에서 남성을 선호한다는 것을 굳이 감추려 하지도 않고, 그들이 몇몇 남학생들과 인터뷰를 하는 동안 나는 내 차례를 기다려야 했다.

"저, 저는 계약 상담자로 일자리를 찾고 있는데요. 그 분야에서 일해본 경험이 있어요." 나는 운을 뗐다.

"그런 걸 '추모 상담자'라고 부르죠. 그리고 그런 자리는 지금 없는데요." 대표자가 정답게 말했다.

"방부처리사는 싫으세요?"

"음, 싫어요."

"그럼, 아마 우리가 짠 학생 프로그램에 관심이 있으시겠네요. 그 프로그램에서는 선정된 학생들이 시간제로 일하면서, 유가족들에게 방향 제시를 하는 등등의 일을 하거든요. 오! 하지만 여기 보니 올해에 졸업하신다고요. 그럼 그 자리를 원치는 않으시겠군요."

"오, 네, 그럼요. 저는 정말로 이 회사를 위해 일하고 싶어요." 나는 가능한 한 힘주어 말하며, 치밀어오르는 분노를 목구멍 깊숙이 밀어 넣었다. 그날 남은 시간 내내 기분이 엿 같았다.

이후 몇 달간 나는 온갖 곳에 지원했다. 내가 실제로 있고 싶었던 곳은 참호임을, 그곳으로 돌아가서 시체들과 진정한 슬픔과 진정한 죽음을 함께하는 것임을 알면서 그랬다. 나는 두 군데서 연락을 받았다. 한 곳은 아주 예쁘게 꾸민 장의사 겸 묘지였고, 또 한 곳은 화장장이었다. 나는 양쪽 인터뷰에 있는 대로 빼 입고 가서 이야기를 해보고, 결정은 운명에 맡기기로 했다.

운구차

그 묘지는 옛날 한창 때의 할리우드 같았다. 포리스트 론은 아니었지만, 그곳과 비슷했다. 장식 가득한 정문을 지나니 마치 올림푸스 산에 들어온 것 같았다. 하얀 기둥이 있는 으리으리한 건물이 언덕 꼭대기에 높이 서 있었고, 그 밑에 열두 줄로 늘어선 분수가 폭포처럼 흘러내리고 있었다. 여기는 동화 속 나라 같아서, 매장 한 번 하는 데만 수만 달러가 들 것 같았다.

나는 여기서 장례지도사로 일하려고 이곳 전체를 관리하는 사람과 만나 면접을 보기로 되어 있었다. 몇 분 지나자 그가 초코칩 쿠키가 담긴 쟁반을 들고 건물 로비로 바람같이 나타났다. 나를 엘리베이터로 안내하며 그는 말했다. "여기 쿠키 하나 드세요." 됐다고 거절하는 건 무례해보일 것 같았다. 잇새에 초콜릿이 낀 채로 인터뷰를 하게 될까 봐, 나는 우아하지 못하게도 그 달콤한 짐을 인터뷰 내내 한 손에 들고 있었다.

우리는 엘리베이터에서 내렸고 그는 나를 자기 사무실로 데리고 들어갔다. 사무실에는 바닥부터 천장까지 그가 관리하는 죽음의 유토피아가 내려다보이는 유리창들이 나 있었다. 그는 이 기관의 장점과 단점에 대해 30분간 혼잣말을 했다. 나는 취업하면 장례 계약을 맡을 예정이었지만, 그가 경고했다. "유가족들이 당신을 집사 취급해도 놀라지 말아요. 그들은 그런 사람들이랍니다. 여기서, 음, 말하자면 당신은 가족들에게 도움을 주는 사람이지요."

나는 유명 인사만 빼고 모든 이들의 계약을 담당하게 될 터였다. 유명 인사들의 전화는 그가 다 받았다. "봐요." 그가 설명하듯이 말했다. "지난달에 누가 죽었다고 언론에 나니까 그의 장례 시간이 언론에 새나갔어요. 물론 파파라치들이 죄다 문으로 몰려들었지요. 내 엉덩이에 주먹질은 사절이듯이, 난 그런 식의 광고는 정말 필요 없거든요. 무슨 말인지 알겠죠? 그래서 유명 인사들은 이제 내가 직접 관리하지요."

이는 내가 이상적으로 생각하는 취업 조건은 아니었지만, 적어도 이 묘지의 운영 주체가 큰 장의회사 중 하나는 아니었다. 더 나은 것은, 내가 유가족들에게 아무것도 끼워 팔 필요가 없다고 그가 힘주어 말했다는 사실이었다. 좀 더 비싼 관, 확대된 서비스, 예쁜 황금 납골함 같은 것 말이다. "모친께서 자단(紫檀)목으

잘해봐야 시체가 되겠지만 ─────

로 만든 관을 원치 않으셨으리라고 확신하시나요? 어머님은 품격 있는 배웅을 받으실 만하지 않을까요?" 같은 말을 보너스를 타기 위해 안 해도 된다는 뜻이었다. 잠시 동안 장의학교에서 받은 상처를 핥으며 회복하기에 여기는 충분히 좋은 곳이었다.

내가 채용되었다고 말한 다음, 그는 W-9 서식[◎]에 맞게 개인 정보를 기입하라고 말하고 새 사무실을 보여주더니 그 뒤로 한 달 동안이나 소식이 없었다. 나는 그가 "엉덩이에 주먹질" 어쩌고 하는 말을 했다 하여 내가 그 팀의 일원이 되었다고 착각했던 것이다. 아무래도 장례 서비스의 사다리에는 그보다 훨씬 내밀한 단계들이 있나 보다. 왜냐하면 나는 그의 비서로부터 온 퉁명스러운 이메일을 한 통 받았는데, 거기에는 나 대신 누구를 "내부적으로 채용하기로" 결정했다는 내용이 적혀 있었다.

두 번째로 면접을 보러 간 곳은 화장장이었다. 확장판 웨스트윈드인 셈이었는데, 여긴 그야말로 시체 처리 공장이었다. 이곳에서는 오렌지 카운티에 있는, 규모가 상당한 창고에서 연간 시체 수천 구를 화장했다. 운영하는 사람은 클리프라는, 마이크처럼 특징 없고 단조로운 어조로 이야기하는 남자였다. 나는 그를 보고 이 직업에서는 저렇게 말하는 유형의 사람을 필요로 하는구나 하고 생각했다. 또한 그는 매우 진지하게 자리 잡고 이 사업을 탄탄하게 운영하여, 정말로 그가 열정을 쏟는 일인 스페인 안달루시아식 경마에 돈을 투자할 만한 규모로 키워놓았다. 나는

[◎]   원천징수를 위한 개인정보 기입 서식.

이 일을 받아들였다.

내가 할 일은 화장장 관리가 아니라, 시체를 실어 나르는 운전이었다. 대부분의 화장장은 1시부터 4시까지 운반되어 오는 시체들을 받는데, 도착 시간은 출발지에 따라 다르다. 내가 끌고 다니는 운구차는 높직한 디젤차인 닷지 스프린터®였는데, 차 안에 선반이 달려 있어 한꺼번에 시체를 열한 구까지 실을 수 있었다. 시신 한 구를 약간 비스듬하게 실을 경우, 급할 때는 열두 구까지도 실을 수 있었다.

시신 열한 구를 싣고 나는 남부 캘리포니아 여기저기(샌디에이고, 팜스프링스, 산타바버라)를 두루 운전해 다니며 고인을 찾아서 화장장까지 운반했다. 시신을 간신히 끌어오고, 들어올리고, 운전하는 일로 내 일정을 채웠다.

새 일자리에서 나는 이제 웨스트윈드에서처럼 내 영역은 내 맘대로 하는 여왕 같은 존재가 아니라 그저 퍼즐의 한 조각인 특수 노동자일 뿐이었다. 나의 자리는 제시카 미트포드의 영향을 받아 생겨난 것으로, 그녀가 주창했던 직접 화장의 비전이 절정의 인기를 구가하며 도처에 구현된 결과였다. 캘리포니아주는 다시 한 번 이러한 새로운 죽음 방식의 선구자가 되었다. 포리스트론이 그러했고, 미트포드가 그러했고, 베이사이드 화장 회사가 그러했듯 말이다.

그 화장장의 인력은 로스앤젤레스 동부에서 온 남아메리카

®   닷지 사에서 만든 11인승 밴으로 국내에서는 주로 구급차로 쓰인다.

출신 젊은 남자 세 명이었다. 이들은 밤낮으로(주말까지) 교대해 가며, 끊임없이 불타오르는 엄청 커다란 기계에서 화장을 해냈다. 그중에는 마음씨 착하고 매우 다정한 마누엘도 있었는데, 그는 하루 일과가 끝나갈 무렵이면 늘 내가 차에서 시체들을 내리는 것을 도와주었다. 문신투성이에 못돼 먹은 에밀리아노는 기필코 백인 여자를 임신시키고야 말겠다고 내게 호언장담했다. 못생긴 리키는 내가 그의 취향에 맞지 않는다는 이유로, 시체를 쌓아 놓는 냉장 칸 하나에 날 집어넣겠다면서 구석에 몰아넣고 협박했다.

태워서 보내야 할 망자들은 끊임없이 밀어닥쳤다. 크리스마스이브에 나는 샌디에이고에서 이 시설을 운영하고 있는 여자에게서 걸려온 전화를 받았다. "케이틀린, 여기는 시체가 너무 많아요, 오늘 밤 당신이 와줘야겠어요." 그래서 한밤중에 남들이 잠자리에서 단꿈을 꾸며 코를 골고 있을 때 나의 밴은 우울한 산타클로스처럼, 그리고 훨씬 더 우울한 화물을 싣고 로스앤젤레스에서 샌디에이고까지 갔다가 돌아왔다. "시체들은, 운구차가 곧 오리라는 희망을 품고 냉장 칸에 쌓여 있었답니다……."

'좋은 배'라는 별명이 붙은 운구차의 선장으로서 내가 누린 한 가지 사치가 있었다면, 그건 생각할 시간이었다. 하루에 563킬로미터 이상을 장거리 운구차 기사로 다니자니 생각할 시간이 많았다. 어떤 날은 테이프에 녹음된 오디오북을 듣기도 했다.(축약 없이 시디 18장으로 구성된 『모비딕』에 매우 감사하다.) 또 어떤 날은 로스앤젤레스 도심을 벗어나자마자 전파가 확실히 잡혀서 기독교 방송을 라디오로 듣기도 했다. 하지만 주로 나는 죽음에 대한 생각을 했다.

모든 문화에는 죽음의 가치가 있다. 이 가치는 이야기와 신화의 형태로 전해지며, 기억이 형성될 만큼 나이 들기 전부터 아이들 귀에 전해진다. 아이들이 자라면서 형성된 믿음은 그들에게 삶의 의미를 주고 삶을 통제하기도 하는 틀을 부여한다. 이렇게 의미가 필요하기에 어떤 사람들은 잠재적 내생이라는 복잡한 체계를 믿고, 어떤 사람들은 특정일에 특정 짐승을 잡아 바쳐야만 풍년이 온다고 생각한다. 또 어떤 사람들은 죽은 사람들의 다듬지 않은 손톱으로 만든 배가 최후의 날에 신들과 전투를 벌일 시체 군단을 싣고 오면, 이때 세상의 종말이 올 것이라고 믿는다.(미안하지만 북유럽 신화는 언제나 가장 전투적이다.)

하지만 우리가 지닌 죽음의 가치에 일어나고 있는 일에 관해서는 깊이 불안하거나 혹은 관점에 따라서는 깊이 흥분되는 뭔가가 있다. 세계 역사상 한 문화에서 시체를 처리하는 전통적 방식과 장례를 둘러싼 믿음이 지금처럼 박살난 적은 한 번도 없었다. 인간이 필요상 어쩔 수 없이 전통을 깨야만 하는 시대가 있었다. 예를 들면, 외국의 전장에서 죽는 경우가 그렇다. 그러나 대부분 사람이 죽으면 그의 부모처럼, 또 그 부모의 부모처럼 처리되었다. 인도인들은 화장되었고, 이집트의 엘리트들은 병에 담아놓은 내장과 함께 무덤 속에 들어갔다. 바이킹 전사들은 배에 묻혔다. 현대의 문화적 규범에 따르면, 미국인이라면 의당 방부처리되어 매장되든가 화장되어야 한다. 하지만 이제 문화는 더 이상 우리가 믿음이나 의무를 벗어나서 그런 일을 해야만 한다고 강요하지 않는다.

역사적으로, 죽음 의례는 말할 것도 없이 종교적 신앙과 결부되어 왔다. 하지만 우리가 사는 세상은 점점 더 세속적으로 변해간다. 미국에서 가장 빨리 성장하는 종교는 '무교'로, 미국 인구의 약 20퍼센트를 차지한다. 자신이 강한 종교적 신념을 가졌다고 하는 사람들조차도, 한때 강력했던 죽음 의례가 요즘은 편의 위주로 바뀌었고 그 의미가 덜해졌다고 느낀다. 이런 시대에 현대 생활에 관한 의례를 만들어내는 창조성에는 한계가 없다. 자유는 짜릿하지만 또한 짐이기도 하다. 우리는 죽는다는 사실과 무관하게는 살 수가 없으며, 죽음을 마주하는 세속적 방법을 계발하는 것은 매년 더 중요해질 것이다.

나는 '좋은 죽음 교단(The Order of the Good Death)'이라는 이름으로 인터넷에 글과 선언을 올리기 시작하면서, 변화에 대한 열망에 동참할 사람들을 찾았다. 그런 사람 중 하나가 이재림이었다. 그녀는 MIT에서 공부한 디자이너이자, 인간이 땅에 묻힐 때 온몸을 감싸줄 수의를 만든 예술가였다. '닌자 쿠튀르'라고 말할 수 있는 이 「무한 수의(Infinity Burial Suit)」는 검은 천을 가로질러 흰 실 자국이 나뭇가지 모양의 패턴으로 쫙 뻗어 있다. 이재림은 버섯 포자에서 그 실을 만들어냈다. 그것은 그녀가 인체의 부분 부분을 먹어 들어가게 특별히 제작한 실이었다. 그녀는 이 과정에서 자신의 피부, 머리카락, 손톱을 이용하기도 했다. 그녀의 프로젝트가 언젠가 '콩고기'가 고기를 대체할 거라는 말처럼 먼 미래의 일로 들릴지도 모르지만, 이재림은 현재 시체가 분해될 때 몸에서 나오는 독소를 버섯이 제거하도록 노력하는 중이다.

로스앤젤레스의 MAK 예술건축센터에 전시된 이재림의 작품들을 본 다음, 우리는 타코 트럭에서 만나 몇 시간 동안 버스 정류장 벤치에 앉아 얘기를 나누었다. 나는 시체 처리의 한계를 넓히는 데에 관심 있는 사람과 얘기를 나누게 되어 고마웠다. 그녀 입장에서는 전통 장의업계에 있는 사람이 자기 생각을 들어주는 게 고마웠다고 한다. 우리는 둘 다, 인간은 불가피하게 해체된다는 현실에 참여하도록 사람들을 북돋는 것이 고귀한 목표라는 데에 의견을 같이했다. 그녀는 내게 살을 파먹는 버섯 시제품을 한 양동이나 주었고, 나는 그것을 차고에 두고 배양하려고 시도해보았다.(그러나 실패했다.) 아마 살을 먹이로 충분히 주지 않은 탓인 듯하다.

몇 년간 웨스트윈드에서 일하고 장의학교를 다니면서, 나는 죽음을 부정하는 문화에 대해 공공연히 논의하는 것을 두려워했다. 인터넷이 언제나 가장 친절한 토론의 장인 것은 아니었으며, 특히 젊은 여성에겐 더 그랬다. 내가 만든 보잘것없는 유튜브 시리즈 「장의사에게 물어보세요(Ask a Mortician)」의 댓글 창에는 평생 읽어도 모자랄 만큼 많은 여성혐오적 댓글들이 달려 있다. 그래, 점잖은 남자 분들, 내가 당신들의 페니스를 사후강직시킬 수도 있다는 걸 난 알고 있어. 익명으로 인터넷에 상주하는 사람들만 내게 트집을 잡는 게 아니었다. 장의업계 종사자들도 내가 '검은 커튼 뒤의' 그 잘난 지식이라 여기는 것들을 대중과 공유할

잘해봐야 시체가 되겠지만

때 항상 짜릿함을 느끼는 것만은 아니었다. "저 여자 그저 재미로 저러는 거야. 하지만 장의업이란 게 재미가 낄 자리가 없는 분야이니, 나라면 내 주위 사람들이 죽었을 때 저 여자한테 가지 말아야지." 이 업계에서 가장 큰 단체인 미국 장례지도사 협회에서는 지금까지 나에 대한 언급이 전혀 없다.

하지만 내가 점점 과감해지니까 어디선가 난데없이 사람들이 나타났다. 관에서 기어나온 건지도 모르겠다. 온갖 다양한 분야의 사람들, 장례지도사들, 호스피스에서 일하는 사람들, 학교에 있는 사람들, 영화 만드는 사람들, 예술가들이 죽음이 우리 삶에 어떻게 작용하는지 드러내고 싶어 했다.

나는 때로 뜬금없이 숱한 편지들을 써댔다. 이러한 수신인 중 하나가 영국 바스대학교 교수이자 죽음과 사회센터 소장인 존 트로여 박사이다. 그분의 박사 논문 제목은 「인간 시신을 다루는 기술」인데, 화장 과정에서 발생하는 여열을 모아 건물의 난방이나 수영장 운영에 써서 납세자들이 연간 1만 4500파운드를 절약할 수 있게 하는 화장장을 연구하는 중이다. 시체 한 구당 화장하는 데 자동차로 800킬로미터 이상 달리는 만큼의 에너지가 소모되는데, 그가 제안한 것은 이 과정을 좀 더 효율적으로 만드는 방법이다. 다행히도 트로여 박사는 나와 기꺼이 얘기할 마음이 있었고, 심지어 나의 투박한 이메일에도 답신을 해주었다.

나와 생각이 같은 타인들을 찾았다는 것은 안심되는 일이었다. 그러면 상처와 소외감이 사라졌다. 이들은 죽음과 우리가 맺는 관계를 바꾸고, 우리가 생각하는 죽음의 방법을 꽁꽁 싸고 있던 수의를 벗겨내고, 불가피한 것과 맞닥뜨리는 힘든 일을 정면 돌파하는 실천가들이었다.

내심 나는 이런 일을 하고 싶었다. 그러나 밖에서 볼 때 나는 그냥 운구차 기사일 뿐이었다. 일주일에 세 번씩 나는 샌디에이고에서 시체 열한 구를 싣고 5번 고속도로를 달려 이민 검문소를 통과하곤 했다. 크고 아무 표시도 없는 하얀 밴이 맨 앞쪽의 검사받는 줄을 향해 움직이면, 다른 차선에서 천천히 달려오는 프리우스나 볼보 차에 비해 훨씬 더 수상쩍게 보였다. 나는 단지 이 단조로움을 깨는 방법의 일환으로라도 "거기 서세요!" 하고 명령을 내려주길 은근히 바라고 있었다. 마음속에서 이런 장면이 펼쳐진다.

"거기 뒷좌석에 혹시 불법 이민자 태운 거 아니죠, 아가씨?"

"여기 불법 이민자 없어요, 경찰관 님. 사람 열한 명뿐이죠." 나는 이렇게 대답하고 선글라스를 쓱 꺼내 쓰면서 이렇게 말할 터였다. "다들 예전에 미국 시민이었던 사람들이랍니다."

"예전에요?"

"오, 저 사람들은 죽은 사람들이에요, 경찰관 님. 정말 죽었다니까요."

불행히도 차바퀴가 굴러가고 젊은 경찰관이 운전석에 앉은 젊은 백인 여자를 볼 때면, 당장 손을 흔들어서 지나가라는 표시를 할 것이다. 나는 마음만 먹는다면 멕시코인 수백 명을 시체 박스에 실어 밀입국시킬 수도 있었을 것이다. 마약 밀수도 할 수 있고, 여태까지 돈도 많이 벌 수 있었을 것이다.

길에서 시간을 많이 보내고 다니면서 내가 주로 두려워했던 일은 고속도로에서 충돌 사고가 나는 것이었다. 내가 모는 밴의 뒷문이 활짝 열린 채, 차에 탄 열한 구의 시체들이 제멋대로 차 밖으로 튕겨나가는 것을 상상해보았다. 난장판과 혼란 속에 경찰이 나타난다. 열한 명의 사망자들을 보면서 그들은 생각한다. 그런데 왜 이 사람들은 다 이렇게 몸이 차갑고, 신체적인 외상의 흔적이 전혀 없는 걸까?

일단 자욱한 연기가 걷히고 나면, 그들은 이 사고 희생자들이 모두 이미 죽은 사람들이었다는 것을 알게 된다. 찡그린 표정의 내 작은 얼굴은 시체 토네이도를 일으키는 오즈의 마법사 스타일로 포토샵 처리되어 인터넷상의 밈으로 떠돌아다닐 것이다.

하지만 실제의 나는 매일 무사히 시체 열한 구를 싣고 화장장으로 돌아왔다. 내가 창고 뒤편에 차를 대면 에밀리아노가 주차장에서 자기 캐딜락 차에 달린 스테레오 스피커에서 큰 소리로 울려 나오는 스페인 북부식 음악에 맞춰 아코디언을 켜고 있었다. 시체를 차에서 꺼내는 작업을 할 때면 깔리는 배경음악이었다.

그러나 내가 정작 죽을 뻔했던 그날, 나는 운구차를 타고 있지 않았다. 나는 그날 오래된 내 폭스바겐 차를 몰고 캘리포니아주 샐튼호로 갔다. 샐튼호는 남부 캘리포니아 사막 한가운데 있는 인공 염호(鹽湖)다. 1960년대에 각광받은 아이디어 중 하나는 이곳을 리조트로, 즉 팜스프링스의 대안으로 다시 꾸미자는 것이었다. 지금은 마티니와 하와이 셔츠와 수상스키 대신, 버려진 이동형 가옥들이 악취 풍기는 갈색 물만 질척대는 진흙땅에 죽 늘어서 있다. 폐사한 물고기들이 어류와 펠리컨의 시신과 함께 해안선에 흐트러져 있었다. 발에 밟히는 모래의 뽀득뽀득 소리는 수천 개의 마른 뼈들 틈에서 들려온다. 부패의 성지에 도착하는 데 로스앤젤레스에서 네 시간이 걸렸다. 혹자는 이른바 폐허에 찾아가는 게 어설픈 짓이라고 보지만, 나는 도저히 사람이 살 수 없는 장소에 집을 지음으로써 인간의 호기심에 자연이 어떻게 선 전포고를 하는지 내 눈으로 직접 보고 싶었다.

거리가 56킬로미터나 되는 샐튼호의 북부 쪽으로 운전하는 중에 보니, 길가에 죽어 나자빠진 코요테 한 마리가 있었다. 이는 로스앤젤레스 도심에서도 가끔 발견되는, 작고 개처럼 생긴 코요 테가 아니었다. 혀가 검고 위가 빵빵한 들짐승이었다. 나는 트럭 과 ATV를 탄 수상쩍은 지역민들에게 굴하지 않고 유턴하여 아 까 그 자리로 다시 돌아가서 그 시체를 자세히 살펴보았다.

어쩌면 이 코요테가 불길한 징조였던 것 같다. 샐튼호의 코요 테와 (또는) 물고기가 쫙 깔린 묘지. 그리고(또는) 분홍색 '쥬시 쿠 튀르'표 운동복을 입고 골프 카트를 운전하고 있는 할머니들. 이 모두가 불길한 징조였을지도 모른다.

내가 로스앤젤레스로 출발하기도 전에 어둠이 깔렸다. 서쪽 으로 가는 I-10 고속도로의 네 차선은 팜스프링스를 지나가는 데, 차선마다 귀가하는 일요 행락객들의 차로 가득 차 있다. 나는 맨 왼쪽 차선에서 시속 120킬로미터를 유지하며 폭스바겐을 몰

잘해봐야 시체가 되겠지만

고 있었다. 갑자기 차의 왼쪽 뒷부분이 흔들리기 시작하더니 타이어에 바람 빠지는 둔탁한 소리가 났다. 나는 깜박이를 켜고 가운데 차선으로 들어가며 운도 지지리 나쁘다고 투덜댔다.

그러나 바람 빠진 타이어가 문제가 아니었다. 베어링이 헐거워졌고, 바퀴 전체가 축에서 벗어나 헛돌기 시작했던 것이다. 마지막으로 볼트까지 뚝 부러져나가 차바퀴가 있던 곳에는 커다란 구멍만 남고 말았다.

세 바퀴만 달린 채 어떻게 해볼 수 없는 차는 아무렇게나 굴러갔다. 네 차선을 가로질러 나선형을 그리며, 생금속이 아스팔트 바닥을 득득 긁자 흙먼지 스파크가 일었다. 폭스바겐이 고속도로를 가로질러 죽음의 무도를 추는 동안, 시간이 느리게 가는 듯했다. 차 안은 쥐죽은 듯 고요했고, 우웅 울리는 정적만 있었다. 계속 달려오는 차들의 불빛이 주변의 흐릿한 풍경 속에 어지럽게 펼쳐졌다. 차들이 나를 향해 달려오다가 마치 어떤 기적적인 완충제에 막혀 날 피한 듯했다.

내게는 통제력을 잃는 것보다, 현대 생활의 밀어닥치는 외로움보다 더 두려운 것이 있었으니, 그건 아무 준비 없는 죽음에 대한 공포였다. 불자들과 중세 그리스도교 신자들이 '나쁜 죽음'이라 표현한 바로 그것 말이다. 현대에 들어 나쁜 죽음이란, 차체가 끔찍하게 찌그러지며 사람의 팔다리가 산산이 떨어져 나간 형상을 띤다. 사랑하는 사람들에게 얼마나 그들을 열렬히 사랑하는지도 말할 수 없다. 하던 일은 엉망진창이 된다. 고인이 어떻게 장례를 치르길 원하는지도 알 수 없다.

내가 굴러가며 두 손으로 어떻게 해보려고 핸들을 꽉 잡고 있어도, 마음은 뚝 떨어진 저편에 가 있었다. 처음엔 어떤 목소리가 들렸다. 아, 이렇게 가는구나 싶었다. 그러더니 고요한 평화가 내려앉았다. 「월광 소나타」가 연주되고, 느리게 움직이는 영상이 시작되었다. 나는 전혀 무섭지 않았다. 차가 빙글 도는 순간, 나는 '이것이 나쁜 죽음은 아니겠구나.' 하는 걸 깨달았다. 시체와 그 시체에 집착하는 가족들과 함께 4년을 보낸 덕분에 그 순간이 초월적 경험이 되었다. 몸에서 힘이 스르르 빠져나갔고, 격렬한 타격을 받아들이려 기다리고 있었다. 그러나 격렬한 타격은 결코 오지 않았다.

고속도로 경계를 표시하는 쓰레기 언덕에 차가 박혔다. 교통사고가 일어나는 것을 똑바로 앉아 생생하게 마주 보는 동안, 차들과 대형 트럭들이 아찔한 속도로 쌩하고 지나갔다. 그중 어느 하나라도(아니면 여러 대가) 고속도로를 가로지르며 어지러운 여행을 하는 나를 칠 수도 있었다. 그러나 치지 않았다.

전에는 내 몸이 산산조각 난다는 생각을 하면 무서웠다. 이제는 그렇지 않다. 혹시 산산조각 날까 하는 나의 두려움은 행여 통제력을 잃을까 하는 두려움에서 생겨난 것이었다. 여기에 궁극의 통제력 상실이 있었다. 고속도로를 가로질러 내던져졌지만, 그 순간에는 오직 고요함만이 있을 뿐이었다.

죽음의
기술

「유혹에 대한 승리(Triumph over Temptation)」라는 제목의, 15세기 중반 독일 목판화가 있다. 한 남자가 임종을 앞두고 침상에 누워 있다. 천국과 지옥의 존재들이 그를 둘러싸고 죽어가는 그의 영혼을 두고 다투고 있다. 배배 꼬인 돼지 같은 얼굴에 손발톱과 말발굽을 함께 가진 악마들이 침대로 다가가 그를 불이 활활 타는 지하 세계로 끌어내리려 하고, 그 위에는 한 무리의 천사들과 공중에 떠 있는 십자가에 매달린 예수가 이 남자의 작은 버전(아마도 그의 영혼)을 위쪽에 있는 천국으로 끌어당긴다. 이 모든 소동이 벌어지는 가운데, 죽어가는 남자는 지복에 넘치는 듯한 표정이고 내면의 선(禪)으로 가득 차 있다. 그의 얼굴에 언뜻 어린 웃음이 보는 사람에게 지금 그의 생각을 말해준다. "아, 그래, 죽음. 이걸 맞아들이는 것쯤이야 얼마든지."

문제는 어떻게 그런 사람이 될 수 있는가 하는 것이다. 침착하게 자신의 죽음을 대면하고, 다음 단계로 넘어갈 준비가 되어 있는 사람.

이 목판화는 중세 후기에 인기 있었던 장르 '아르스 모리엔디(ars moriendi)', 즉 죽음의 기술을 표현한 것이다. '아르스 모리엔디'란 그리스도 교인들에게 도덕적 죄를 뉘우치고 영혼이 천국에 오르도록 하면서 좋은 죽음을 맞는 방법을 가르치는 교과서였다. 죽음을 감정과 상관없는 생물학적 과정이 아니라 '기술'이나 '실행'으로 보는 것은, 죽어가는 사람에게 엄청나게 힘을 실어줄 수 있다.

우리 사회에서 구할 수 있는 '죽음의 기술'에 대한 교과서는 없다. 그래서 나는 나름대로 그 책을 쓰기로 했다. 종교인만 읽으라는 것이 아니라 점점 그 수가 늘어나는 무신론자들, 불가지론자들, 그리고 막연히 '정신적인 것을 추구하는' 사람들을 위한 것이다. 내가 볼 때 좋은 죽음이란, 지금까지 하던 일을 잘 정리하고, 전할 필요가 있는 좋고 나쁜 말을 전하고, 죽을 준비가 되었다는 뜻이다. 좋은 죽음이란 수많은 고통과 괴로움을 견딜 필요 없이 죽는다는 뜻이기도 하다. 좋은 죽음이란 죽음을 불가피한 것으로 받아들이고 죽을 시간이 왔을 때 싸우지 않는다는 뜻이다. 그것이 내가 생각하는 좋은 죽음이지만, 전설적인 정신분석가 칼 융의 말대로 "내가 죽음을 어떻게 생각하는지 그 이야기를 들어봤자 도움이 안 될 것이다." 인간이 죽음과 맺는 관계는 오직 그 사람만의 것이다.

최근 나는 로스앤젤레스에서 레노로 가는 비행기에서 한 중년 일본인 옆자리에 앉게 되었다. 그는 《치질의 문제들》이라는 전문지를 읽고 있었는데, 표지에는 항문관의 커다란 사진 단면도가 확대되어 실려 있었다. 위장관학 전문의를 위한 잡지는 석양이나 산 풍경 같은 은유적인 사진으로 표지를 대충 때우지는 않는다. 한편 나는 표지에 "부패 문제!"를 크게 다룬 전문지를 읽고 있었다. 우리는 서로 쳐다보았고, 소리 없이 웃으며 각자가 읽고 있는 간행물이 대중적으로 읽히는 잡지는 아니라는 인식을 공유했다.

그는 의사이자 의대 교수라고 자신을 소개했다. 나는 좀 더 많은 대중이 죽음에 관한 대화에 참여하기를 바라는 장의사라고 소개했다. 내가 무슨 일을 하는지 알고 나자 그는 말했다. "그래요, 좋아요. 이 문제에 대해 발언하는 분을 만나게 되어 반갑습니다. 2020년쯤 되면 물리학자와 요양보호사가 엄청나게 부족할 거라고 하지만, 아무도 그 얘기는 하고 싶어 하지 않거든요."

'메디아 비타 인 모르테 수무스.(Media vita in morte sumus.)'라는 라틴어는 우리도 알고 있다. 즉 "한창 살아가는 중에도 우리는 이미 죽어가고 있다."는 것이다. 우리는 태어나는 날 죽어가기 시작한다. 하지만 의학이 발달해, 이젠 미국인 대다수가 생의 말년을 실제로 죽어가는 상태로 보내게 된다. 미국 인구 중 빠르게 늘어나는 층이 85세 이상이다. 이를 나는 공격적으로 나이 든 사람들이라고 부르겠다. 85세가 되면 어떤 형태든 치매나 생애 말기 질병을 달고 살 가능성이 높을 뿐만 아니라, 통계에 따르면 양로원에서, 좋은 삶을 재는 척도가 질인가 양인가 하는 질문을 하며 생을 마감할 가능성이 반반이다. 이렇게 서서히 죽어간다는 것은 사람들이 빨리, 종종 하루 만에도 죽던 옛날과는 확연히 다르다. 1800년에 찍은 사후의 은판 사진에는 생생하고 젊고 거의 살아 있는 것 같은 시신이 많다. 많은 사람들이 성홍열이나 디프테리아로 죽었기 때문이다. 1899년에는, 미국 인구의 단 4퍼센트만이 65세(85세가 아니라) 이상을 차지했다. 지금은 많은 사람들이 몇 달 혹은 몇 년씩 천천히 쇠약해지다가 죽음이 다가온다는 걸 안다. 의약품 덕에 우리는 앉아서 스스로의 죽음을 지킬 '기회(여기서 기회란 느슨하게 규정한 기회이다.)'를 누리는 것이다.

하지만 이런 점진적인 노쇠에 따른 대가는 크다. 시신이 우리에게 충격을 주는 방식은 여러 가지다. 목이 잘린 시체들은 물에서 며칠 둥둥 떠다니다 건져 올려서 시퍼렇게 된, 피부가 줄줄이 벗겨지는 시체들처럼 보기에 꽤나 섬뜩하다. 하지만 욕창으로 헐어 상처 난 곳은 그 특유의 심리적 공포를 불러일으킨다. '욕창'은 라틴어에서 유래한 말로 눕는다는 뜻이다. 누워만 있는 환자는 몇 시간마다 팬케이크처럼 뒤집어서, 몸의 무게가 뼈를 통해 조직과 피부까지 눌러 혈액순환을 막지 않게 하는 것이 법칙이다. 피가 통하지 않으면 조직이 썩기 시작한다. 돌봄 노동자 수가 기준보다 적은 양로원에서 그런 일이 종종 일어나는데, 환자가 오랫동안 누워만 있으면 욕창이 발생하게 마련이다.

움직여주지 않으면 환자는 아직 살아 있어도 산 채로 자신의 괴사한 조직에 먹혀 그야말로 부패하기 시작한다. 웨스트윈드의 화장 준비실에 들어왔던 특이한 시체를 나는 평생 기억할 것이다. 아흔 살 먹은 흑인 할머니였는데, 자리보전하는 환자들이 칙칙한 우리 같은 곳에 누워 공허하게 벽만 응시하는, 그런 낙후된 양로원에서 가져온 시체였다. 그녀의 등을 씻기려고 돌려 눕히자, 등 아래쪽에 축구공만한 크기의, 섬뜩하게 놀라운 것이 나 있었다. 생긴 지 얼마 안 된 상처가 곪아 있었던 것이다. 그건 곪아 터지려 하는 지옥의 쩍 벌어진 아가리와 비슷했다. 그런 상처를 보면 우리의 암울한 미래가 보이는 듯했다.

늘어나는 노인 인구를 적절히 돌볼 만한 자원이 우리에겐 없(고 앞으로도 없을 것이)다. 그런데도 우리는 의학적으로 개입하여 그 노인들을 살리려고 한다. 그들을 죽게 놔둔다면 확실한 것으로 추정되어온 현대 의학 체계가 실패했다는 뜻이니 말이다.

외과 의사 아툴 가완디는《뉴요커》에 실린 대단한 노화 관련 기사에 이렇게 썼다. "노화에 관한 베스트셀러는 수십 가지나 있지만, 그 제목은 '내년에는 젊게', '젊음의 샘', '나이에 구애 없이', '섹시한 나날들' 같은 것이다. 우리가 현실로부터 눈을 돌린 데는 대가가 따른다. 그 한 가지는, 30년이 지나면 80세 이상의 인구가 지금의 5세 이하 인구만큼이나 많을 거라는 점이다. 우리는 사회를 구성하는 데 필요한 변화를 미루고 있다."

내 옆자리에 앉았던 그 위장관 전문의 겸 교수는 해마다 자신이 죽는다는 사실을 끔찍해하는 새로운 학생들을 직접 만나왔다. 노인 인구가 계속 치솟고 있음에도 불구하고, 그는 몇 년 동안 노인병학◎의 수업 수를 늘리려고 투쟁해왔으나 그의 노력은 번번이 인정받지 못했다. 의학도들은 노인병학에 기반을 둔 진료를 선택하지 않았고, 의사의 수입은 너무 낮았으며, 일은 너무 거칠었다. 의대에서 성형외과 의사와 영상의학과 의사만 양산되어 온 것도 놀랍지 않은 일이다.

앞의 그 글에서 가완디는 이렇게 말한다. "나는 존스홉킨스대학교 노인병학 교수인 차드 보울트에게 물었다. 미국의 증가하는 노인 인구에 충분한 노인병학과 의사를 확보하려면 무슨 일을 할 수 있겠느냐고. 그는 말했다. '아무것도 할 수 없습니다. 너무 늦었어요.'"

나는 비행기에서 내 옆자리에 앉았던 의사(여기에 약간의 동류 의식도 작용은 했을 것이다.)가 이렇게 열린 자세로 접근했다는 데에 깊은 인상을 받았다. 그는 말했다. "나는 죽어가는 환자들에게 말합니다. 내가 당신 수명을 연장시켜줄 수는 있지만, 항상 병을 고쳐주기만 할 수는 없다고요. 그들이 수명 연장을 택하면 그건 고통스럽고 괴로워진다는 뜻입니다. 나는 결코 잔인하게 굴고 싶진 않지만, 환자들은 내 진단을 이해할 필요가 있어요."

"적어도 선생님이 가르치는 학생들은 그걸 배우고 있겠네요." 난 그랬으면 하는 마음으로 말했다.

"음, 네, 하지만 문제는 이겁니다. 우리 학생들은 결코 최종

◎   노인의 질병과 치료를 다루는 학문.

진단을 내리려 하지 않거든요. 내가 이렇게 물어야 합니다. '환자들에게 이걸 충분히 설명했나요?'"

"누가 죽어가고 있더라도 학생들은…… 환자들에게 그걸 말해주지 않나요?" 나는 충격을 받고 물어보았다.

그는 고개를 저었다. "학생들은 자기 자신이 죽는다는 사실과 대면하고 싶어 하지 않아요. 죽어가는 사람과 대면하느니 차라리 해부학 시험을 여덟 번 보는 게 낫다고 생각하지요. 그리고 내 또래의 경력 많은 의사들은 더 하죠."

우리 할머니 루실 케이플은 정신이 온전치 못하게 되었을 때 88세였다. 비록 할머니의 몸은 92세까지 살아 있었지만 그랬다. 한밤중에 화장실에 가다가 넘어져서 머리를 탁자 모서리에 찧어 경막하혈종(뇌 주변의 출혈을 의학적으로 표현한 전문 용어)이 커졌다. 몇 달 후 재활센터에서 에델트라우트 창(이 할머니를 언급하는 이유는 오직 그분의 이름이 지금까지 성과 이름을 조합한 중 가장 멋진 이름이었기 때문이다.)이라는 이름의 중국 할머니와 방을 같이 쓰다가 집으로 가셨다. 집에 간 다음에는 뇌에 남은 상처 때문에 머리가 좀 이상한 사람같이 변해, 그 뒤로는 결코 예전과 같은 모습이 아니게 되었다.

의학이 개입하지 않았다면, 투투(할머니를 가리키는 하와이 말)는 트라우마가 남도록 뇌에 상처를 입고 나서 얼마 안 가 돌아가셨을 것이다. 그러나 할머니는 돌아가시지 않았다. 정신이 오락가락하기 전에 할머니는 이렇게 주장하셨다. "제발, 나를 그렇게 만들지 말아다오." 하지만 할머니는 산 것도 죽은 것도 아닌 그 우울한 곳에 갇혀 계셨다.

경막하혈종이 생긴 후, 투투는 어떻게 자기가 넘어져 다치게 되었는지 이야기를 지어내어 길게 설명하곤 했다. 그중에 내가 좋아한 이야기는, 호놀룰루시가 할머니에게 시청 입구에 벽화를 그려달라고 부탁했다는 것이었다. 맹그로브 나무 위에 올라가 할머니가 유쾌한 화가들 한 팀을 지휘하는 동안, 나뭇가지 하나가 부러졌고 할머니가 그 밑의 땅으로 뚝 떨어졌다는 것이었다.

어느 잊을 수 없는 저녁, 투투는 40년 동안 알아온 사위(우리 아버지)가 자기 패물을 훔쳐 달아날 궁리를 하는 요양사라고 생각했다. 우리 외할아버지는 그보다 몇 년 앞서 알츠하이머병으로 돌아가셨는데, 아마 기밀 정보를 공유하러, 사후에도 몇 번이나 저승에서 외할머니를 찾아오셨나 보다. 투투에 따르면, 허리케인 카트리나가 불어닥친 후 부두가 가라앉은 구조적 이유를 할아버지 데이튼만 알고 있다는 사실을 감추려고 정부가 할아버지를 암살했다는 것이다.

투투는 이른바 '노망 난 할망구'였다. 마티니를 마셨고 돌아가시던 날까지 담배를 피웠다. 그래도 할머니의 허파는 아기 엉덩이처럼 선홍색을 유지했다.(이는 전형적인 결과는 아니다.) 할머니는 대공황기에 미국 중서부에서 자라나, 1년 내내 같은 치마와 블라우스를 매일 입어야만 했다. 그러다가 우리 할아버지와 결혼하여 일본에서 이란까지 전 세계를 다니며 살다가 1970년대에 하와이에 정착했다. 할머니·할아버지 댁은 우리 집에서 한 블록 떨어진 곳에 있었다.

사고 이후, 투투는 시내에 있는 은퇴자용 콘도에서 시바의 여왕처럼 살며 여생을 보냈다. 발레리라는 이름의 사모아 출신 여성이 24시간, 일주일간 매일 할머니를 돌봐드렸는데 이 여성은 거의 성녀 같은 사람이었다. 투투의 수명이 다해가 그분의 삶이 점점 더 안개처럼 뿌예질 때조차도, 발레리는 아침마다 그분을 침대 밖으로 내려서 목욕시키고 옷을 입히고(꼭 진주 목걸이를 걸어주는 것을 잊지 않고) 시내까지 외출시키곤 했다. 투투가 몸이 좋지 않아 집 밖으로 나서지 못할 때는 발레리가 정성껏 할머니를 받쳐 넘어지지 않게 하고 담배를 입에 물리고 텔레비전 수상기에 CNN을 틀어놓고 보게 하곤 했다.

불행한 진실인데, 공공연히 죽음을 인정하는 것이 그렇게도 어려운 이유 중 하나는, 최고령까지 버티는 사람들 중 대부분 어디에도 투투만큼 운 좋은 경우는 없다는 것이다. 할머니는 은퇴 후의 계획도 잘되어 있었고, 헌신적으로 돌봐주는 사람도 있었고, 마음대로 조정할 수 있는 템퍼페딕 메모리폼 침대도 있었다. 투투는 비극적인 현실이 일반적임을 입증하는 예외적인 경우다. 한없이 늘어나기만 하는 이 노인 군단 때문에 우리가 언젠가는 죽는다는 사실을 떠올리게 되기에, 우리는 그 노인들을 그늘 속으로 밀어 넣는다. 할머니들 대부분은(우리 여성이 확실히 노인 대부분을 차지한다.) 사람 많은 양로원에서, 고통스러운 상태에서 죽음을 기다리며 생을 마친다.

사랑하는 사람들과 더불어 미리 죽음에 대해 이야기하지 않으면, 사전의료의향서나 DNR(Do Not Resuscitate, 심폐소생술 금지)

이라는 지시와 장례 계획을 통해 확실한 의사표시를 하지 않으면, 우리는 이러한 미래에, 그리고 이런 미래를 지닌 암울한 현재에 직접 힘을 보태주는 셈이다. 말기 환자들이 삶을 끝내는 존엄한 방법에 관해 좀 더 광범위한 사회적 논의에 참여하는 대신, 우리는 안젤리타의 사례처럼 참을 수 없는 사례들을 그냥 받아들인다. 안젤리타는 오클랜드에 살던 과부인데, 관절에 생긴 혹 때문에 그 통증을 참을 수 없어 머리에 비닐봉지를 쓰고 자살했다. 아니면 로스앤젤레스에 살았던 빅토르의 사례도 있다. 그는 세 번째 항암치료에 실패한 다음, 시체를 발견할 아들을 남겨둔 채 자기가 살던 아파트의 천장 이음목에 목을 매어 죽었다. 아니면 욕창이 난, 헤아릴 수 없이 많은 시체들도 있다. 이 시체를 챙긴다는 건 심지어 아기나 자살자의 시체를 챙기는 것보다도 더 힘들었다. 이런 시체들이 장의사에 들어오면 나는 그저 그들의 살아 있는 친척들에게 조의를 표하고, 좀 더 많은 사람들이 침묵의 문화 때문에 존엄한 죽음을 박탈당하지 않도록 보장하기 위해 노력하겠다고 약속할 수 있을 뿐이다.

심지어 자기들이 녹초가 되어 서서히 죽어갈 수도 있다는 걸 알면서도, 많은 사람들은 어쨌든 자기가 살아 있기를 바란다. 미국에서 세 번째로 부자인 래리 엘리슨은 수명 연장을 목표로 하는 연구에 수백만 달러를 쏟아부었다. 왜냐하면 그의 말에 따르면 "죽는다는 걸 생각하면 몹시 화가 나기 때문이다. 내가 볼 때 죽음은 말도 안 되는 일이다." 엘리슨은 죽음을 적으로 삼았고, 우리가 죽음을 한꺼번에 끝낼 수 있는 의학 기술의 병기 창고를

잘해봐야 시체가 되겠지만

확장해야 한다고 믿었다.

　이렇게도 미친 듯이 수명을 늘리려 하는 사람들이 거의 다 돈 많은 백인 남성이라는 사실은 놀랍지 않다. 그들은 체계적인 특권을 누리며 살아왔고, 그 특권은 무한히 확장되어야 한다고 믿는다. 나는 심지어 그런 사람들 중 하나와 데이트해본 적도 있다. 그는 서던 캘리포니아 대학교 계산생물학 박사과정생이었다. 그의 이름은 아이작이다. 아이작은 처음 대학원에 들어갔을 때 물리학 전공이었지만, 일단 생물학적으로 사람은 반드시 노화'해야만' 하는 것이 아니라는 걸 발견하자 전공을 바꾸었다. 어쩌면 '발견했다'는 것은 너무 강한 말인지도 모른다. "내가 생각한 것은, 물리학과 생물학의 원리를 쓰면, 우리는 무한한 젊음이라는 상태를 만들어내고 지속할 수 있다는 거야. 하지만 이미 남들도 이 연구를 하고 있다는 걸 알고 나니 '이런, 재수 없어.'라는 말이 절로 나오더라고." 아이작은 유기농 치킨 샌드위치를 앞에 놓고, 내게 빈정거리는 투도 전혀 없이 이렇게 설명했다.

　한때 진지하게 록 스타가 되고 대단한 소설을 쓰겠다고 생각했었지만, 아이작은 그때는 미토콘드리아와 세포의 죽음에 대한 시학, 그리고 노화 과정을 달팽이 같은 속도로 서서히 늦춘다는 생각에 공을 들여가며 파고 있었다. 하지만 나는 그에게 할 말이 많았다. 내가 말했다. "지금 이미 인구 과잉이야. 빈곤과 파괴가 너무 많아서, 영원히 사는 사람들은 고사하고, 이미 지구에서 살고 있는 사람들을 보살필 자원도 없어. 또 사고사는 여전히 많을 거라고. 300살까지 살 거라고 생각되는 사람들이 스물두 살에 죽는다면 그게 훨씬 더 비극적일 걸."

아이작은 내 말에 털끝만큼도 동요하지 않았다. 그는 설명했다. "이건 남들을 위한 일이 아니야. 나를 위한 일이라고. 내 몸이 썩는다고 생각하면 끔찍해. 난 죽고 싶지 않아. 영원히 살고 싶다고."

죽음은 우리 삶에서 의미를 없애기 위해 나타날 수도 있지만, 사실 그것은 바로 우리 창조성의 원천이기도 하다. 카프카의 말처럼 "인생의 의미는, 그것이 끝난다는 점이다." 죽음은 우리를 계속 달리게 하는 엔진으로, 우리에게 성취하고 배우고 사랑하고 창조할 동기를 준다. 철학자들은 이를 수천 년 동안, 세대마다 죽음을 무시하는 법을 주장한 것만큼이나 격렬하게 주장했다. 아이작은 죽음이 부여한 영감 덕분에 과학의 경계를 탐구하여 박사과정을 밟고 음악을 만들며 박사학위를 받을 것이다. 만약 영원히 산다면 그는 지루해지고 무기력하고 동기부여도 안 되고, 둔탁한 일상 때문에 삶의 풍요로움이 박탈될 것이다. 인간의 대단한 성취는 전부 죽음이 강요한 마감 시간에서부터 나왔다. 아이작은 자기 발등에 떨어진 불이 언젠가는 죽는다는 것, 바로 그가 무찌르려 하는 그것임을 모르는 것 같았다.

투투가 돌아가셨다는 전화를 받은 날 아침, 나는 로스앤젤레스에 있는 화장장에서 재를 담은 상자에 신원확인 딱지를 붙이고 있었다. 근 1년 동안 운구차를 몰고 나서 내가 장의사에서 지역 사무실을 운영하는 일로 직장을 바꾼 지 얼마 안 된 때였다. 그때 나는 유가족들과 일하며 의사들과 검시관 사무소와 카운티의 사망확인서 발급 사무실과 협의하여 장례와 화장 절차를 조정하는 일을 하고 있었다.

전화벨이 울리더니 저편에 어머니의 음성이 들려왔다. "발레리한테서 방금 전화왔다. 발레리는 히스테릭한 상태란다. 투투가 숨을 안 쉰대. 돌아가신 것 같아. 전에는 뭘 해야 할지 알고 있었는데 지금은 모르겠다. 뭘 해야 할지 도무지 모르겠구나."

그날 아침의 나머지 시간은 전화기에 매달려 식구들과 장의사와 통화하느라 보냈다. 그건 내가 일터에서 매일 하던 것과 똑같은 일이었고, 다만 돌아가신 분이 나의 할머니라는 점만 달랐다. 내가 자랄 때 겨우 한 블록 떨어진 곳에 사셨고, 내가 대학과 장의학교에 입학할 때 그걸 다 보신 분, 나를 애칭으로 '케이티파이'라고 부르던 분.

장의사가 올 때까지 기다리는 동안 발레리가 투투의 시신을 침대에서 들어내어 시신에 초록색 캐시미어 스웨터를 입히고 화려한 색 스카프를 매놓았다. 어머니는 돌아가신 할머니 사진 한 장을 내게 문자로 보내주었다. "이게 투투의 모습이란다." 그런 문자였다. 비록 전화를 통해서였지만, 나는 투투가 지난 몇 년간 보다 더 평화로워 보인다고 말할 수 있었다. 할머니의 얼굴은 자기 주변 세상의 법칙을 이해하려고 더 이상 혼란스럽게 일그러진 표정이 아니었다. 입은 헤벌어져 있었고 얼굴은 표백한 듯이 새하얬지만 할머니의 겉모습은 아름다웠다. 그 사진은 한때 그렇게 생겼던 여자가 남긴 유물이었다. 나는 아직도 이 사진을 보물처럼 아낀다.

그날 오후 하와이로 가는 비행기 안에서 나는 꿈도 악몽도 아닌 장면을 잠결에 설핏 보았다. 꿈에 내가 투투를 보러 장의사에 갔는데, 할머니의 수척한 몸이 유리관 속에 누워 있는 방으로 안내받았다. 할머니 얼굴은 부패하고 퉁퉁 붓고 까맸다. 할머니를 방부처리했다는데 뭔가가 아주 잘못되었던 것이다. "맘에 드세요?" 장례지도사가 물었다. "오 세상에, 아녜요! 저건 우리 할머니가 아니에요!" 나는 소리 지르면서 할머니 시체를 덮을 천 조각을 와락 움켜쥐었다. 내가 그들에게 방부처리를 하지 말아달라고 했는데도 그들은 어쨌든 그걸 했던 것이다.

꿈이 아닌 실제 삶에서는, 내가 어쨌든 전문가였기 때문에 가족들이 내게 장례 절차를 지휘하도록 했다. 나는 우리 가족만 들어가서 간단히 시신을 보고 그다음에는 참관 화장을 하기로 했다. 시신 참관실로 들어가 보니 뉴질랜드(였던가 오스트레일리아였던가? 도저히 모르겠다.)에서 온 남자가 웨스트윈드에 와서 "어머니가 전에는 더 나아 보였어요."라고 했던 말이 무슨 뜻인지 알게 되었다. 투투는 우리 어머니가 내게 보낸 사진 속의 여인과 달라 보였다. 입은 잘 붙는 접착제를 써서 바싹 당겨놓아서, 꼭 찡그린 것 같았다. 입술에는 생전에 할머니가 바른 적 없던 밝은 빨강색 립스틱을 발라 놓았다. 나는 우리 할머니의 시체가 내가 맞서 싸우고 있는 장의업계의 사후 고문을 당했다는 것을 도저히 믿을 수가 없었다. 장의업계가 갖고 있는 죽음 방식에 대한 고집이 얼마나 센지를 잘 보여주는 사례였다.

잘해봐야 시체가 되겠지만 ──────

우리 가족과 나는 관에 들어간 투투의 시체를 내려다보았다. 사촌 한 사람이 머뭇거리며 한 손을 만졌다. 할머니를 돌봤던 발레리가 종종 투투를 찾아왔던 자기의 네 살짜리 조카를 안고 관 가까이 다가왔다. 발레리는 그 조카에게 할머니 얼굴에 여러 번 입 맞추라 하더니 자신은 할머니 얼굴을 만지며 "루시, 루시, 내 아름다운 여인"이라고 리듬이 들어간 사모아 억양으로 크게 말하며 흐느껴 울기 시작했다. 발레리가 그렇게 자유롭게 시신을 만지는 걸 보고 있자니, 어색하게 그 곁에 서 있었던 나 자신이 부끄러웠다. 장례지도사가 어머니에게, 두 시간 이상 시신을 집에 두면 하와이 주법에 어긋난다고 말할 때(그건 사실이 아니었다.), 투투의 시체를 집에 두라고 좀 더 강하게 밀어붙이지 못한 내가 창피했다.

지금 자신의 죽음과 사랑하는 사람들의 죽음에 대해 생각하기 시작한대도 그건 결코 이른 일이 아니다. 죽음에 대해 강박관념을 갖고 계속 그 생각만 하고 또 하면서, 남편이 끔찍한 차 사고가 나서 충돌한 사건을 곱씹는다거나 탑승한 비행기에 불이 나서 하늘에서 뚝 떨어질 거라고 생각하라는 뜻이 아니다. 하지만 최악의 사태가 무엇이건 간에, 그 최악의 사태에서 나는 살아남을 거라는 인식에서 벗어나는 게 바로 합리적인 반응이다. 죽음을 받아들인다는 것은 사랑하는 누군가가 죽었을 때 충격을 받지 않는다는 뜻이 아니다. 그건 "왜 사람들은 죽는가?", "이런 일이 어째서 나한테 일어나는가?" 같은 더 큰 실존적 물음의 짐에서 벗어나 스스로의 슬픔에 초점을 맞출 수 있을 거라는 뜻이다. 죽음이란 당신에게만 일어나는 일이 아니다. 죽음은 우리 모두에게 일어나는 일이다.

죽음을 부정하는 문화는 잘 죽는 데 장애물이 된다. 죽음에 관한 두려움과 거친 오해를 극복하는 것은 작은 일이 아니지만, 얼마나 빨리 다른 문화적 편견들, 이를테면 인종차별, 성차별, 동성애 혐오가 최근 들어 무너지기 시작했는지를 잊어서는 안 된다. 지금은 죽음이 그 진실을 드러낼 적기이다.

불자들은 말한다. 생각들은 뇌에 맺힌 물방울들과 같다고. 같은 생각을 계속 강화하다 보면 그 생각으로 의식 속에 새로운 물길이 뚫린다. 마치 물방울이 계속 떨어지면 산의 한쪽 면이 침식되는 것과 같다. 이러한 세속적 지혜를 과학자들이 확인해준다. 우리의 뉴런은 항상 기존의 연결을 깨고 새로운 길을 만든다. 당신이 설령 죽음을 두려워하도록 프로그래밍되었다 하더라도, 그 특별한 길은 돌덩어리처럼 굳게 자리 잡은 것이 아니다. 우리들 각자는 새로운 지식을 추구하고 새로운 마음의 회로를 만들 책임이 있다.

나는 하와이의 한 쇼핑몰에서 떨어져 죽은 소녀를 보고 충격받은 아이로 살도록 영원히 운명 지어진 것은 아니었다. 또 죽음에 사로잡힌 삶에 항복하거나, 삼나무 숲에서 스스로 목숨을 끊기 일보 직전인 여자가 되도록 영원히 운명 지어진 것도 아니었다. 예술과 문학을 통해서, 그리고 결정적으로 나 자신이 죽는다는 사실과 정면 대결함으로써 나는 뇌의 회로를 조지프 캠벨이 "더욱 대담하고 깨끗하고 넓고 충만한 인생"이라 부른 것 쪽으로

　　　　　　　　　　　　잘해봐야 시체가 되겠지만　—

바꾸어놓은 것이다.

투투의 시신을 본 날, 장의사의 예배당에서 힘이 쭉 빠졌다. 장의사 사람들은 우리 가족보다 훨씬 대규모인 다른 가족을 시신 참관실에 들이기 위해, 우리를 얼른 내보내려고 했다. 방 바깥에는 여러 사람들이 나와 내 친척들이 시신을 다 볼 때까지 기다리면서 유리창에 몸이 부딪칠 만큼 북적대고 있었다. 그날 만약 내가 장례를 기존 절차대로 진행해달라는 친척들의 부탁에 응하지 않고, 할머니를 집에 모셨더라면 일이 얼마나 달라졌을지 300번쯤은 생각했다.

마침내 모인 사람들이 너무 많아 도저히 무시할 수 없을 정도가 되자, 우리는 이 의식을 갑자기 끝냈다. 우리 가족은 투투가 담긴 관을 화장장까지 이송용 침대에 실어 끌고 가는 장례지도사의 속도에 맞추려고 홀을 뛰다시피 빠른 속도로 걸어내려가야 했다. 화장장 기사는 미처 우리 가족이 다 모이기도 전에 할머니 시신을 화장로의 불길 속으로 굴려 넣었다. 나는 웨스트윈드가 그리웠다. 그곳은 비록 겉모습은 공장 같았을망정, 어느 정도 열려 있었고 따뜻함이 있었다. 천장은 아치형이고 채광창도 나 있었다.(그리고 화장로 문이 닫히면 촛불을 밝혀놓는 크리스도 있었다.) 거기서 나는 화장을 할 때마다 마치 내 가족을 잃은 듯한 기분이었다.

언젠가는 나만의 화장장을 열고 싶다. 공장 같은 창고가 아니라 내밀하면서도 열린 공간을 갖춘 화장장을 말이다. 바닥부터 천장까지 유리창들이 나 있어서 햇볕이 잘 들어오고 죽음에 대한 기묘한 낙인도 없는 그런 화장장을 열고 싶다. 좋은 죽음 교단을 통해, 나는 이탈리아 건축가 두 사람과 함께 그런 곳을 그려 볼 수 있었다. 화장로에 들어가는 시신을 유가족이 직접 볼 수 있고, 햇빛이 유리창으로 들어와 야외의 어떤 평온하고 자연스러운 장소에 와 있는 듯한 환상을 줄 법한 그런 장소 말이다.

또한 나는 북미에서 시 조례, 주법, 연방법이 개선되어 좀 더 자연적인 매장뿐만 아니라 시신을 탁 트인 곳에 눕혀 자연에 의해 없어지게 할 수 있는 야외의 장작불이나 땅이 허용되었으면 한다. 녹색 매장, 자연 매장에서 그칠 필요는 없다. '매장(burial)'이라는 말은 앵글로색슨어 birgan, 즉 '숨기다'에서 왔다. 모든 사람이 땅속에 숨겨지길 원하는 것은 아니다. 나는 숨겨지고 싶지 않다. 삼나무 숲에서 영혼의 캄캄한 밤을 보낸 후로, 난 평생 내가 먹은 동물들이 언젠가는 반대로 나를 먹어야 한다고 믿어 왔다. 옛날 이디오피아인들은 고인이 생전에 고기잡이를 했던 호수에 고인을 안치하여 물고기들이 반대로 시체를 뜯어 먹을 기회를 준다고 한다. 지구는 훌륭하게도 자기가 창조한 것에서 반대로 취할 수 있도록 설계되었다. 닫히고 규제된 공간에 시체들을 썩도록 그냥 놓아두는 것이 매장과 화장이 초래하는 환경 문제에 대한 답이 될 수도 있을 것이다. 죽음과 맺은 계약이 우리를 데려갈 수 있는 곳의 한계는 없다.

우리가 언젠가는 죽을 거라는 사실을 부정하고 시체들을 눈에 띄지 않게 숨기면, 죽음이라는 디스토피아에 한 발 더 들어가 헤매는 셈이다. 그런 선택을 한다는 것은 우리가 죽음 때문에 겁

먹고 죽음에 무지한 채로 계속 살아갈 것이라는 뜻이다. 그러는 대신 대담하고 두려움 없는 필치로 현대 세계를 위한 우리만의 '아르스 모리엔디'를 써서 언젠가 죽는다는 사실을 다시 생각해 보자.

돌아온
탕아

웨스트윈드 화장·매장 회사에서 이직한 지 4년 만에 나는 다시금 이 회사 정문 앞에 섰다. 난 초인종을 눌렀고, 드디어 이 방탕한 딸은 제 집으로, 시신을 태우는 화장로로 돌아온 것이다. 잠시 기다리니 마이크가 나와서 나를 맞아주었다.

"아니, 이게 누구야." 그는 이죽이죽 웃으며 말했다. "이 친구, 나쁜 동전처럼 자꾸만 있던 자리로 돌아오는구먼. 나랑 안으로 들어가자고. 지금 시신을 상대로 지문 찍기를 하는 중이야."

우리는 로비를 지나 뒤쪽 화장장으로 들어갔다. 그러자 5년 전에 처음 그 동굴 같은 방으로 걸어 들어갈 때 느꼈던 것과 같은 존경심이 여전히 들었다. 방 한가운데는 어떤 할머니의 시체를 안치해놓은 침대가 있었다. 시신 주위에는 흰 종이가 넉 장 놓여 있었는데, 그 가장자리를 따라 검은 엄지 무늬가 찍혀 있었다.

내가 말했다. "아, 그러니까 정말로 시체의 손가락을 찍고 있는 거군요. 난 그 말이 은유인지 뭔지 궁금했어요. 그 '지문이 들어간 목걸이'를 만들려고 하는 건가요?" 나는 지문을 따라 레이저로 홈을 파서 추모 목걸이로 만든 회사가 생각나서 물었다. 웨스트윈드조차도 개별화를 촉구하는 장의업계의 유혹의 노래를 못 들은 척할 수는 없었던 모양이다.

"그래요, 잘 파악했군." 마이크가 죽은 할머니의 손을 들어 올려 가만히 엄지손가락에 묻은 검정 잉크를 닦아냈다. 그는 아직 아무것도 찍히지 않은 새 종이를 갖다 놓고 엄지손가락을 그 종이에 대고 수십 번 꾹꾹 눌렀다. "이거 봐, 요새 난 이 일에 집착하고 있다니까. 아직도 제대로 찍힌 지문이 없어. 난 오늘 시체를 화장할 거라고. 그러니 그 전에 잘 찍힌 손자국을 얻어내야만 해요."

마이크는 전화를 받으러 갔고 나는 내 노트북을 꺼냈다. 나는 이 책을 쓰기 위해 자료조사를 하고, 질문을 하고, 내가 쓴 이야기가 진실인지를 확인하려고 간 것이다. 나는 심지어 전문가처럼 공식적인 약속까지 잡았다. 마이크는 방으로 다시 걸어 들어오더니 진지한 표정으로 물었다. "그러니까 당신, 오늘 오후에 이 근처에 있나요? 피에몬트에 시체를 가지러 가야 하는데 당신이 필요해. 난 오늘 여기서 장례식이 있어서 갈 수가 없는데, 크리스는 또 한 사람이 필요하다고 하네."

나는 내가 돌아온 지 5분밖에 되지 않았는데 벌써 시체를 가지러 가라는 명을 받은 것이다. 마치 내가 웨스트윈드를 떠난 적 없이 계속 근무하고 있었던 것처럼 굳건한 죽음의 스케줄은 나를 곧바로 일에 투입시켰다.

　"아무려면 어때요, 네, 제가 가죠." 나는 그 기대에 대해 될 수 있는 한 심드렁하게 들리게 하려고 애쓰면서 대답했다. 솔직하게 말하자면, 나는 다시 팀의 일원이 되어 일한다는 사실에 꽤나 들떠 있었다.

　"좋아. 크리스는 지금 검시관 사무소에서 돌아오는 길이오. 그런데, 당신이 올 거라고 얘기를 안 했어요, 깜짝 놀랄 일이지."

　크리스가 문으로 걸어 들어올 때, 믿을 수 없다는 표정이 그 얼굴에 어렸다. 그 표정은 얼른 사라졌다.

　"캣, 당신이 돌아올 줄 난 알았지."

　나중에 둘이서 구불구불한 언덕을 차로 올라 피에몬트로 갈 때, 크리스는 나에게 어디서 묵느냐고 물었다.

　"오클랜드에, 친구들하고요." 나는 대답했다.

　"좋아, 그러면 저 악마 같은 도시에 안 가도 되겠네." 그가 막연히 샌프란시스코 쪽을 가리키며 대답했다.

　"당신이 '책'을 쓰고 있다는 소릴 들었지." 그는 손가락으로 허공에 작은따옴표를 그렸다.

　"음, 진짜 책이죠, 크리스. 가상의 책이 아니라요."

　"우리 이야기를 써보면 어떨까? 우리는 투박해. 우리를 소설 속의 인물로 만들어야 돼. 우리와 비슷하게, 하지만 좀 더 낫게."

"당신들 얘기가 퍽도 재미있겠네요."

"여긴 무덤처럼 따분하지. 당신이 아직 나갈 수 있을 때 나간 건 좋은 일이야. 당신이나 우리나 이 업계를 아예 떠나지 못한 게 창피한 거지."

우리는 흰 표지판 겸 울타리가 포도덩굴로 덮인 넓고 오래된 집으로 운전해 들어갔다.

"음, 여기는 멋진 곳이군. 당신은 운이 좋았어, 캣. 어제 내가 찾아온 시체는 부패 중이었어. 온몸에 그 냄새가 나더군. 죽은 그 사람도 꽤나 멋진 아파트에 살았지만 그랬어. 안에 뭐가 있는지 는 아무도 모르는 법이지." 크리스는 시신 이송용 침대를 밴 뒤에 서 끌어내리며 골똘히 생각하며 말했다.

우리 둘은 셔먼 여사, 80대 중반의 숱 많은 백발 할머니의 시체를 싣고 웨스트윈드로 돌아왔다. 시체는 가족이 씻기고 상큼한 꽃으로 덮어놓았다. 할머니를 이송용 침대에서 내려 준비실 침대 위로 미끄러뜨리기 전에 나는 할머니의 한 손을 움켜잡았다. 산 사람의 손보다는 차갑고 무생물보다는 따뜻한 손이었다. 누워 있는 할머니를 본 내 반응을 보니, 처음 웨스트윈드에서 일을 시작한 뒤로 내가 얼마나 많이 변했는지 알 수 있었다. 예전에는 시체에 무서움을 느꼈지만, 지금은 자기 가족이 품위 있게 준비하여 자연스러운 상태로 누워 있는 시신보다 더 우아해 보이는 것은 내 눈에 아무것도 없었다.

셔먼 여사를 차에서 내린 다음 크리스는 다시 나가서 맨 나중에 들어온 아기 시신들을 내려왔다. 아무도 말을 걸 사람이 없기에, 나는 셔먼 여사를 냉장 보관소에 치워두는 일이나 하기로 했다. 셔먼 여사의 화장 용기에 테이프와 라벨을 붙이고 있는데, 상자 모서리 부분에 예전에 100만 번이나 그랬던 것처럼, 그와 똑같은 얇은 레이저 종이를 잘라 붙였던 자국이 있었다. "오, 세상에, 이게 정말이야?" 나는 특별히 누구에게랄 것 없이 말했다.

웨스트윈드에 새로 입사한 직원, 셰릴이라는 이름의 젊은 여자가 화장장 안으로 들어왔는데, 내가 거기 있으니 혼란스러워하는 기색이 역력했다. 내가 누군지 설명하고 나니, 그녀는 수줍게 악수를 하고는 다시 걸어 나갔다. 내가 웨스트윈드를 떠날 때 원래 나 대신 채용되었던 남자 제리는 급속히 퍼진 암으로 몇 달 전 죽었다. 불과 45세였다.

내가 그날 떠나려 하는데, 브루스가 그 전주에 했던 몇 번의 방부처리비를 수표로 받으러 화장장에 들렀다.

"케이틀린! 그간 잘 지냈어? 당신이 유튜브에서 하는 동영상을 보았지. 당신이 하는 그 시리즈 제목이 뭐더라?"

"'좋은 죽음 교단'이요."

"그래, 그래. 그리고 그 동영상 「장의사에게 물어보세요」던가? 그래, 그거, 좋더군. 좋더구먼!"

"고마워요, 브루스, 좋다니 다행이네요."

"당신이 뭘 해야 하는지 알아? 내겐 당신을 위한 계획이 있어. 당신은 밤에 쇼를 해야 돼, 괴수 영화 같은 그런 것들처럼. '장의사에게 답하세요'…… 이게 제대로 된 이름 맞던가? 어쨌든 그런 걸 해야 돼. 공포영화 같은 거랑 같이 내보내야지. 70년대에는 케이블 TV에 이런 게 있었지. 내 친구를 시켜서 KTVU에서 옛날 그걸 다시 돌려보게 했다니까. 다들 토요일 저녁에 이런 괴물 영화는 본다고. 「스벵갈리」나 그 여자 누구더라. 「뱀파이어」에 나왔는데. 컬트의 고전물 말이야."

"나는 형편없는 「뱀파이어」 대체재는 만들 수 있을 것 같아요."

"아니! 그건 걱정 말라고. 당신은 벌써 제대로 방향을 잡았으니까." 그는 나를 안심시켰다. "내 친구한테 얘기할게."

샌프란시스코를 빠져나오는 길에 나는 론델 광장을 운전해서 지나갔다. 전에 살던 내 아파트는 둔탁한 분홍색 페인트칠을 벗고 바로 고급스럽게 매무새를 가다듬은 우아한 빅토리아 시대 사람처럼 옷을 갈아입고 있었다. 내가 예전에 살던 방을 더 이상 월세 500달러에 내놓지는 않을 것 같은 느낌이 들었다. 길거리 건너편 위쪽에는 자전거용 수제 크로스백을 파는 가게가 문을 열었고, 길 끝에는 최첨단 CCTV 카메라들이 혹시 있을 수 있는 범법자들을 여지없이 보여주겠다며 위협하고 있었다. 그 근방 거리들은 보도가 번쩍번쩍하게 새로 포장되어 있었다. 번쩍번쩍하게 말이다. 내가 알던 론델 광장과는 달랐다. 충격적 변화였다. 하지만 이런 농담도 있지 않은가.

"Q : 젠트리파이어[◎]의 정의가 무엇인가요?

◎   도심의 낙후 지역에 중상층이 유입되어 주거 비용이 상승해 원주민이 밀려나는 현상인 젠트리피케이션을 일으키는 사람.

A : 당신보다 5분 일찍 도착한 사람."

로스앤젤레스까지 절반쯤 오자 나는 하룻밤 묵으려고 해변 도시 캠브리아의 작은 여관에 차를 세웠다. 여기는 내가 캘리포니아주에서 제일 좋아하는 곳 중 하나였지만 나는 혹시 묵을 곳이 없으면 어쩌나 하는 걱정이 가득했다.

1961년에 《비정상 사회심리학 저널》이라는 잡지에 실린 한 논문은 인간이 죽음을 두려워하는 일곱 가지 이유를 나열했다.

1. 내 죽음으로 친척들과 친구들이 슬퍼할 것이다.
2. 내 모든 계획은 끝장날 것이다.
3. 죽는 과정이 힘들 수도 있다.
4. 나는 더 이상 아무 경험도 하지 못할 것이다.
5. 나는 더 이상 내게 딸린 사람들을 보살필 수 없을 것이다.
6. 만일 내생이 있다면 무슨 일이 내게 일어날지 두렵다.
7. 죽은 후에 내 몸이 어떻게 될지 두렵다.

나는 더 이상 내생과 고통, 아무것도 없는 무(無)의 상태나 심지어 나 자신의 부패하는 시신을 두려워하며 걱정하지 않는다. '내가 세운 모든 계획들은 끝장날 것이다.' 내가 죽음을 받아들이지 못하는 마지막 이유는 아이러니하게도, 사람들이 죽음을 받아들이도록 돕고 싶다는 생각 때문이다.

나는 캠브리아에 단 하나 있는 태국 식당에서 저녁을 먹고 숙소로 다시 걸어갔다. 길거리는 고요했고 텅 비어 있었다. 짙은

잘해봐야 시체가 되겠지만 ————

안개를 뚫고 나는 겨우 도로 위의 표지판을 알아볼 수 있었다. 표지판에는 '묘지까지 1.6킬로미터'라고 쓰여 있었다. 나는 언덕을 성큼성큼 걸어올라 갔다가, 크고 대담한(내 심혈관 건강이 허용하는 것보다 더 크고 대담한) 발걸음을 떼어놓으며 곧장 길 한복판으로 걸어 내려갔다. 보름달이 살짝 구름 속에서 얼굴을 내밀어 소나무를 비추는 바람에, 안개가 으스스한 흰색으로 빛났다.

1870년 설립된 캠브리아 묘지가 나오자 길이 갑자기 끝났다. 작은 금속 사슬, 범죄자를 막아내는 데는 그리 효율적이지 못한 그것을 사뿐 뛰어넘어 나는 줄 지어선 무덤들 사이로 걸어 내려갔다. 왼쪽에는 나뭇잎들이 사각거려 정적을 깼다. 커다란 수사슴 한 마리가 뿔이 안개에 싸인 채 내 앞길에 서 있었다. 그 사슴과 나는 서로 바라보며 잠시 동안 그렇게 서 있었다.

희극인 루이스 C. K.는 시골에 살기 전에는 얼마나 사슴이 "신비롭고 아름답게" 보였는지 이야기한다. 그런데 사슴은 당신의 집 뜰에다 똥을 싸고 고속도로 사고를 유발한다. 하지만 오늘 밤, 장엄하게도 안개에 싸여 모습을 드러내다니, 그놈의 사슴이 영적 메신저로 눈앞에 나타난 것이라고 믿는 게 나을 것이다.

그 사슴은 비석들을 지나쳐서 미끄러지듯 걸어가더니 다시 나무들 있는 곳으로 돌아왔다. 나는 기진맥진했다. 묘지까지 허위허위 올라오느라 아무리 성큼성큼 발걸음을 내딛었다 하더라도, 아드레날린이 계속 공급될 수는 없는 노릇이었다. 나는 거의 땅바닥에 풀썩 넘어져 부드러운 소나무 침엽에 자비롭게 덮일 지경이 되어, 하워드 J. 플래너리(1903-1963)의 무덤과 작은 금속판에 "포효하는 정신, 평화로운 마음"이라고만 쓰여 있는 무덤 사이의 나무 한 그루에 몸을 기댔다.

너무 오래 하워드 J. 플래너리 곁에 앉아 있다 보니 어느새 안개가 걷혔다. 보름달이 휘영청 하얗게 떠 있었고, 수천 개의 별들이 검은 하늘에 떠올랐다.

완벽한 정적, 은빛 정적이었다. 귀뚜라미 한 마리도, 바람 한 줄기도 없이 오직 달과 오래된 비석들뿐이었다. 나는 한밤중 묘지에 출몰하는 존재를 두려워하라고 문화가 우리에게 가르친 것들을 생각했다. 둥둥 떠다니는 유령이 악마같이 붉은 두 눈에 활활 타오르는 듯한 모습으로 나타난다. 좀비가 그 퉁퉁 붓고 썩어가는 손을 근처의 무덤 밖으로 내민다. 오르간 소리가 점점 커지고, 부엉이들은 부엉부엉 우짖고, 문들은 삐걱댄다. 이것들은 무슨 싸구려 무대장치 같다. 그중 어느 하나만 삐끗해도 죽음의 정적과 완벽함은 무너질 것이다. 어쩌면 우리는 바로 그런 이유로 무대장치를 만들어내는지도 모른다. 정적 자체가 가만히 응시하기 어려운 것이니까.

피가 내 혈관 속을 돌아 그 밑에 깔린 부패한 시체들 위로 흐르고 있는 지금 이 순간 나는 살아 있다, 있을 수도 있는 많은 내일을 품은 채로. 그렇다, 지금 세운 여러 계획들은 내가 죽고 나면 산산조각 나버리거나 미완성으로 남을 수도 있다. 나는 육체적으로 어떻게 죽을지를 선택할 수 없고, 오로지 정신적으로 어떻게 죽을지만 선택할 수 있다. 죽음이 28세에 찾아오든 93세에 찾아오든, 나는 만족한 채 무(無)로 돌아가 스르르 미끄러져 죽기

잘해봐야 시체가 되겠지만

로 선택했다. 그래서 내 몸을 이루는 원자가 나무들을 가린, 바로
그 안개가 되도록 말이다. 죽음과 묘지의 정적은 형벌이 아니라
잘 살아낸 삶에 대한 보상인 것이다.

감사의 말

죽음에 대한 책 한 권을 쓰기 위해서는 마을 하나가 필요하다. 이런 말이 있었던가? 아마 그럴 것이다. 독자 여러분이 너그러이 봐준다면, 이 자리를 빌려 다음 분들에게 큰 감사를 전하고 싶다.

W. W. 노튼 출판사의 놀라운 팀은 자기 직업에 투철하다 못해 나를 불편하게 만들 지경이었다. 라이언 해링튼, 스티브 콜카, 에린 사인스키로베트, 엘리자베스 커, 그 밖에 헤아릴 수 없이 많은 다른 사람들에게 감사한다.

내 응석을 받아주지 않고 내가 쓴 부사들을 엄중하게 다루어준 나의 편집자 톰 메이어에게 특히 감사드린다. 당신과 아이들, 손주들에 이르기까지 축복이 있기를.

로스 윤 에이전시, 특히 내 응석을 받아주고 이 과정의 모든 부문에서 숲속에 놔둔 갓난아기 같은 내 손을 잡아준 애너 스프라울 래타이머에게 감사한다.

죽음 속에서 사는 삶을 선택했을 때도 딸을 사랑하고 지지해준 정직한 사람들, 우리 부모님 존과 스테파니 도티에게도 감사드린다. 엄마, 나는 아마도 오스카상을 탈 것 같지는 않아요……. 그러니 대신 이 책을 바칩니다.

데이비드 포리스트와 마라 젤러가 없었더라면 내가 얼마나 비장하기만 한, 가엾고 서글프며 아무짝에도 쓸모없는 인간이 되었을지, 생각조차 하기 싫다.

이 책을 읽고 나면 마치 내게 친구가 하나도 없는 것처럼 보인다는 사실을 알게 되었다. 실제로는 난 친구가 많다. 음…… 그건 약속할 수 있다. 전 세계에 사는 그 멋지고 사려 깊은 친구들은 이렇게 말했다. "너 장의사가 될 거라며? 좋아, 그거 의미 있는 선택이야."

그 친구들 중 몇몇은 여러 해 동안 원고 상태로만 있던 이 퉁퉁 불은, 길들지 않은 짐승 같은 글을 읽고 또 읽는 예리한 눈이 되어주었다. 윌 C. 화이트, 윌 슬로콤브, 새러 포너스, 앨릭스 프랭클, 어샤 헤럴드 젠킨스가 그 친구들이다.

비앙카 다일더반 이어셸과 질리언 칸, 두 사람 다 내 머리가 잡생각에 빠지지 않고 말끔하게 잘 돌아가게 하는 데 큰 역할을 했다. 파올라 카세레스는 장의학교에서 같은 도움을 내게 주었다.

훌륭한 변호사 이반 헤스는 내가 정말 좋지 않은 일들을 당하지 않을 수 있게 해주었다.

'좋은 죽음 교단' 구성원들, 그리고 대안적 죽음 커뮤니티 사람들은 더 나은 작업을 할 수 있도록 나날이 내게 영감을 불어넣어주었다.

제제벨의 도다이 스튜어트는 사람들이 이 책을 좋아할 만한 큰 이유를 만들어주었다.

마지막으로, 나를 장의업으로 이끌어주고 윤리적이며 열심히 일하는 장례지도사가 되는 방법을 가르쳐준 마이클 톰, 크리스 레이놀즈, 브루스 윌리엄스, 제이슨 브루스에게 감사드린다. 솔직히 말해서, 차갑고 혹독한 죽음의 세계로 나와서야 비로소 나는 깨닫게 되었다. 이 책에서 웨스트윈드라는 이름으로 등장하는, 안전하고 전문적이며 잘 운영되는 장의사에 몸담고 일했던 것이 얼마나 좋았던 일인지 말이다.

옮긴이의 말

이 책은 죽음을 더 이상 무섭고 두려운 일로 보지 않게 하기 위해 쓰여진 책이다. 저자는 20대 초반의 젊은 나이에 미국의 장의사로 근무하면서 몇 년간 죽음을 일상처럼 직면하고 화장(火葬)을 밥 먹듯이 하며 시신을 화장장까지 실어 나르던 한 여성으로, 좀 더 많은 대중이 죽음에 관한 대화에 참여했으면 하고 바라며 죽음에 대한 생각과 자신의 체험을 쓴 것이다. 이런 사람이 이런 주제로 쓴 책을 번역하는 것은 내게 처음이었다. 솔직히 이런 사람이 있는 줄도 몰랐다. 중세사를 공부하고 명문대 학사논문까지 그 주제로 쓴 여성이 장의업에 종사한다? 계속 죽음 산업에 천착한다? 그래서 이 책 내용은 독특하고도 흥미롭다. 아무도 하지 않은 얘기, 그러나 꼭 해야 할 이야기를 하기 때문이다. 남녀노소 누구나 죽음을 벗어날 수 없기 때문이다.

중세 역사를 전공한 저자의 죽음에 대한 뼈 있는 생각도 나온다. 저자는 지금도 죽음에 대해 꾸준히 생각하며 '좋은 죽음 교단'이라는 사이트를 운영하고 있다. 생각해보면 방년의 여성이 그런 곳에 취직한 것부터가 사회 통념을 깨는 일이다. 저자는 통념을 깨는 이 일을 계속하고 있는 것이다. 장의업계라는 통념 중심, 남성 중심 사회에서 이 여성이 걸어갈 길과 지금 받고 있고 앞으로 받을 시선도 평범치는 않겠다는 생각이 든다.

내가 어릴 때만 해도 죽음의 장소는 당연히 집이었다. 할머니는 집에서 즉 평소 누워 계시던 곳에 누워 계시다, 할아버지는 병원에 입원해 계시다가 죽음이 임박하니 집으로 모시고 가라 해서 집에서 돌아가셨다. 할머니 별세 당시 초등학생이었던 나는 하교 후 집에 와서 대문 앞에 매달린 커다란 조등을 보고서야 할머니의 죽음을 알고 울음을 터뜨렸던 기억이 난다. 그 시절에는 탄생과 죽음을 이런 식으로 표시했었다. 지금과는 반대다. 이젠 죽음에 임박하면 집에 누워 계시던 분도 병원 장례식장으로 모시고 가지 않는가? 그리고 집 밖에, 즉 병원 장례식장에 빈소를 차린다. 대부분의 생활 방식, 특히 죽음의 방식이 많이 서구화돼 있고 그것이 당연하게 받아들여지는 지금, 죽음은 피하거나 감추어야 할 일이 되었고 젊어 보이는 것이 미덕이 되었다. 그러나 단 한 가지, 죽음이 매 순간 우리를 기다리고 있다는 사실 하나만은 달라지지 않았다. 오히려 언제 어떻게 죽을지 모른다는 위험 요소는 나날이 가중되고 있다. "우리는 죽는다는 사실과 무관하게는 살 수가 없으며, 죽음을 마주하는 세속적 방법 계발은 매년 더

중요해질 것이다." 이건 이 글의 배경이 되는 미국뿐 아니라 한국
도 마찬가지다.

물론 이 책에서는 주로 북미식 장례의 연원과 관행이 많이
언급된다. 저자가 미국인이고 이 분야에 직접 종사했기 때문이
다. 특히 시신을 화장 전에 지인들에게 '내보이는' 이른바 '참관
절차(그 전에 시신의 방부처리를 필히 거치는)'는 미국 아닌 유럽에도
낯설지만, 한국 사람이 보기에는 더더욱 낯선 것이어서 방부처리
와 함께 미국 장의사의 일상이겠거니 감안하고 읽어 넘겨야 한
다. 한국의 풍습이 많이 서양화되었다고는 하나 죽음을 보는 시
점은 아직 미국과 다른 점도 많이 있어, 시신을 직접 노출시키는
것이 소수의 가족들을 제외하면 불경스러운 일로 되어 있고 장
례 절차도 많이 다르다. 시신을 수의로 감싸는 염, 입관 등의 과
정은 직계 가족만이 지켜보며, 일단 사람이 숨지면 고인의 육신
은 산 자들이 구경하는 '산 사람'들의 세계에 속하지 않은 걸로
간주된다. 집에서 장례를 지내던 옛날(역자의 어린 시절)에는 병풍
하나로 산 자와 죽은 자의 세계가 갈렸던 걸로 기억된다. 병풍 너
머 저쪽은 산 자가 넘볼 수 없는 엄연한 죽은 자의 세계였던 것이
다. 물론 나는 열두 살 어린이였기에 할머니의 돌아가신 모습을
직접 보지는 못했다.

어린이에게는 죽음을 보이지 말아야 한다고 다들 생각했던
것이다. 하지만 어린이도 생각이 있기에, 삶과 죽음이란 무엇인
가 그때 처음으로 깊이 생각해보았던 기억은 지금도 남아 있다.
내가 최초로 본 죽음은 그로부터 9년 후 할아버지가 돌아가시는

모습이었다. 그때는 스물이 넘은 나이라서인지 애통하기는 했지만 할머니 때만큼 충격적이진 않았던 걸로 기억된다.

디테일에서는 이처럼 한국의 장례 풍습과 다른 바가 있지만 저자의 지론은 한 마디로 '죽음은 감춰야 할 일이 아니라, 널리 알려져야' 한다는 것이다. "죽음은 어려운 정신적, 육체적, 정서적 과정으로서 사람들에게 알려져야 하고 존중받아야 하며, 있는 그대로 두려움의 대상이 되어야 한다."는 것이 저자가 주장하는 바다. 기존 장의사에 의해 우리는 "죽음과 실제적인 상호작용을 하고 우리가 죽는다는 사실을 대면할 기회를 박탈당한"다.

'자연스럽지 못한 자연스러움'이라는 장에 나오는 다음과 같은 구절을 보라. "사람들은 말한다. 돼지에게 입술연지를 발라놓아도 여전히 돼지는 돼지라고. 시체도 마찬가지다. 우리는 시신에 입술연지를 바르고서 시신 분장 놀이를 하는 것이다." 이는 시신 화장(化粧), 즉 시신 꾸미기에 대한 통렬한 비판이다. 산 사람을 위해 죽은 사람을 희생하고 예쁘게 꾸며서 살아 있는 모습에 가깝게 내보이는 것이다. 유가족도 그런 모습을 마지막으로 보길 원한다. 물론 이런 과정을 아예 안 보는 가족들도 있다. 참관은 삶과 죽음 중 어디까지나 삶이 중요하다고 보는 관행이다. 이 책을 읽고 나니 한국에 이런 관행이 (아직은) 없다는 것이 다행으로 생각된다. 시신은 그 자체로서 존엄한 것이지, 산 자를 위한 '구경거리'가 아닌 것이다.

산 자들과 시체의 관계 맺음을 보기 위해 저자는 온 세상을 여행한다. 특히 죽음에 관한 전통을 보존해온 나라들을 돌아다

잘해봐야 시체가 되겠지만 ─────

니며 주로 그런 나라들의 죽음 관습을 본다. 그게 이 책의 속편 이라 할 이 저자의 『좋은 시체가 되고 싶어(*From Here to Eternity*)』 의 내용이다.

피가 내 혈관 속을 돌아 그 밑에 깔린 부패한 시체들 위로 흐르고 있는 지금 이 순간 나는 살아 있다. 있을 수도 있는 많은 내일을 품 은 채로. 그렇다, 지금 세운 여러 계획들은 내가 죽고 나면 산산조 각 나버리거나 미완성으로 남을 수도 있다. 나는 육체적으로 어떻 게 죽을지 선택할 수 없고, 오로지 정신적으로 어떻게 죽을지만 선 택할 수 있다. 죽음이 28세에 찾아오든 93세에 찾아오든, 나는 만 족한 채 무(無)로 돌아가 스르르 미끄러져 죽기로 선택했다. 그래서 내 몸을 이루는 원자가 나무들을 가린 바로 그 안개가 되도록 말이 다. 죽음과 묘지의 정적은 형벌이 아니라 잘 살아낸 삶에 대한 보상 인 것이다.

저자가 묘지에서 쓴 이 결론은 하도 참신하여 따로 스크랩해 두기까지 했다. 저자는 특정 종교에 귀의하고 있진 않지만 죽음 을 아주 담백하게 받아들인다. 참으로 '쿨'한 관점이다. 이 책을 읽음으로써 우리가 죽음을 보고 받아들이는 관점이 단숨에 변 화할 수 있을지는 모르겠지만, 적어도 죽음을 숨겨야 할 그 무엇, 삶에 가깝게 포장해야 할 그 무엇으로 받아들이지는 않게 될 것 같다. 이 책과 그 후속편이 죽음에 대한 우리의 금기를 깨는 데 도움이 되기를 바란다.

가까운 친척과 지인 중에 벌써 죽음 저편의 세상으로 가버린 사람들, 살아 있는 동안 그 활기 있는 웃음소리와 목소리를 들려주고 사랑을 표현했던 이들에게, 그들이 산 사람같이 머물기를 바라는 생각을 접고, '자연스러운' 죽음의 세계에서 이제 편안하길 바라며(편안하다는 것도 산 자의 관점이겠다.) 이 번역 작업을 한때 이 세상에 공존했고 이젠 무상의 법칙에 따라 가을날 낙엽처럼 땅으로 돌아간 그들에게 바치고 싶다.

2019년 12월
임희근

　　　　　　　　　　　잘해봐야 시체가 되겠지만

출처에 대하여

카리브해 연안 출신의 미국 작가 오드리 로드는 이렇게 썼다. "새로운 생각이란 없다. 다만 새로운 생각으로 느껴지게 하는 새로운 방식이 있을 뿐이다." 이 책을 집필하는 6년간은, 철학자들과 역사학자들의 생각을 내 것으로 만들고, 그 생각들을 내가 죽음과 관련된 일을 하면서 겪은 경험과 섞어 그 생각들을 어떻게든 독자들이 느끼게 하려 시도하는 연습이었다.

최종본에서는 영향력이 엄청나게 큰 많은 글들이 그냥 짧게 인용되기만 했다. 원본들을 읽어보기를 바란다. 특히 어니스트 베커, 필립 아리에스, 조지프 캠벨, 캐럴라인 워커 바이넘, 빅터 프랭클의 책을 추천한다. 그러면 여러분이 죽음과 죽는다는 것과 맺은 관계를 발전시키는 데에 놀라운 도움이 될 것이다.

화장장에서 일하면서 나는 '영혼의 살롱'이라는 비밀 블로그에 글을 썼다. 그 글들을 보면 2008년의 내 모습이 어떠했는지를 알 수 있었고, 그 덕분에 내가 겪은 이야기들을 고치지 않을 수 있었다.

화장장 동료 마이클, 크리스, 브루스의 온전한 도움을 받을 수 있었던 나는 운이 참 좋았다. 이들은 실명을 써도 좋다고 허락했을 뿐만 아니라, 내가 이 책을 쓰는 동안 앉아서 인터뷰에 응해주었고 여러 번 후속 조치도 해주었다. 이분들에 대한 나의 엄청난 존경심과 그들이 실제로 하는 일이 이 책을 읽는 동안 느껴지길 바란다.

좋은 죽음 교단을 통해 나는 다행히도 오늘날 학계에 몸담고 있는 사람들과 장의 전문가들이 실현하려 노력하고 있는, 최선의 죽음이란 무엇인지를 알게 되었다. 자료 목록에 대한 그들의 접근성, 실제 경험, 그리고 죽음에 관한 불가사의하면서도 섬뜩한 지식의 광범위한 보고는 헤아릴 수 없을 만큼 가치 있는 것이었다.

참고도서

저자의 말

Becker, Ernest, *The Denial of Death*. New York, Simon & Schuster, 1973.

Wales, Henry G. "Death Comes to Mata Hari." International News Service, October 19, 1917.

시신을 면도하며

Tennyson, Lord Alfred. *In Memoriam : An Authoritative Text*. New York: W. W. Norton & Company, 2004.

시체 박스

Ball, Katharine. "Death Benefits." *San Francisco Bay Guardian*, December 15, 1993.

Gorer, Geoffrey. "The Pornography of Death." *Encounter* 5, no. 4 (1955): 49-52

Iserson Kenneth V. *Death to Dust? What Happens to Dead Bodies*. Galen Press, 1994.

Poe, Edgar Allan. "Annabel Lee." In *The Complete Stories and Poems of Edgar Allan Poe*. New York: Random House, 2012.

Solnit, Rebecca. *A Paradise Built in Hell: The Extraordinary Communities That Arise In Disaster*. New York: Penguin, 2010.

Suzuki, Hiraku. *The Price of Death: The Funeral Industry in Contemporary Japan*. Pala Alto, CA: Stanford University Press, 2000.

쿵 소리

Campbell, Joseph. *The Hero with a Thousand Faces*. Princeton: Princeton University Press, 1973.

Doughty, Caitlin. "Children & Death." *Fortnight* (2011), fortnightjournal.com/caitlin-doughty/262-children-death.html

Laderman, Gary. *The Sacred Remains: American Attitudes Toward Death*, 1799-1883. New Haven: Yale University Press, 1999.

May, Trevor. *The Victorian Undertaker*. Oxford, UK: Shire Publication Ltd, 1996.

보이지 않는 죽음

Ariès, Philippe. *The Hour of Our Death*, Oxford: Oxford University Press, 1991.

Connolly, Ceci. "A Grisly but Essential Issue." *The Washington Post*, June 9, 2006.

Dante. *The Inferno*, Translated by Robert Hollander and Jean Hollander, New York: Anchor Books, 2002.

Orent, Wendy. *Plague: The Mysterious Past and Terrifying Future of the World's Most Dangerous Disease*. New York: Simon & Schuster, 2013.

Stackhouse, John. "India's Turtles Clean Up the Ganges." *Seattle Times*, October 1, 1992.

점화 단추

Bar-Yosef, Ofer. "The Chronology of the Middle Paleolithic of the Levant." In *Neandertals and Modern Humans in Western Asia*. New York: Plenum Press, 1998.

Chrisafis, Angelique. "French Judge Closes Body Worlds-

잘해봐야 시체가 되겠지만

style Exhibition of Corpses." *The Guardian*, April 21, 2009.

Cioran, Emil. *A Short History of Decay.* Arcade Publishing, 1975.

Grainger, Hilary J. *Death Redesigned: British Crematoria History, Architecture and Landscape.* Spire Books, 2005.

Newberg, Andrew and Eugene D'Aquili. *Why God Won't Go Away: Brain Science and the Biology of Belief.* New York: Random House, 2008.

Nietzsche, Friedrich Wilhelm. *Nietzsche: The Anti-Christ, Ecce Homo, Twilight of the Idols: And Other Writings.* Cambridge: Cambridge University Press, 2005.

Prothero, Stephen R. *Purified by Fire: A History of Cremation in America.* Berkeley: University of California Press, 2002.

Schwartz, Vanessa R. *Spectacular Realities: Early Mass Culture in Fin-de-siècle Paris.* Berkeley: University of California Press, 1999.

핑크 칵테일

Aoki, Shinmon, *Coffinman: The Journal of a Buddhist Mortician*, Buddhist Education Center, 2004.

Ash, Niema. *Flight of the Wind Horse: A Journal into Tibet.* London: Rider, 1992.

Beane Freeman, Laura, et al. "Mortality from lymphohematopoietic malignancies among workers in formaldehyde industries: The National Cancer Institute Cohort." *Journal of the National Cancer Institute* 101, no. 10 (2009): 751-61.

Conklin, Beth A. *Consuming Grief: Compassionat Cannibalism in an Amazonian Society.* University of Texas Press, 2001.

Geertz, Clifford. *The Interpretation of Culture: Selected Essays*. New York: Basic Books, 1973.

Gilpin Faust, Drew. *The Republic of Suffering: Death and the American Civil War*. New York: Random House. 2009.

Habenstein, Robert W., and William M. Lamers. *The History of American Funeral Directing*. National Funeral Directors Association of the United States, 2007.

Laderman, Gary. *The Sacred Remains: Americal Attitudes Toward Death*, 1799-1883. New Haven: Yale University Press, 1996.

O'Neill, John. *Essaying Montaigne: A Study of the Renaissnace Institution of Writing and Reading*. Liverpool: Liverpool University Press, 2001.

Taylor, John. *Death and the Afterlife in Ancient Egypt*. Chicago: University of Chicago Press, 2001.

마녀와 아기들

Baudelaire, Charles. *The Flowers of Evil*[Les fleurs du mal]. Translated by Christopher Thompson. iUniverse, 2000.

Cohan, Norman. *Europe's Inner Demons: The Demonization of Christians in Medieval Christendom*. New York: Penguin, 1977.

Kramer, Heinrich, and James Sprenger. *The Malleus Maleficarum*. Translated by Montague Summers. Courier Dover Publications, 2012.

Paré, Ambroise. *Des monstres et prodiges*. Librairie Droz, 2003.

Roper, Lyndal. *Witch Craze: Terror and Fantasy in Baroque Germany*. New Haven: Yale University Press, 2006.

Sanger, Carol. "'The Birth of Death': Stillborn Birth Certificates and the Problem for Law" *California Law Review* 100, no. 269 (2012): 269-312

직접 화장

Gorer, Geoffrey. "The Pornography of Death." *Encounter* 5, no.4 (1955): 49-52

Mitford, Jessica. *The American Way of Death: Revisited*. New York: Random House, 2011.

-----, Interview with Christopher Hitchens. The New York Public Libray, 1988.

Prothero, Stephen R. *Purified by Fire: A History of Cremation in America*. Berkeley: University of California Press, 2002.

Time. "The Necropolis: First Step Up to Heaven" *Time*, September 30, 1966.

Waugh, Evelyn. *The Loved One*. Boston: Back Bay Books, 2012.

자연스럽지 못한 자연스러움

Snyder Sachs, Jessica. *Corpse: Nature, Forensics, and the Struggle to Pinpoint Time of Death*. Da Capo Press, 2002.

죽음의 무도

Asma, Stephen T. *Stuffed Animals and Pickled Heads: The Culture and Evolution of Natural History Museums*. Oxford: Oxford University Press, 2003.

Friend, Tad. "Jumpers: The Fatal Grandeur of the Golde Gate Bridge" *The New Yorker*, October 13, 2003.

Harrison, Ann Tukey, editor. *The Danse Macabre of Women: Ms. Fr. 995 of the Bibliothèque Nationale*, Akron, OH.: Kent State University Press, 1994.

Paglia, Camille. *Sexual Personae*. New Haven: Yale University Press, 1990.

Roach, Mary. *Stiff: The Curious Lives of Human Cadavers*. New York: W. W. Norton & Company, 2004.

에로스와 타나토스

Andersen, Hans Christian. *The Little Mermaid*. Translated by H. B. Paull. Planet, 2012.

Brothers Grimm. *The Grimm Reader: The Classic Tales of the Brothers Grimm*. Translated by Maria Tatar. New York: W. W. Norton & Company, 2010.

Bynum, Caroline Walker. *Jesus as Mother: Studies in the Spiritulaity of the High Middle Ages*. Berkeley: University of California Press, 1982.

Campbell, Joseph. *The Hero with a Thousnad Faces*. Princeton: Princeton University Press, 1973.

Doughty, Caitlin. "The Old & the Lonely." *Fortnight*(2011), fortnightjournal.com/caitlin-doughty/276-the-old-the-lonely.html

Lang, Andrew. *The Red True Story Book*, Longmans, Green, and Company, 1900.

Rank, Otto. Beyond Psychology. Courier Dover Puublications, 2012.

Sachs, Adam. "Stranger than Paradise." *The New York Times Style Magazine*, May 10, 2013.

부패

Ariès, Philippe. *The Hour of Our Death*, Oxford: Oxford University Press, 1991.

Campobasso, Carlo Pietro, Giancarlo Di Vella, and Francesco Introna. "Factors affecting decomposition and Diptera colonization." *Forensic Science International* 120 nos. 1-2 (2001):18-27.

Dickey, Colin. *Afterlives of the Saints*. Unbridled Books, 2012.

Eberwine, Donna. "Disaster Myths that Just Won't Die." *Perspectives in Health - The Magazine of the Pan American Health Organization* 10, no. 1 (2005).

Geertz, Clifford. *The Religion of Java*. Chcago: University of Chicago Press, 1976.

Kanda, Fusae. "Behind the Sensationalism: Images of a Decaying Corpse in Japanese Buddhist Art." *Art Bulletin* 87, no.1 (2005).

Lindsay, Suzanne G. *Funerary Arts and Tomb Cult: Living with the Dead in France, 1750-1870*. Ashgate Publishing, 2012.

Mirbeau, Octave. *Torture Garden*. Translated by Alvah Bessie, powerHouse Books, 2000.

Miller, William Ian *The Anatomy of Disgust*. Cambridge, MA: Harvard University Press, 2009.

Mongillo, John F., and Bibi Booth. *Environmental Activists*, Greenwood Publishing Group, 2001.

Noble, Thomas F. X., and Thomas Head. *Soldiers of Christ: Saints and Saints' Lives from Late Antiquity and the Early Middle Ages*. University Park, PA: Penn State Press, 2010.

Shelly, Mary. *Frankenstein*. London: Palgrave Macmillan, 2000.

씻김

Beckett, Samuel. *Waiting for Godot: A Tragicomedy in Two Acts*.

London: Faber & Faber, 2012.

Bynum, Caroline Walker. *Fragmentation and Redemption: Essays on Gender and the Human Body in Medieval Religion*, Zone Books, 1991.

Metcalf, Peter. and Richard Huntington. *Celebration of Death: The Anthropology of Mortuary Ritual*. Cambridge: Cambridge University Press, 1991.

Nelson, Walter. *Buddha: His Life and His Teachings*. New York: Penguin, 2008.

Quigley, Christine, *The Corpse: A History*. MacFarland, 2005.

길을 잃다

Frankl, Viktor Emil. *Man's Search for Meaning: An Introduction to Logotherapy*. Boston: Boston Press, 1992.

Heinrich, Bernd. *Life Everlasting: The Animal Way of Death*. Boston: Houghton Mifflin Harcourt, 2012.

Walter, Ingo F. *Paul Gauguin,1848-1903: The Primitive Sophisticate*, Taschen, 1999.

Wilson, Horace Hayman. *The Vishñu Puráña: A System of Hindu Mythology and Tradition*. J. Murray, 1840.

장의학교

Collison, Tim. "Cosmetic Consideration for the Infant Death." *Dodge Magazine,* Winter 2009.

Lynch, Thomas. *The Undertaking: Life Studies from the Dismal Trade*. New York: W. W. Norton & Company, 2010.

죽음의 기술

Atkinson, David William. *The English Ars Moriendi*. Lang,

1992.

Campbell, Joseph. *The Hero with a Thousand Faces*. Princeton: Princeton University Press, 1973.

Coleman, Penny. *Corpses, Coffins, and Crypts: A History of Burial*. Boston: Macmillan, 1997.

Gawande, Atul. "The Way We Age Now." *The New Yorker*, April 30, 2007.

Gollner, Adam Leith. "The Immortality Financiers: The Billionaires Who Want to Live Forever." *The Daily Beast*, August 20, 2013.

Hanson, Rick. *Buddha's Brain: The Practical Neroscience of Happiness, Love, and Wisdom*. New Harbinger Publications, 2009.

Jacoby, Susan. *Never Say Die: The Myth and Marketing of the New Old Age*. New York: Random House, 2012.

Von Franz, Marie-Louise, "Archetypal Experiences Surrounding Death." Lecture, Panarion Conference, C. G. Jung Institute of Los Angeles, 1978.

돌아온 탕아

Diggory, James C., and Doreen Z. Rothman. "Values Destroyed by Death." *The Journal of Abnormal and Social Psychology* 63, no. 1(1961): 205-10.

Louis C. K. *Chewed Up*. Filmed at the Berklee Performance Center. Boston, October 2008.

132쪽 「등대들」 출처
『악의 꽃』, 샤를 보들레르, 윤영애 옮김(문학과지성사, 2003).

잘해봐야 시체가 되겠지만

유쾌하고 신랄한 여자 장의사의 좋은 죽음 안내서

1판 1쇄 펴냄 2020년 1월 22일
1판 7쇄 펴냄 2023년 9월 20일

지은이 케이틀린 도티
옮긴이 임희근
펴낸이 박상준
편집 최예원 조은 최고은
미술 김낙훈 한나은 김혜수
전자책 이미화
마케팅 정대용 허진호 김채훈 홍수현 이지원 이지혜 이호정
홍보 이시윤 윤영우
저작권 남유선 김다정 송지영
제작 임지헌 김한수 임수아 권순택
관리 박경희 김지현 김도희
펴낸곳 반비

출판등록 1997. 3. 24.(제16-1444호)
(우)06027 서울특별시 강남구 도산대로1길 62
대표전화 515-2000, 팩시밀리 515-2007
편집부 517-4263, 팩시밀리 514-2329

한국어판 ⓒ ㈜사이언스북스, 2020. Printed in Seoul, Korea.
ISBN 979-11-90403-97-9 (03100)

반비는 민음사 출판 그룹의 인문·교양 브랜드입니다.

만든 사람들
책임편집 김은화
디자인 박연미
조판 강준선